Das französische Gerichtsurteil in linguistischer Sicht:

Zwischen Fach- und Standessprache

STUDIA ROMANICA ET LINGUISTICA

curant Peter Wunderli et Hans-Martin Gauger

SRL 17

Verlag Peter Lang
Frankfurt am Main · Bern · New York · Nancy

Thomas Krefeld

Das französische Gerichtsurteil in linguistischer Sicht:

Zwischen Fach- und Standessprache

Verlag Peter Lang
Frankfurt am Main · Bern · New York · Nancy

CIP-Kurztitelaufnahme der Deutschen Bibliothek

Krefeld, Thomas:

Das französische Gerichtsurteil in linguistischer
Sicht : zwischen Fach- u. Standessprache / Thomas
Krefeld. - Frankfurt am Main ; Bern ; New York ;
Nancy : Lang, 1985.
(Studia Romanica et linguistica ; 17)
ISBN 3-8204-5516-7
NE: GT

ISSN 0170-9216
ISBN 3-8204-5516-7

INHALTSVERZEICHNIS

Anhang

Meinen Eltern

"Voyons! Voyons, mon ami; nous savons vous et moi ce que devrait être la justice, et ce qu'elle est. Nous faisons pour le mieux, c'est entendu; Mais, si bien que nous fassions, nous ne parvenons à rien que d'approximatif."

Oscar Molinier in den "Faux-monnayeurs"
von André Gide

Der Juristenstand, der die besondere Kenntnis der Gesetze hat, hält dies oft für sein Monopol, und wer nicht vom Metier ist, soll nicht mitsprechen. So haben die Physiker Goethes Farbenlehre übelgenommen, weil er nicht vom Handwerk war, und noch dazu ein Dichter. Aber sowenig jemand Schuhmacher zu sein braucht, um zu wissen, ob ihm die Schuhe passen, ebensowenig braucht er überhaupt zum Handwerk zu gehören, um über Gegenstände, die von allgemeinem Interesse sind, Kenntnis zu haben. Das Recht betrifft die Freiheit, dies Würdigste und Heiligste im Menschen, was er selbst, insofern es für ihn verbindlich sein soll, kennen muß.

Georg Wilhelm Friedrich Hegel

Aufbau und Ziel der Arbeit

Die vorliegende Arbeit macht die sprachliche Form französischer Gerichtsentscheidungen zum Gegenstand einer linguistischen Untersuchung. Damit diese juristische Gattung zu einem Objekt sprachwissenschaftlicher Beschreibung werden kann, müssen wir ihre Gestalt und Leistung linguistisch bestimmen. In einem ersten Kapitel umreißen wir das Verhältnis von Recht und Sprache mit dem Ziel, ein semiotisches Modell der Rechtsprechung aufzustellen, mit dessen Hilfe wir die Funktionen des Gerichtsurteils kommunikations- und zeichentheoretisch rekonstruieren können. Die Rolle der Sprache und Fachsprache läßt sich so exakt festlegen und formulieren. Das französische Urteil ist in seiner starren Formalisierung ein Konglomerat aus Bestandteilen aller Epochen der Sprach- und Rechtsgeschichte. Den unerläßlichen historischen Überblick geben wir im zweiten Kapitel, das die Entwicklung des Texttyps und der französischen Rechtssprache skizziert.

Die Analyse der Urteilskonstruktion bleibt dem dritten Kapitel vorbehalten. In seinem ersten Teil beschreiben wir den Aufbau des Textes und die beiden Grundtypen seiner inhaltlichen Gliederung. Sein zweiter Teil versucht, die überaus komplexe, stets in einen Satz gezwängte, syntaktische Struktur darzustellen und deren Charakteristika zu erklären. Das vierte Kapitel beschäftigt sich mit lexikalischen Besonderheiten, Eigenheiten der Wortstellung und typischen Pronominalisierungen. Gestützt auf die Ergebnisse des geschichtlichen Überblicks (2. Kap.), erlauben uns die Definition der fachsprachlichen Funktion (1. Kap.) und die Analyse der Textform (3. Kap.) zu zeigen, daß ein Großteil der Erscheinungen, die das Urteil auszeichnen, seine Rechtfertigung keineswegs in fachsprachlicher Notwendigkeit, sondern in standessprachlicher Abgrenzung der Richterschaft findet. Unsere Untersuchung will zunächst - und vor allem - die Kenntnis dieses wichtigen doch für den Außenstehenden recht unzugänglichen Texttyps verbessern und sein Verständnis erleichtern. Darüber hinaus versteht sie sich, am Beispiel des Gerichtsurteils, als Beitrag zur Fachsprachendiskussion und deren soziolinguistischen Implikationen. Schließlich stellen sich bei der Anwendung linguistischer Konstrukte auf einen Ausschnitt der Sprachwirklichkeit stets methodologische Fragen, auf die wir in der abschließenden Zusammenfassung kurz eingehen.

Freiburger Romanisten verdanke ich meine linguistische Ausbildung. Besonderer Dank gebührt Herrn Prof. Dr. H.-M. Gauger, der diese Arbeit angeregt und ihr Entstehen in kritischer Aufgeschlossenheit begleitet hat. Ausführliche Gespräche mit Herrn Prof. Dr. W. Raible brachten mir fruchtbare, da weiterführende Einsichten. Nicht weniger wertvoll waren die ausdauernde Hilfsbereitschaft und die entsprechend zahlreichen fachlichen Ratschläge meiner Lehrer und Freunde Dr. W. Oesterreicher, Dr. R. Windisch und meines Freundes Dr. H. Klausmann. Den entscheidenden Rückhalt fand ich im Verständnis meiner Frau Nora.

Den Herausgebern, Herrn Prof. Dr. H.-M. Gauger und Herrn Prof. Dr. P. Wunderli danke ich für die Aufnahme in diese Reihe.

Wiesbaden, im Juni 1984

ERSTES KAPITEL: Semiotische Aspekte der Rechtsprechung

1. Recht und Sprache in der Gesellschaft

> Denn der Kitt zwischen Individuen, die dank ihrer Personalität sich als Individuen gegenüberstehen, ist die Norm.
>
> Helmuth Plessner

Aristoteles definiert den Menschen als "zóon politikón"; wie das zu verstehen sei, präzisiert er folgendermaßen:

> Der Mensch ist (...) das einzige Lebewesen, das Sprache besitzt. Die Stimme zeigt Schmerz und Lust an und ist darum auch den anderen Lebewesen eigen; die Sprache dagegen dient dazu, das Nützliche und Schädliche mitzuteilen und so auch das Gerechte und Ungerechte. Dies ist nämlich im Gegensatz zu den anderen Lebewesen dem Menschen eigentümlich, daß er allein die Wahrnehmung des Guten und Schlechten besitzt. Die Gemeinschaft in diesen Dingen schafft das Haus und den Staat. (Aristoteles 1973, 49)

Auf die beiden zentralen Bestimmungen reduziert heißt das: der Mensch hat Sprache und sein Handeln ist moralischen Normen unterworfen. Beide Fähigkeiten sind Ausdruck des menschlichen Unvermögens unvermittelt miteinander umzugehen. Gemeinschaft ist stets mittelbar, sie ist angewiesen auf indirekte, symbolische Verhaltensweisen. Erst die Sprache als fundamentales Bezeichnungssystem und die Moral als fundamentales Wertsystem stiften und garantieren sein Zusammenleben. Um die Rollen der Zeichen in der Gesellschaft zu beschreiben, fordert bereits Saussure "une science qui étudie la vie des signes au sein de la vie sociale" (Saussure 1979, 33). Bekanntlich hat er für diese Wissenschaft den Namen <u>sémiologie</u> vorgeschlagen. Die aristotelische Definition läßt sich also - aus heutiger Sicht - zum Ausgangspunkt einer umfassenden Semiologie - oder Semiotik - machen.

Weiter sieht Aristoteles auch, wie eng die Zeichensysteme verflochten sind; einerseits schätzt er die Sprache zentral ein, was ihre Kommunikationsfunktion angeht; andererseits erfüllt sich ihr Zweck erst in Bezug auf übergeordnete Wertsysteme: "sie dient dazu, das Nützliche und Schädliche mitzuteilen und so auch das Gerechte und Ungerechte". Das gilt jedoch nicht nur für die Sprache; alle Interaktionen erfolgen nur in seltenen Fällen unvermittelt, fast immer sind sie auf vielfältige, sich bisweilen widersprechende Vermittlungssysteme, d. h. auf symbolische Handlungs- und Verhaltensweisen angewiesen. Erst dadurch werden sie kontrollier- und steuerbar, werden komplexe Interaktionen möglich. Gerade die wenigen spontanen Reaktionen, die doch nie ausgeschlossen sind und auf das engste mit der sich aus dem Sozialen herauskristallisierenden Individualität zusammenhängen (1), sind gewöhnlich sozial am wenigsten akzeptabel. Kant sprach von der "ungeselligen Geselligkeit" (2). Die Gemeinschaftsfähigkeit des Menschen scheint geradezu von seiner Fähigkeit abzuhängen, symbolische Verhaltensweisen auszubilden (3), die stets überindividuell sind, mehr oder weniger stark konventionalisiert, mehr oder weniger schnell veränderlich, von Gruppe zu Gruppe verschieden, und die - weil überindividuell - stets normativ sind. Verstöße werden je nach Norm unterschiedlich scharf sanktioniert. Erst die Existenz von gemeinsam anerkannten Normen schafft Gesellschaft. Denn biologisch ist der Mensch für diese "politische" Organisation - seine einzige Überlebenschance - denkbar schlecht ausgerüstet; Aristoteles sieht das schon genau (Aristoteles 1973, 5o). Aber gerade deshalb ist die historische Gemeinschaft als etwas durch und durch Normiertes dem Menschen so selbstverständlich, daß er sie als quasi natürlich betrachtet (4). Wittgenstein spricht von der jeweiligen "Lebensform" des Menschen. Und er meint wohl dasselbe wie die philosophische Anthropologie (5), wenn er von der "Lebensform"sagt:

> ... ich will sie als etwas auffassen, was jenseits von berechtigt und unberechtigt liegt; also gleichsam als etwas Animalisches. (6)

Wir können also zusammenfassen: die alltägliche Welt in ihrem schlichten Funktionieren wird erst im Bezug auf einen übergeordneten, idealisierten semiotischen Rahmen bedeutungsvoll und bewertbar. Und damit so ein "Rahmen" zu einem festen Code kristallisieren und institutionalisiert werden kann, muß Sprache immer schon vorausgesetzt werden. Dazu Eco:

> E chiaro che i sistemi semantici sorgono da precise condizioni materiali di vita, ma la semiologia può riconoscerli solo se l'esperienza di queste condizioni si è fatta codice. A questo punto gli elementi dell' ideologia como cultura possono essere descritti dal sistema del linguaggio.
> Potremmo dire che i sistemi semantici (già detti "cultura") sono sistemi modellizzanti secondari portati da un sistema modellizzante primario che è la lingua. (Eco 197o, 134 f)

Dank der uneingeschränkten Verfügbarkeit der Sprache können diese "sekundären formenden Systeme" die wichtigste semiotische Voraussetzung der Sprachen teilen: ihre Öffentlichkeit. Wenn etwa Kant vom "transzendentalen Prinzip der Publizität" des Rechts spricht (7), so trifft er damit nichts originär Rechtliches, sondern er stößt auf eine Voraussetzung, die das Recht nur aufgrund seiner sprachlichen Gestaltung mit der Sprache gemein hat. Sprache ist also mehr als ein Zeichensystem unter anderen. Ihre elementarste Eigenschaft (8) ist die metasprachliche. In der Ausdruck/Inhaltstruktur des Zeichens ist von vorneherein die Möglichkeit angelegt, ganze Zeichen - und Zeichensysteme - zum Inhalt eines Metazeichens zu machen. Die Sprache wird so zur Grundlage anderer Zeichensysteme. Jakobson sagt:

> ... le langage c'est réellement les fondations mêmes de la culture. Par rapport au langage, tous les autres systèmes de symboles sont accessoires ou dérivés. L' instrument principal de la communication, porteuse de l'information, c'est le langage. (9)

Die zweite aristotelische Bestimmung des Menschen - zóon lógon échon - entpuppt sich als Nuancierung der ersten: das fundamentale und als solches am leichtesten zu erkennende Zeichensystem steht stellvertretend für alle (1o). Wir wollen damit nicht einem undifferenzierten "Pansemiotismus" das Wort reden, gegen den Luckmann zurecht polemisiert:

> So wie nicht alles in der Welt "Kommunikation" ist,

> so besteht die Welt erst recht nicht schlechthin aus "Zeichen" (und Wundern). Es ist richtig, daß alles zum Zeichen werden kann, aber es muß ja gerade geklärt werden, unter welchen Bedingungen das geschieht. (Luckmann 198o, 1oo)

Aus der Tatsache, daß die Sprache zur Grundlage aller möglichen anderen Zeichensysteme werden kann, darf man nicht voreilig den Schluß ziehen, "die" Sprache und "die" Gesellschaft verhielten sich zueinander wie Bezeichnendes und Bezeichnetes. Wir geben diese häufig geäußerte These in einer Formulierung Benvenistes, die sich an Ch. S. Peirce anlehnt:

> Considérons donc que la langue interprète la société. La société devient signifiante dans et par la langue, la société est l'interprété par excellence de la langue. (Benveniste 197o, 22)

Weder Sprache noch Gesellschaft sind einheitlich genug, um den bestimmten Artikel zu rechtfertigen. Nicht die sprachliche Kommunikation, sondern die Institutionen, die der Kommunikation - dem Sprachgebrauch - eine mehr oder weniger eingeschränkte Rolle zuweisen, sind als Interpretanten der Gesellschaft anzusehen. (Unsere Bemerkungen zur Geschichte der französischen Rechtssprache werden zeigen, daß sprachlich nahezu Identisches von funktionsähnlichen Institutionen in so verschiedenen Gesellschaftsformen wie dem Ancien Régime, dem Empire Napoleons und den verschiedenen Republiken gebraucht werden kann.)

Schon Bally hat das Verhältnis von Sprache und Gesellschaft äußerst zurückhaltend beurteilt; er stellt die verführerische, weil naheliegende Idee ihrer grundsätzlichen Parallelität in Frage:

> Certes, personne ne s'aviserait aujourd'hui de nier les rapports qui unissent la pensée collective à la langue. Mais, par tendance au moindre effort, on imagine que ces rapports sont directs, que la langue doit refléter exactement la civilisation, l'art, la littérature du groupe qui parle. Ce postulat se justifie socialement, car c'est une idée-force. Mais, dès qu'on la serre d'un peu près, on se trouve aux prises avec des difficultés insurmontables, que l'on préfère d'ailleurs ignorer. (Bally 1965, 13)

Und:

> On admet, le plus souvent sans preuves à l'appui, que l'évolution de la langue et celle de la société sont parallèles et synchroniques, que tout changement dans la vie sociale et politique doit avoir, de manière automatique, immédiate et unilatérale, son contre-coup dans la structure de la langue. Mais d'abord, y a-t-il nécessairement parallélisme?
> (Bally ebda., 14) (11)

1.1. Der institutionelle Aspekt: Sprachsystem und Rechtsordnung

Ebensowenig wie die Sprache läßt sich das Recht mit einer Gesellschaft identifizieren. Wenn wir beide auf einen gemeinsamen Nenner bringen wollen, müssen wir einerseits ihrer sozialen Natur gerecht werden, und andererseits verdeutlichen, daß wir nur Teilaspekte einer Gesellschaft vor uns haben. Der Begriff der Institution bietet sich für eine gemeinsame Klassifizierung an: so wie wir historische Einzelsprachen als institutionalisierte Sprechfähigkeit (langage) verstehen können (12), können wir historische Rechtssysteme als institutionalisierten Ausdruck der Befähigung des Menschen ansehen, sein Verhalten ethisch zu kontrollieren. Im Unterschied zur Moral resultieren die Rechtsinstitutionen aus der autoritären, meist staatlich oder religiös legitimierten Absicht, die in ihnen fest- und vorgeschriebenen Normen auch zu garantieren.

> Das Recht an sich selbst ist machtlos: von Natur herrscht Gewalt. Diese nun zum Rechte hinüber zu ziehen, so daß mittelst der Gewalt das Recht herrsche, dies ist das Problem der Staatskunst. Und wohl ist es ein schweres.
> (Schopenhauer 1977, 271)

Die soziale Verbindlichkeit des Rechts qua idealer systematischer Norm ist demnach ganz anderer Art als diejenige der Sprache qua langue. Als präskriptive Verhaltensnorm ist es in den "Buchstaben des Gesetzes" festgeschrieben. Das Rechtssystem ist nicht, wie das System einer Sprache - nicht nur im eng strukturalistischen Sinn, sondern im Sinn einer jeden Grammatik - eine idealisierte Abstraktion aus einem mehr oder weniger unvollständigen Korpus von parole-Akten. Das Rechtssystem ist äußerst konkret; sein praktischer Zweck besteht darin, das Verhalten des Rechtssubjekts zu steuern.

> Law appears to our consciousness as a technique of the public direction of human conduct; it is composed of norms or normative measures with a particular function, that of directing in an authoritarian fashion the conduct of all men living together as a population.
> (Amselek 1973, 44)

Dieser Vorschriftscharakter bedingt eine völlig untergeordnete Rolle des Einzelnen: vor dem Gesetz sind alle gleich. Zwar zeigt sein soziales Verhalten ähnliche Abweichungen von der präskriptiven Norm wie die Anwendung der langue in der parole, sie haben jedoch eine ganz andere Tragweite als sprachliche "Verstöße", auch wenn die Sprache gerade in dieser Hinsicht bisweilen mit dem Recht verglichen wurde. (13) Nicht normkonformes Verhalten wird feierlich untersucht und öffentlich als solches hingestellt. Alle Handlungen der Rechtssubjekte - alle "parole-Akte" - müssen als direkte Funktion der Gesetze verstanden werden können, falls nicht, werden sie als "Ordnungswidrigkeit", als "strafbare Handlung" bzw. als "Verbrechen" geahndet. Voraussetzung dafür ist, daß die Geltung der Gesetze, d. h. des Rechts in seiner institutionalisierten Form garantiert ist. Im Recht werden Verhaltensmodelle idealisiert und ihre Gültigkeit auf unbefristete Zeit bis auf ausdrücklichen Widerruf festgeschrieben. Das kodifizierte Recht ist - mit Saussure zu sprechen - streng synchron. (14) Und mehr als das: der Anspruch auf Synchronizität ist hier Bedingung für das Funktionieren eines künstlichen präskriptiven Wertsystems. Insofern unterliegt das Recht auch nicht der Eigengesetzlichkeit des Gebrauchs: es ist seiner Anwendung, vom besonderen Fall der Gesetzeslücke abgesehen, stets vorgegeben. Der Sprachbesitz dagegen ist nichts als sedimentierter Sprachgebrauch, dessen Veränderungen und Schwankungen er dementsprechend unterworfen bleibt; Gebrauch bedeutet Veränderung. (15) In der Art der Anwendung stoßen wir auf einen elementaren pragmatischen Unterschied zwischen dem semiotischen System der Sprache und dem des Rechts.

Zunächst ist Anwendung des Rechts - Rechtsprechung also - immer auch Interpretation, d. h. der Zeichengebrauch ist viel weniger, im Idealfall überhaupt nicht, automatisiert. Sodann bleibt die Anwendung des Rechts zumindest in seiner modernen Gestalt eigens dafür delegierten Amtspersonen vorbehalten, den Richtern.

Wenn sich der Zusammenhang von Gebrauch und Veränderbarkeit auf das Recht übertragen läßt, kommt den Richtern eine zentrale Rolle bei dessen faktischer Anpassung und Veränderung zu. Auch die Rechtspraxis, das Rechtsleben, basiert wie das Sprachleben auf der Dialektik zwischen individuellem Verhalten und geforderter idealer Norm, indes vermag diese Spannung nie aus sich heraus das System zu verändern. Was sich ändert, ist seine Anwendung, denn eine modifizierte Rechtsprechung gegenüber bestimmten Sachverhalten steht lediglich für eine veränderte Interpretation: die gesetzlichen Bestimmungen bleiben davon unangetastet. Gesetzesveränderungen verlangen - das common law verhält sich hier grundverschieden - wiederum einen eigenen institutionellen Weg. Die bewußte Trennung von Legislative und Jurisdiktion garantiert die Synchronizität. Kodifiziertes Recht ist so grundsätzlich konservativ. Aus dem Gesagten - Synchronizität, untergeordnete Rolle des Einzelnen, Anwendungsrestriktionen - folgt, daß das für die Sprache typische, aus der Sprechtätigkeit entspringende Universale, die Kreativität nämlich, dem Recht abgeht. (16) In der Rechtsprechung, die vermittelnd zwischen gelebter und geforderter Norm, zwischen Lebenswelt und Gesetz steht, vollzieht sich lediglich eine gewisse Anpassung. Ein idealisierter Rahmen, der implizit (Riten, Tabus etc.) oder explizit (Recht, Verfassung) sein kann, ist die transzendentale Voraussetzung für jedes Selbstverständnis einer Gemeinschaft. Bedeutungsvoll, signifikant im etymologischen Sinn, wird er jedoch erst in seiner Anwendung. Erst in der Auseinandersetzung mit ihrer idealen, sie mitkonstituierenden Norm wird eine Gemeinschaft für ihre Mitglieder als Ganzes überschau- und bewertbar; ohne in organizistische Metaphern zu verfallen: eine Gemeinschaft kann auf diese Art sich selbst "von innen her" thematisieren. Sie ist mit Apels treffendem Ausdruck ein "Subjekt-Objekt" (Apel 1973, II, 25o).

In der Praxis der Jurisprudenz finden wir den geeigneten Ausgangspunkt für eine semiotische Betrachtung des Rechts, denn es gilt, daß die Jurisprudenz "sich als zuständiges Organ des zeitgenössischen Gemeinschaftsbewußtseins zu betrachten hat" (Betti 1967, 659). Hinter der Metapher "Organ", bzw. dem Etikett "die Jurisprudenz" verbirgt sich - mit Apel zu sprechen - eine Kommunikationsgemeinschaft von Fachleuten. D. h. wir werden hier zum zweiten Mal auf "Sprache" verwiesen, allerdings hier nicht mehr auf sie als willfähriges Bezeichnungs- und Fixierungswerkzeug, sondern auf die Sprache in ihrem gemeinschaftlichen und kontroversen Gebrauch, auf das Gespräch also. Sprachlich institutionalisierte Systeme, wie etwa das Recht, sind in ihrem Vollzug auf die Meta-Institution der Sprache qua Kommunikation angewiesen. (17) Den Platz, den die freie Verständigung über institutionalisierte Begriffe einnimmt, kann man in anderen Gesellschaften als Maßstab der Demokratisierung ansehen (18).

> Das vernünftige Gespräch der Menschen stellt m. E. heute eine eigenständige Meta-Institution dar, deren Angewiesenheit auf die Institutionen des handelnden Lebens gerade darin besteht, daß letztere, mögen sie auch in ihrer Verbindlichkeit niemals wissenschaftlich-allgemeingültig ableitbar sein, ihre Entstehung über das vernünftige Gespräch vermitteln. (Apel 1973, I, 221)

Das heißt auf die Rechtsprechung bezogen: die geforderte (rechtliche) Norm muß sich vor ihrer Anwendung gegenüber der gelebten Norm kommunikativ bewähren. Es zeigt sich, wie gelebte und geforderte Norm zueinanderstehen und inwieweit eine Gesellschaft bereit ist, die geforderte Norm in der Praxis an eine sich stets, bisweilen schneller, bisweilen langsamer, verändernde gelebte Norm anzupassen, d. h. sie gibt darüber Aufschluß, wie zeitgemäß ihr jeweiliger Rahmen (noch) ist. (19) Mit der Beschreibung des institutionellen Rechts als etwas "Synchronem" und etwas quasi "Kollektivem", auf das der Einzelne keinen Einfluß hat, haben wir uns zweier Kennzeichnungen bedient, die seit Saussure in der Linguistik zu Hause sind. Das heißt jedoch nicht, daß wir das Recht bewußt nach linguistischem Vorbild beschreiben wollten. Wenn es vielmehr möglich ist, die beiden Dichotomien (langue - parole, Synchronie - Diachronie) (2o) auf andere Gegenstandsbereiche zu übertragen, so deshalb, weil es sich weniger um linguistische als um allgemein semiotische Begriffe handelt. Umgekehrt allerdings scheint Saussure selbst die Sprache nach dem Vorbild anderer sozialer, wenn nicht rechtlicher Institutionen beschrieben zu haben, zumindest zeigt seine Terminologie eine gewisse Affinität zum Rechtlich-Sozialen. Sprache (langue) ist für ihn nicht nur ein "fait social", sondern auch eine "institution sociale" (21). Er präzisiert:

> ... la langue n'est pas une institution sociale en tous points semblables aux autres; ... la langue est une convention ... (Saussure 1979, 26)

Nun ist der Begriff der Konvention nicht gerade eindeutig. Er kann sowohl im allgemeinen Sinn von "Brauchtum, Tradition" verwandt werden, als auch in der engeren Bedeutung einer willentlichen Übereinkunft. Merkwürdigerweise geht Saussures Interpretation gerade in diese zweite Richtung. Denn an anderer Stelle sagt er von der langue, dem "sozialen Teil" der Sprache:

> ... elle n'existe qu'en vertu d'une sorte de contrat passé entre les membres de la communauté. (22)

In jedem Fall ist der Begriff der convention jedoch als Gegensatz zu nature gemeint. Saussure scheint hier - direkt oder durch Vermittlung Durkheims - der französischen Aufklärung verpflichtet (23). Die Sprache ist für ihn die am wenigsten "natürliche" Institution, denn sie ist "radikal arbiträr". Gerade deshalb bedarf sie in umso stärkeren Maße der Festlegung durch die Sprachgemeinschaft. Diese spezifische Verbindung von Arbitrarität und Konventionalität soll die Sprache von allen anderen Institutionen unterscheiden. Wir zitieren:

> Les autres institutions humaines - les coutumes, les

> lois, etc. - sont toutes fondées, à des degrés divers sur les rapports naturels des choses; il y a en elles une convenance nécessaire entre les moyens employés et les fins poursuivies. (...) La langue, au contraire, n'est limitée en rien dans le choix de ses moyens, car on ne voit pas ce qui empêcherait d'associer une idée quelconque avec une suite quelconque de sons. ... c'est que ce caractère arbitraire sépare radicalement la langue de toutes les autres institutions. (Saussure ebda., llo)

Ihre spezifische Verbindung von Arbitrarität und Konventionalität ist laut Saussure Grund für eine Sonderstellung der Sprache, die sie von "allen anderen" Institutionen unterscheidet. Aber weder die eine noch die andere Eigenschaft rechtfertigen die Isolierung der Sprache. Die geringere Arbitrarität der anderen Institutionen begründet er dadurch, daß sie auf den "rapports naturels des choses" basierten. Dazu ist zu sagen, daß es sich hier nie um natürliche, sondern stets um kulturell durchformte Beziehungen handelt. Der Unterschied zwischen "natürlichen" und "konventionellen" Beziehungen ist für die Gegenstandsbereiche, die sozialen Institutionen zugrundeliegen, künstlich und irrelevant (s. o.). Und auf kulturell bedingten Sachbeziehungen basiert auch die Sprache, deren intentionelle, inhaltliche Seite ja keineswegs arbiträr ist (24). Für den Sprecher selbst ist die Muttersprache durchaus etwas Natürliches.

Was die Konventionalität angeht, ist die Isolierung der Sprache noch willkürlicher. Konvention - so haben wir gesagt - entspringt bewußter Abmachung oder ist nichts anderes als schlichter Brauch. Ersteres ist unwahrscheinlich, auch wenn Saussures Konventionsbegriff diese Ansicht nicht ausschließt. In diesem Fall aber würde die Sprache mit dem Recht zusammengehen, das tatsächlich in den allermeisten Fällen auf bewußter Vereinbarung bzw. allgemein bindender Festsetzung beruht. Nun ist das Recht jedoch - wie Saussure bemerkt - eben nicht "radicalement arbitraire". Gerade deshalb nicht, weil rechtliche Bestimmungen auf bewußter Übereinkunft zur Realisierung bestimmter Ziele, der Durchsetzung kulturell sehr verschiedener Verhaltensnormen gegründet sind. Faßt man die sprachliche Konventionalität als mehr oder weniger zufälliges Produkt einer Gewohnheit, ginge Sprache durchaus mit anderen Sitten (coutumes) zusammen. Das Händeschütteln als Zeichen der Begrüßung ist genauso arbiträr wie die Verbindung aus image acoustique und concept, und wird von den Leuten, die sich seiner bedienen, als genauso "natürlich" angesehen (25).

1.2. Der pragmatische Aspekt: Sprechhandlung und Urteilsakt

Kein Zeichengebrauch ist Selbstzweck; jedes Zeichen wird als Mittel, Werkzeug auf ein bestimmtes Ziel hin angewendet; d. h. sein Werkzeugcharakter realisiert sich erst im Gebrauch (26). Spätestens seit ihrer Erneuerung durch Bühler ist diese auf Platon zurückgehende Einsicht zu unwidersprochenem Allgemeingut geworden.

> Die Sprachforschung stößt also im Axiom von der Zeichennatur der Sprache auf das Denkmodell des homo faber, eines Machers und Benützers von Geräten. Wir werden dies Modell im Auge behalten und ihm Schritt für Schritt aus jedem neuen Axiom neue Bestimmungen einzeichnen. Einstweilen kann man das Zeichenhafte, welches im intersubjektiven Verkehr verwendet wird, als ein Orientierungsgerät des Gemeinschaftslebens charakterisieren. (Bühler ²1965, 48)

Rechtsprechung und parole stehen einander - unter dem gemeinsamen Nenner der intentionalen Anwendung eines vorgegebenen Systems - viel näher als Rechtssystem und langue. Ein Vergleich mit dem Gebrauch der Sprache scheint also für unsere Zwecke erfolgversprechender. Wir wollen deshalb versuchen, die semiotische Struktur des Urteils durch ein Modell der Sprechhandlung zu erläutern. Die Intentionalität als Hauptcharakteristikum menschlichen Handelns ist unumstritten. Dennoch halten wir es für problematisch, von ihr ein einheitlich formalisiertes System aller möglichen menschlichen Tätigkeiten abzuleiten, wie etwa Pike vorgeschlagen hat. Er postuliert eine universale kleinste mögliche Einheit zweckorientierten Handelns, das behavioreme, das sich in den verschiedensten Formen realisieren kann, auch als uttereme;

die Konstanz des wie auch immer ausgeführten behavioreme ist - so Pike - durch den gemeinsamen Bezug auf die "menschliche Natur" gewährleistet.

> A behavioreme is an emic segment or component of purposive human activity, hierarchally and trimodally structured, having closure signalled by overt objective cultural clues within the verbal or nonverbal behavior of the domestic participants or domestic observers, and ocurring through its free or conditioned, simple or complex variants within a behavioral system (or composite of systems) and a physical setting which are also emically, hierarchally and trimodally structured. A verbal behavioreme is an uttereme.
> (Pike 1954, 121)

Pikes Konzeption ist bestechend einfach und elegant; indes verführt eine einheitlich formalisierte Handlungstheorie dazu, die wichtigsten Unterschiede zwischen den verschiedenen Handlungssystemen gerade zu verdecken anstatt zu erhellen. Die systematische Komponente der Sprache (langue), alles was über das Erreichen des Kommunikationszieles hinausgeht, bzw. dem im Wege steht, ist so nicht erreichbar.

Doch zur Sprechhandlung. Bühler stimmt mit Platon darin überein, daß die Sprache ein "organon" sei, "um einer dem anderen etwas mitzuteilen über die Dinge" (Bühler ^{2}1965, 24). Die allgemeingültigen drei "Relationsfundamente" (ebda., 25) "einer - dem anderen - über die Dinge" können wir beibehalten, wir müssen nur versuchen, sie dem besonderen Zweck des Zeichens "Urteil" entsprechend zu präzisieren. (27) Wir schlagen folgende erste Definition vor: ein Urteil ist ein institutionalisiertes Werkzeug, um einer - im Auftrage aller - die Handlung resp. das Verhalten des anderen in das die Gemeinschaft mitkonstituierende präskriptive Normensystem einzuordnen.

Wir beginnen mit der Relation, die auch für Bühler dominant ist: der Beziehung zu den außersprachlichen Sachverhalten, der Darstellungsfunktion also. Dabei fragen wir uns, was und wie dargestellt wird.

1. Zum Was: Interessenkonflikte werden am höchsten Interesse der Gemeinschaft, d. h. ihrem idealen Funktionieren, so wie es in präskriptiven Normen festgeschrieben ist, gemessen. Interessenkonflikte sind für die Juristen "Sachverhalte"; die positiven Normen werden gewöhnlich "Gesetze" genannt. Dabei werden zwei Darstellungsbereiche zur Deckung gebracht. Ein - meistens nicht sprachlicher - lebensweltlicher Sachverhalt wird sprachlich rekonstruiert und ein sprachlich gefaßtes Normensystem wird sprachlich expliziert.

2. Zum Wie: Als Darstellungsmittel dient eine spezialisierte Variante der Gemeinsprache: die Rechtssprache. Dabei handelt es sich nicht nur um eine Übersetzung in ein anderes Register, sondern um eine Transponierung in ein gesellschaftlich sanktioniertes Wertsystem. Die Aufgabe der Rechtssprache im Urteil beschränkt sich nicht nur auf das Wie, sondern hilft einem Teil des Was (das angewandte Recht) zu konstituieren. Ein Rechtsbegriff ist nur als Interpretation seiner jeweiligen sprachlichen Formulierung existent. Form und Inhalt der juristischen Fachsprache lassen sich wegen dieser stärkeren Sprachabhängigkeit der Rechtsdinge nicht trennen. In diesem Sinn ist die Rechtssprache nicht nur Orientierungs- sondern auch Normierungsgerät. Wir nennen deshalb die Darstellungsfunktion des Urteils "Herstellungsfunktion".

Nun zum Träger der sprachlichen Herstellung. Wir haben definiert, daß er im "Auftrage aller", der Gemeinschaft handele. Auch dies versteht sich in einem doppelten Sinn. Staatstheoretisch gesprochen agiert er zunächst institutionalisiert als Richter im Auftrag einer idealisierten Gesellschaft, indem er deren Vorschriften zu erfüllen trachtet. Sodann obliegt ihm als eigenverantwortlich handelndem Individuum die Interpretation der Gesetze im Sinn der sich ständig wandelnden konkreten gesellschaftlichen Normen. Er teilt also nicht nur mit - qua semiotischer Klassifikation - er stellt dadurch gleichzeitig gesellschaftlich relevante Wertungen auf, die er nicht nur als Vertreter einer Institution, sondern als Persönlichkeit zu vertreten hat. Wir nennen die Funktion, die auf diesem "Relationsfundament" basiert, die "moralische Verpflichtungsfunktion" des Urteils.

Mit dem Angesprochenen, "dem Anderen", müssen wir nun auf die fundamentale Asymmetrie des Kommunikationsaktes "Urteil" zu sprechen kommen. Dabei ist es durchaus nicht unproblematisch, den Kommunikationsbegriff auf das Gerichtsurteil anzuwenden. Strenggenommen ist der Urteilsspruch nur Abschluß eines Kommunikationsprozesses. Er erfolgt einlinig und ist nicht - oder zumindest nur sehr erschwert - umkehrbar. Zudem handelt es sich nicht nur um eine sprachlich asymmetrische Kommunikation. (Auf die sprachlichen Aspekte werden wir noch zurückkommen.) Auch was das Nichtsprachliche angeht, stehen sich Parteien / Angeklagter und Richter durchaus nicht als gleichwertig gegenüber, ihre "Einstellungen" zueinander (im Verständnis A. Schütz') sind grundverschieden: während der Angeklagte dem Richter als "personaler Typ" gegenübersteht, d. h. selbst die kleinsten Details seiner Persönlichkeit interessieren unter Umständen den Richter, verkörpert dieser seinerseits einen weitaus anonymeren Typus für den Angeklagten. Der Richter wird als "Funktionärstyp" gesehen, der weitgehend nur als Handlungsträger und gerade nicht als Individuum sein "Gegenüber" interessiert. Wohlgemerkt gilt das nur für die Perspektive des Angeklagten, denn daß der Richter sich gerade nicht so, sondern als Individuum verstehen soll, wurde bereits angedeutet. (28)

Der Adressat hat also nicht nur die Rolle der zweiten, sondern auch die der dritten Person, da er in die zur Diskussion stehenden Sachverhalte verwickelt ist. Er ist Patiens der semiotischen Handlung, ohne seinerseits - jedenfalls nicht ohne weiteres - die Möglichkeit zu haben, den Agens, der ihn als Etwas im Sinne des § X behandelt, zum Patiens der Antworthandlung zu machen. Der Handlungscharakter des Urteils offenbart sich also weniger in der Relation zum Sachverhalt, als in der Relation zum Angesprochenem, weshalb wir sie "Handlungsfunktion" des Urteils nennen.

Die folgende schematische Darstellung gibt einen Überblick über die Funktionen des Urteilsakts. Die Pfeile, die auf den "Tatbestand" weisen, verdeutlichen seine Abhängigkeit vom Handelnden (Richter), vom lebensweltlichen Sachverhalt und von den Gesetzen. Der Pfeil, der vom "Tatbestand" auf den direkten Angesprochenen (Angeklagter / Parteien), bzw. der gestrichelte Pfeil, der auf die stets indirekt mitangesprochene Öffentlichkeit weist, symbolisiert die Abhängigkeit der Adressaten vom prädizierten Tatbestand, dem vollzogenen Urteil.

Funktionen der Urteilshandlung:

1) Herstellung des Tatbestands
   a) Interpretation der Gesetze
   b) Rekonstruktion des Sachverhalts
2) moralische Verpflichtung des Richters
3) Prädikation des Tatbestands

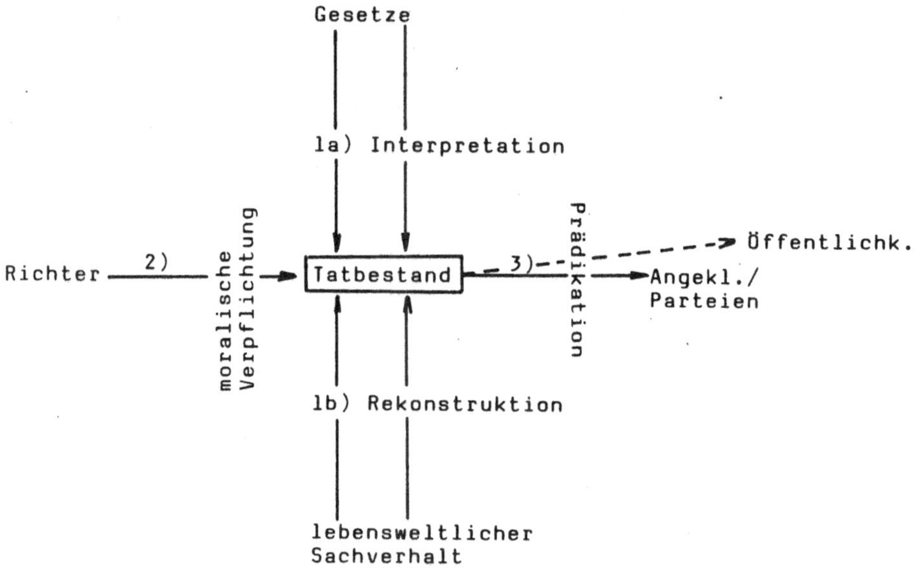

Die sprachliche wie nichtsprachliche Asymmetrie verstehen wir als Ausdruck der Vermittlerrolle des Urteils: wir stoßen auf eine notwendige Nahtstelle zwischen einer privilegierten und mit großem Prestige versehenen Fachwelt und der Lebenswelt. Die "Interessenkonflikte" (29) zwischen rechtlichen und alltäglichen Ansprüchen werden hier wenn auch nicht immer gelöst, so doch in jedem Fall entschieden. Dabei sind die semantischen und pragmatischen Aspekte durchaus ungleichgewichtig verteilt: die pragmatischen und praktischen Implikationen sind für den Adressaten in ihrer Eindeutigkeit absolut verbindlich; die Inhaltsseite eines Falles hingegen, die ganze Subtilität der hergestellten Bedeutung, erschließt sich nur dem Fachmann, d. h. dem kompetenten Kenner des semiotischen Systems "Recht".

Auf einer höheren Abstraktionsebene läßt es sich in Bühlerscher Terminologie durchaus sinnvoll von einer Ausdrucks- (Kundgabe-) und Appellfunktion (Auslösung) sprechen: wenn man berücksichtigt, daß der Agens des Urteils selbst Mitglied der Gemeinschaft ist, in deren "Auftrag" er handelt, läßt sich das Urteil als Symptom (im Sinne Bühlers) dafür verstehen, wie eine Gemeinschaft, oder eine sich gerade dadurch entlarvende Gruppe ihrer Repräsentanten, zu ihren idealisierten Normen steht. Auf der anderen Seite sind natürlich auch der Adressat, die Parteien, kurz: die angesprochenen Interessengruppen Mitglieder derselben Gemeinschaft. Je nach Sachverhalt sind immer mehr oder weniger direkt alle Bürger, wenn auch nicht beteiligt, so doch mitangesprochen; es wird an sie appelliert, sich in ähnlicher Interessenlage gemäß dem ergangenen Urteil zu verhalten.

In Frankreich konnte diese Relation zur Öffentlichkeit, die sich als Postulat aus dem aufgestellten Modell ergab, zu einem Rechtsmittel kristallisieren, zu dem es kein deutsches Äquivalent gibt: der sogenannten <u>tierce opposition</u>.

> La tierce opposition tend à faire rétracter ou réformer un jugement au profit du tiers qui l'attaque.

> Elle remet en question relativement à son auteur les points jugés qu'elle critique, pour qu'il soit à nouveau statué en fait et en droit.
> (Nouv. c. proc. civ., Art. 582)
>
> Est recevable à former tierce opposition toute personne qui y a intérêt, à la condition qu'elle n'ait été ni partie ni représentée au jugement qu'elle attaque.
> (Ebda., Art. 583)

Ein beliebiger Dritter, der sich durch ein Urteil, das nicht an ihn gerichtet ist, in seinen Interessen betroffen fühlt, kann in Form der tierce opposition Einspruch gegen das angegriffene Urteil erheben und so eine Revision erzwingen.

1.2.1. Das Urteil als Herstellung eines Tatbestandes und die Aufgabe der Fachsprache

Um die Beziehung des Urteils zu seinem Inhalt, seiner Bedeutung, zu kennzeichnen, haben wir den Ausdruck "Herstellung" vorgeschlagen. Diese Bezeichnung erinnert an ihre Herkunft von der Bühlerschen "Darstellung" - die bezeichnete Relation ist dieselbe - und steht gleichzeitig für eine wesentliche Besonderheit des untersuchten Zeichens: für den ausgeprägt synthetischen Charakter des Urteils, dessen Inhalt immer Ergebnis zweier durchaus verschiedener Funktionen ist: der Rekonstruktion des Sachverhalts und der Interpretation der Gesetze. Hegel hat dies schon deutlich formuliert:

> In dem Geschäfte des Rechtsprechens als der Anwendung des Gesetzes auf den einzelnen Fall unterscheiden sich die zwei Seiten: erstens die Erkenntnis der Beschaffenheit des Falls nach seiner unmittelbaren Einzelheit, ob ein Vertrag usf. vorhanden, eine verletzende Handlung begangen und wer deren Täter sei, und im peinlichen Rechte die Reflexion als Bestimmung der Handlung nach ihrem substantiellen, verbrecherischen Charakter, - zweitens die Subsumtion des Falles unter das Gesetz der Wiederherstellung des Rechts, worunter im Peinlichen die Strafe begriffen ist. Die Entscheidung über diese beiden verschiedenen Seiten sind verschiedene Funktionen. (Hegel 1976, § 225, 377)

Als Indiz für seine Unterscheidung führt Hegel im Folgenden die Beobachtung an, daß im römischen Recht beide Funktionen auf zwei

Ämter verteilt waren: Prätor und Iudex, ersterer war für die sachliche Seite zuständig, letzterer für die Verkündung. Reste dieser alten Ämterteilung nach Funktionen finden sich ebenso wie im deutschen Zivilrecht auch noch im französischen Recht: die Richter entscheiden nur über die von den Parteien selbst eingebrachten rechtlichen Bestimmungen.

> L'objet du litige est déterminé par les prétentions respectives des parties. (Nouv. c. proc. civ., Art. 4)
>
> Le juge doit se prononcer sur tout ce qui est demandé et seulement sur ce qui est demandé. (Ebda., Art. 5)

Ein Prozeß läßt sich als ein aus Frage und Antwort bestehender Dialog verstehen (3o). Der zu prädizierende Tatbestand wird dem Richter von Staats- und Rechtsanwalt vorgeschlagen; das entspricht einer einzigen gezielten Entscheidungsfrage, bzw. einer Kombination mehrerer. Der Urteilsspruch ist inhaltlich weitgehend nichts anderes als eine zustimmende oder ablehnende ("ja / nein") Antwort. Der Tatbestand als gemeinsames Produkt beider Funktionen verweist demnach - ein janusköpfiger Interpretant - auf zwei diametral entgegengesetzte Bereiche: die unendliche Menge real gegebener, individuell verschiedener Sachverhalte und die endliche, sehr begrenzte Menge der Gesetze. Die Gesetze bilden ein oppositiv strukturiertes, zum Teil hierarchisch aufgebautes System, der langue vergleichbar. Eine Änderung des Eigentumsbegriffes etwa würde so ziemlich alle zivilrechtlichen Bestimmungen mitbetreffen. Die Anwendung der Gesetze, Aktualisierung und Relativierung des Systems, entspricht der parole, die wie jene durch einen "usus" geregelt ist, den die Juristen als "herrschende Meinung" im Gegensatz zur möglichen, aber seltener vertretenen "Mindermeinung" bezeichnen. Indes ist das Verhältnis von Rechtssystem und vorjuristischer Lebenswelt sehr verschieden vom Verhältnis langue und ihrer Anwendung in der parole auf die außersprachliche Wirklichkeit. Denn im juristischen Bereich wird der reale Sachverhalt vom rechtlich konstruierten Tatbestand gleichsam "aufgesogen": im jeweiligen Kontext nicht relevante Aspekte fallen weg. Relevant sind nur solche Komponenten, die sich einem präzisen moyen, einem Rechtsmittel zuordnen lassen. Dabei nicht erfassbare Aspekte des lebensweltlichen Substrats verlieren im Falle der Prädikation ("Verurteilung") jede Bedeutung: einzig der amtlich zugesprochene Tatbestand zählt als juristische Realität; erst ein derartig ins semiotische System des Rechts überführter Sachverhalt hat juristische Gültigkeit, die gleichzeitig eine pragmatisch privilegierte, nur noch schwer oder gar nicht anfechtbare "Endgültigkeit" ist, da sie im Auftrag der Gemeinschaft, "au nom du peuple (français)" erfolgt.

Bei der Herstellung des Tatbestands ist, sowohl was die Rekonstruktion des Sachverhalts als auch was die Auslegung der Gesetze betrifft, die Rechtsprechung in zweifacher Hinsicht auf Sprachliches angewiesen: sie bedarf der Fachsprache und bleibt gleichzeitig von der Alltagssprache abhängig (31). Die beiden Ebenen der Sprachbedingtheit lassen sich nicht den beiden Funktionen (Rekonstruktion - Interpretation) zuordnen; sowohl in der Erfüllung der einen wie in der anderen sind sie eng miteinander verzahnt. Wir werden allerdings feststellen, daß ihre gegenseitige Abhängigkeit in den beiden Leistungen jeweils unter umgekehrten Vorzeichen steht. Bei der Rekonstruktion wird einem alltagssprachlichen signifiant ein fachsprachlicher signifié unterlegt, wogegen die Interpretation eines fachsprachlichen signifiant oft auf einen alltagssprachlichen signifié angewiesen ist.

Zum Sachverhalt: er bildet die dingliche, vorprozessurale Substanz und Ursache der Rechtsprechung. Da er im Normalfall nicht mehr empirisch lückenlos nachvollziehbar ist, muß er zunächst vom Rechts- und Staatsanwalt unabhängig voneinander rekonstruiert werden. Dazu bedienen sie sich materieller Hinweise, der sogenannten Indizien, und sprachlicher Darstellung, der sogenannten Aussagen, d. h. alltagssprachlich abgefaßter Berichte von Beteiligten, Zeugen, Polizei usw. In einem zweiten Schritt werden die juristisch relevanten Aspekte selegiert und fachsprachlich etikettiert. Ihnen werden entsprechende Einheiten des in Frage kommenden Rechtsbereichs - der durchaus umstritten sein kann - zugeordnet. Es geschieht also keineswegs eine schlichte Übersetzung ins Fachsprachliche, es werden nicht einfach alltagssprachliche Ausdrücke durch Termini ersetzt, sondern es werden Momente des Alltäglichen - und Lebensweltlichen - die auch sprachlich sein können, ausgewählt und fachlichen Kategorien zugeordnet, die immer fachsprachlich gefaßt sind. Der fachsprachliche Ausdruck steht für den fachlichen (juristischen) Sinn des betreffenden Aspekts: der normalsprachlich dargestellte Sachverhalt wird zum fachsprachlich hergestellten Tatbestand. (32) Der lebensweltlich vertraute Zusammenhang kann sich dabei für den Betroffenen in ein nicht mehr verständliches Konstrukt verwandeln: es wird ihm durch den Gebrauch eines ihm unverständlichen Zeichensystems entfremdet. Aber erst durch diese Transponierung erlangt sein Fall juristische Bedeutung. (33) Damit sehen wir schon die andere Seite des Tatbestandes, seine Abhängigkeit vom gesetzlichen Rahmen. Wir werden sehen, daß sich auch hier allgemeinsprachliche und fachsprachliche Bedingtheiten ergänzen.

Nicht nur ein einzelnes Gesetzbuch, sondern das gesamte Rechtssystem eines verfassten Staates läßt sich insofern als Text verstehen, als eine minimale Kohärenz seiner Teilbereiche untereinander durch die gemeinsame Verpflichtung auf eine Konstitution (Grundgesetz) gewährleistet ist. Zwar verweist der Gesetzestext nicht wie der literarische - zumindest im Normalfall nicht - (34) auf ein Subjekt, aber der Gesetzestext läßt sich ebenso wie der literarische (s. Einleitung zum dritten Kapitel) aus seiner Intentionalität heraus verstehen. Das Ideal der Demokratie will, daß die Intentionen der gewählten Legislative auch die Intentionen derjenigen sind, für die die Gesetze erlassen werden. Also auch in diesem Sinne Gesellschaft als Subjekt - Objekt. Seinen institutionalisierten Ausdruck findet dieses Prinzip darin, daß die Gesetze auch für den Gesetzgeber bindend sind.

Um seiner fundamentalen normativen Rolle gerecht zu werden, bezeichnen wir die Gesetze mit Lübbe als "geltenden Text":

> Der Geltungscharakter der hier gemeinten "geltenden" Texte besteht nun näherhin darin, daß sie unsere indivi-

> duelle und vor allem unsere kollektive Identität, d. h. die Identität unserer Zugehörigkeiten, nicht lediglich verbalisieren und repräsentieren, vielmehr darüberhinaus stiften, begründen, verbürgen. Geltende Texte haben institutionelle Bedeutung. Ihre institutionelle Leistung ist es, Zugehörigkeitsverhältnisse verbindlich zu definieren. Sie "gelten", indem ein sozial wirksamer Zwang ihrer Anerkennung existiert. (Lübbe 1975, 9)

Die Zuordnung von Sachverhalt und geltendem Gesetz nennen die Juristen "Subsumtion" (35). Das Gerichtsurteil ist ein Subsumtionsurteil (36). Freilich ist der Ausdruck nicht besonders gut, denn er suggeriert ein einseitiges Abhängigkeitsverhältnis, als ob ein Sachverhalt - mehr oder weniger - mechanisch unter ein feststehendes Gesetz, wie unter einen abstrakteren Oberbegriff eingeordnet werden könnte. Tatsächlich ist dieses logizistische Vorurteil noch bei vielen Juristen verbreitet. Besonders solche, die die logische Geschlossenheit und Vollständigkeit der Gesetzeskodifikationen überschätzen, glauben, Urteile seien mittels Subsumtion aus dem angeblich logisch-hierarchisch strukturierten Rechtssystem deduzierbar. Dabei übersieht man jedoch, daß jede, auch scheinbar noch so eindeutige, Subsumtion eine Interpretation des Gesetzes voraussetzt, d. h. die Bedeutung eines angewandten Gesetzes läßt sich niemals auf seinen Systemwert (valeur) reduzieren.

> Der Jurist (...) versteht sich heute wieder in höherem Maße als etwa noch vor einer Generation als Rechtsinterpret. Das heißt: Er weiß, daß er immer interpretiert - auch dann, wenn er in casu feststellt, eine Vorschrift bedürfe keiner weiteren Auslegung. Mit anderen Worten: Die immer schon vorhandene gleichsam verschwiegene Interpretation ist dem Juristen weitgehend bewußt geworden. Denn die Feststellung, ein Text sei nicht auslegungsbedürftig, kann letztlich nur behaupten, daß über die einschlägige Interpretation zur Zeit Einigkeit herrsche. Gesetzt, das trifft zu, bleibt jedenfalls fraglich, ob es immer so sein wird. (Viehweg 1961, 523)

Die semiotischen Implikationen sind schwerwiegend: zunächst gilt es festzuhalten, daß der oben herausgestellte, scheinbar streng synchrone Charakter des Rechts dadurch relativiert wird. In der Gesetzesinterpretation treffen sich die geschichtliche Wirklichkeit des Interpreten und der geschichtliche Hintergrund der Kodifikation. Daß Einzelnes noch wesentlich älter sein kann, im Code civil etwa, kann hier übergangen werden, da es um den "Systemwert" eines Elements zur Zeit der Kodifizierung geht. Eine Einheit eines geschichtlichen Systems wird in einer anderen, u. U. erheblich veränderten geschichtlichen Situation ausgelegt. "Auslegung" heißt "Festlegung" auf einen bestimmten Sachverhalt in einem bestimmten historischen Kontext.

Diese ständige interpretative Anpassung des gesetzlichen Rahmens an den jeweiligen Stand der Gesellschaft ist eine der wichtigsten Nebenfunktionen, die sich aus der Praxis der Rechtsprechung ergibt; nur so kann sich der anachronistische Charakter nicht mehr interpretationsfähiger Gesetze erweisen, und nur so können die statischen Forderungen einer Verfassung ihre regulative Funktion wahren.

Der bedeutende italienische Hermeneutiker Emilio Betti spricht deshalb von der "lebensrichtigen Entscheidungsmaxime" (Betti 1952/53. 358), von der der Richter sich leiten lassen soll. Auch fachliche Hermeneutik steht auf lebensweltlichem Boden. Zumindest gilt das für alle juristischen Termini, die für Wertbegriffe stehen, oder solche zumindest implizieren - was bei allen nicht rein verfahrenstechnischen Ausdrücken der Fall ist. Gelebte Werte sind nichts originär Juristisches, aber sie haben stets eine Bedeutung für die Rechtswissenschaft. Dazu Werner Maihofer:

> Nur in einer von solcher Einsicht getragenen Rechtsfindung bleibt sich der Richter der Paradoxie seines Tuns bewußt, die in dem von jedermann nachprüfbaren Sachverhalt liegt, daß der vor Gericht stehende Laie nach einem anderen Recht gerichtet wird als dem, nach dem er lebt. Deshalb muß der Richter bei jeder Entscheidung sich fragen, wie weit das gelehrte Juristenrecht, das er in seinen Gesetzbüchern und seinen Kommentaren findet, auch das Recht ist, nach dem der vor ihm stehende Laie, den er richten soll, selbst sich "gerichtet" hat: das gelebte Recht in der Rechtswelt des Alltags. (Maihofer 1960, 27)

Die Inhaltsbestimmung eines entsprechenden juristischen Begriffes (etwa "Eigentum", "Hausfrieden") ist somit keine exklusiv fachliche Angelegenheit; seine lebensweltliche Bedeutung steht immer mit zur Debatte. Letztere jedoch erschließt sich alltagssprachlich. (37) D. h. nur im Rekurs auf die Alltagssprache kann die Rechtsprechung einer Gefahr vorbeugen, die sich im Umgang mit einem sich überzeitlich gebärenden Wertsystem immer stellt: der begriffsrealistischen Überschätzung und Hypostasierung sprachlicher - fachsprachlicher - Formeln.

> Insbesondere ist es nichts als Selbsttäuschung, wenn man die überschießende Bedeutung der Sprache behauptet, die angeblich mit Selbständigkeit mehr wisse, als dem bewußt war, dessen Rede sie ist. Denn die Worte des Gesetzes (...) deuten auf eine geschichtliche Wirklichkeit hin und begründen die Berechtigung, wertend das Wort aus der in ihm namhaft gemachten Wirklichkeit zu verstehen. (Arndt 1963, 1279a)

Greifbar wird die Auslegung gesetzlicher Bestimmungen in ihrer prozessuralen Anwendung. Überbetonung des logisch-systematischen Charakters der Gesetze und Überschätzung ihrer sprachlichen Formulierung sind gewöhnlich Ausdruck derselben gesellschaftlichen Fehlentwicklung: in dem Maße, wie die Bedeutung der Alltagswelt ("Lebenswelt") unterschätzt oder bewußt niedrig eingestuft wird, können sprachliche Formulierungen als quasi-selbständige reale Begriffe mit feststehender Bedeutung, bzw. als Einheiten eines unabhängigen Systems mit einer festen valeur mißverstanden werden.

> Das notwendig auf die Sprache als sein Ausdrucksmittel angewiesene Gesetz sagt mit seinen Worten weder uns noch dem Richter, was Leben oder Gewissen oder öffentliche Fürsorge oder Straßenverkehr oder ein Körper sind - Sie können jedes Wort nehmen, das Sie wollen -, sondern beauftragt dazu, diese Silben mit Wahrheitsgehalt und Rechtswert zu erfüllen, Ihnen nach dem Stande unserer Zeit einen Sinn zu geben, allerdings mit der wesentlichen Grenze, daß dabei das Wort nicht sinnlos werden darf, also das Begriffsfeld, der Umkreis noch im Zusammenhang mit dem Ursprung möglicher Deutungen nicht verlassen werden darf. (Arndt ebda., 1279b)

Was unterscheidet nun das Urteil von anderen Gattungen im diffusen Ganzen der Rechtssprache - etwa der Sprache der Gesetze oder eines einzelnen Gesetzbuches oder dem Stil der juristischen Dogmatik? Seine pragmatischen Voraussetzungen. Dazu gehört besonders, daß das Privileg, den Sprechakt "urteilen" zu vollziehen, exklusives Recht der Richter ist. Freilich ist diese pragmatische Besonderheit nichts eigentlich Sprachliches, doch hat sie erhebliche stilistische Konsequenzen, insofern sie die Formalisierung - und das heißt die sprachlichen Besonderheiten der Gattung gegenüber anderen rechtssprachlichen Verwendungen - rechtfertigen soll (vgl. 4. Kap.). Unser semiotisches Modell erlaubt, die Aufgaben der Fachsprache exakt zu umreißen. All diejenigen Elemente, die die Erfüllung der ersten Funktion gewährleisten, d. h. die Rekonstruktion und Interpretation, sind unabdingbare Bestandteile des Fachlichen und somit auch Fachsprachlichen. Dies hat die Rechtssprache u. E. mit jedem fachsprachlichen Gebrauch gemein. Sein semiotischer Zweck ist auf die erste Funktion beschränkt: Darstellung eines Realitätsbereichs aus dem Blickwinkel und für den Gebrauch einer bestimmten Gruppe von Fachleuten. Das Dargestellte steht im Mittelpunkt: der Darstellende soll möglichst nichts von sich "kundgeben". Wenn man "Stil" durch das Maß der individuellen Abweichung von der geltenden (deskriptiven) Norm definiert, liegt das fachsprachliche Sprach- bzw. Schreibideal im Zusammenfall von Norm und Stil. (Was nicht bedeuten soll, daß dies allein schon hinreichendes Kriterium für die Notwendigkeit einer inhaltlich begründeten Fachsprache wäre.) Ähnlich wie die Abhängigkeit vom Sprecher wird auch die Hörerbezogenheit der fachsprachlichen Äußerung nicht besonders akzentuiert. Der Fachmann, der sich streng auf den Gebrauch des spezifischen Registers beschränkt, spricht zwar - natürlich - für jemanden, aber er appelliert nicht eigentlich an seine Hörer oder Leser. Persönliches und Polemisches sprengt bereits den fachsprachlichen Rahmen. Die geläufige Abstufung in "Theorie- (Wissenschafts-)sprache", "fachliche Umgangssprache" und "Verteilersprache" (38) läßt sich gerade durch das unterschiedliche Gewicht, das der "Appellationsfunktion" zukommt, bestätigen. An sprachlichen Erscheinungen ist hier an erster Stelle Lexikalisches zu nennen: <u>termini technici</u>, Paradigmata, die bisweilen "systematisch", d. h. definitorisch klar voneinander abgegrenzt sind (z. B. Mord, Totschlag, fahrlässige Tötung, Körperverletzung mit Todesfolge etc.).

Die Forderung nach syntaktischer Klarheit ist selbstverständlich, besonders in einem Bereich, wo der sprachlichen Formulierung so viel Gewicht zukommt wie im Rechtlichen.

All diejenigen Elemente auf der anderen Seite, die zwar sofort als "rechtlich" erkannt werden, die jedoch keine Funktion bei der Rekonstruktion des Tatbestandes bzw. der Interpretation der Gesetze haben (etwa das attendu que französischer Urteile), sind zwar fachsprachlich, doch grundsätzlich könnte man auf sie verzichten. In Anwendung auf unser idealisiertes, potentiell regulatives Modell lassen sich die meisten dieser Eigenheiten als überflüssige, "falsche" Aktualisierungen der - es sei noch einmal betont - idealtypischen Funktionen 2 und 3 erklären. (39) Für das französische Urteil bietet sich hier eine Unterteilung dieser Kategorie an: es gibt textuell verständliche und nicht aus dem Textzusammenhang erklärbare Eigenheiten. Die Elemente der ersten Gruppe ergeben sich aus der außerordentlich rigiden Art der Formalisierung, an die das französische Urteil - sehr im Unterschied zum deutschen - traditionell gebunden ist. Besonders die zahlreichen Implikationen der Ein-satzstruktur fallen ins Auge: extreme Schachtelung, häufige Partizipial- und Gerundivkonstruktionen, Kondensierungen und Translationen. Was die nicht textuell verständlichen Elemente angeht, ist eine besondere Affinität zum Register des frç. cultivé nicht zu übersehen: Inversionen, Archaismen - besonders aus dem 16. Jhdt. -, überflüssige Schachtelungen etc. Die Frage, warum sich diese Elemente solange gehalten haben, läßt sich wohl nur mit dem Selbstverständnis der Benutzer beantworten. Eine massive Selbststilisierung des Richterstandes scheint sich hier zu äußern, die mit der semiotisch postulierten Funktion 2 (Verpflichtung) unvereinbar ist.

Aus der Sprachabhängigkeit der Rechtsprechung erklären sich auch einige höchst archaische Züge, die sich bis heute im Gerichtsprozeß gehalten haben. Zunächst ein feierlicher Formalismus, der stärker oder schwächer ausgeprägt sein kann, der jedoch nie ganz fehlt. Die englischen Richter etwa sind weit davon entfernt, die

Textgestalt ihrer Entscheidungen zu formalisieren, doch symbolisieren sie die Feierlichkeit des Sprechaktes durch andere Formalia wie z. B. die obligate Perücke. Auch die Robe der deutschen, französischen und englischen Richter gehört hierher. Diese Formalia sind Äußerlichkeiten, doch hat der Formalismus in einer Institution noch substanziellere Bedeutung: im Eid. Dem Prozeßbeteiligten - auch dem Angeklagten - steht damit eine ähnlich gewichtige Sprechhandlung wie das "Urteilen" zu Gebote. Der semiotische Zweck des Eides ist dem des Urteils sehr verwandt: das Schwören ist wie das Urteilen eine Sprechhandlung mit dem u. U. über den Realitätswert eines Sachverhalts entschieden werden kann. Gegebenenfalls kann er deshalb ein Urteil ersetzen (4o). Ähnlich wie das Urteil läßt sich auch der Eid als endgültige Antwort einer befragten Person verstehen: pragmatisch jedoch ist er dem Urteil insofern untergeordnet, als er im Gegensatz zum Urteil abverlangt werden muß, sei es von einer Partei, sei es kraft Amtes vom Richter. Einmal verlangt, kann man sich dem Eid jedoch ebensowenig entziehen wie der Richter sich der Entscheidung entziehen kann.

Semiotisch ist es nicht schwer, den Eid zu deuten. In seiner Funktion, den Wahrheitsgehalt einer Aussage zu garantieren, verdeutlicht er das zutiefst ambivalente Verhältnis der Rechtsprechung - stellvertretend für alle Gelegenheiten, bei denen Sprachliches "beim Wort genommen" werden muß - zur Sprache. Er verdankt sich dem Widerspruch, auf Sprachliches grundsätzlich angewiesen zu sein, andererseits aber "nur" Sprachlichem ebenso grundsätzlich zu mißtrauen. Je wichtiger eine Sprechhandlung ist, desto stärker wird das Bedürfnis empfunden, sie institutionell zu garantieren. Dem Eid liegt ursprünglich die magioch-religiöse Bindung des Schwörenden an eine übernatürliche Gewalt zugrunde (41). Meineid stand für Selbstverdammnis. Gewiß hat sich die Bedeutung des Eides gewandelt (42), aber noch Schopenhauer schreibt:

> Bei keiner Angelegenheit greift die Religion so unmittelbar und augenfällig in das praktische und materielle Le-

> ben ein, wie beim Eide. Es ist schlimm genug, daß dadurch Leben und Eigenthum des Einen von den metaphysischen Überzeugungen des Anderen abhängig gemacht werden. (Schopenhauer 1977, 287)

Der Eid ist ein deutliches Relikt einer Zivilisation, die auf einer Identität von Rechts- und Religionsgemeinschaft aufbaute. Zwar ist die Eidesformel heute säkularisiert,

> ... wenn gleich dieselbe, neben dem Pomp und der Kraftsprache des religiösen Eides, sich etwas kahl und nüchtern ausnimmt. (Schopenhauer ebda.)

Doch ein institutionalisierter, aber rationalisierter Eid ist ein Widerspruch in sich selbst: er ersetzt die religiöse Bindung, durch die sich der Schwörende seiner Rechtsgemeinschaft verpflichtet durch eine - ebenso irrationale - moralische. Der Eid wird damit selbst zu einem Rechtsmittel: die Verpflichtung, die ein Eid auferlegt, unterscheidet sich nur mehr graduell (im Strafmaß) von der moralischen Verpflichtung durch eine andere Gesetzesvorschrift.

Verlässlicher wird er dadurch freilich nicht: jemand, der sich außerhalb der Rechtsgemeinschaft stellt, kann durch ein Rechtsmittel nicht in dieselbe zurückgeholt werden.

1.2.2. Das Urteil als moralische Verpflichtung und die Grenzen der Fachsprache

> Quid leges sine moribus vanae proficiunt?
>
> Horaz

> Que la loi ne soit jamais en contradiction avec l'usage; car, si l'usage est bon, la loi ne vaut rien.
>
> Voltaire

Die Rechtsprechung läßt sich durchaus nicht auf eine mehr oder weniger mechanische Konstruktion reduzieren. Das Recht - so haben wir gesagt - sei auf eine besondere Art institutionalisierte Form der Moral (43). Das heißt jedoch nicht, daß es möglich sei, beide miteinander zu identifizieren, wie es der aufklärerische

Optimismus getan hat und wie es alle Rechts- und Staatskonzeptionen tun, die die gesellschaftlich systematischen Seiten des Rechts überschätzen. Ein sprechendes Beispiel liefert uns Durkheim, den die Hypostasierung des Kollektiven, im Sinne eines fast irrationalen Ganzheitsbegriffes der Gesellschaft, dazu verführt, gesellschaftliche und moralische Normen miteinander zu identifizieren.

> Gleichzeitig aber ist sie (d. h. die Gesellschaft; Th. K.) eine moralische Autorität. (...) Das charakteristische Kennzeichen einer jeden moralischen Autorität besteht nun aber darin, daß sie Ehrfurcht einflößt: aufgrund dieser Ehrfurcht beugt sich unser Wille ihren Geboten. (Durkheim 1976, lo9)

Gesellschaft ist damit für ihn per definitionem etwas Totalitäres. Verhängnisvoll ist, daß eine solche Position die regulative Kontrolle des gesellschaftlich strikt institutionalisierten Wertsystems "Recht" durch eine gerade nicht - oder zumindest in ganz anderem Sinn - institutionalisierte Moral ausschließt. Die Notwendigkeit dieser Kontrolle steht außer Frage, ändert sich doch die gelebte Moral viel schneller als das schwerfällige Rechtssystem. K. O. Apel sagt dazu:

> In diesem Sinne ist zum Beispiel das "positive Recht" als solches ohne die stillschweigende Voraussetzung einer Ethik nicht normativ verbindlich, sondern bestenfalls effektiv. Es ist aber sehr aufschlußreich, daß ein Rechtssystem, das in der Gesellschaft den moralischen Kredit verliert, auf die Dauer auch seine Effektivität einzubüßen pflegt. (44)

Moralische und rechtliche Wertung sollten sich deshalb stets in Einklang befinden. Andernfalls reduzierte man die Rechtsprechung auf bloße, resignative "Sozialtechnologie" (45).

Die moralische Substanz der Rechtsprechung liegt demnach keineswegs in der abstrakten Einordnung eines einzelnen Sachverhalts in ein Wertsystem kollektiver Normen, sondern sie resultiert gerade aus der Einmaligkeit des jeweiligen Urteils, d. h. aus dem Zusammentreffen eines einzelnen konkreten menschlichen "Falles" mit einem entscheidungsbefugten Individuum. Auch hier gilt die pragmatische These Deweys:

> Die Bestimmung desjenigen, was zu tun richtig ist (was moralisch getan werden sollte), wird, wie alle Bewertungen, durch die Entwicklung dessen bestimmt, was für die Lösung einer spezifischen problematischen Situation erforderlich ist. Die spezifische moralische Hypothese wird in der Situation aufgestellt und nicht in sie hineingetragen.(46)

Den beiden Adressaten der Rechtsprechung gemäß ist der Richter nach zwei Seiten moralisch verpflichtet: gegenüber der Gesellschaft (Rechtsgemeinschaft) und gegenüber den Parteien bzw. den Angeklagten. Die Verpflichtung gegenüber der Gesellschaft ergibt sich bis zu einem gewissen Grad aus der hermeneutischen Aufgabe der Rechtsprechung. Wie ausgeführt sorgt eine zeitgemäße Auslegung für eine ständige Anpassung des gesetzlichen Rahmens an die veränderten Bedingungen; nur so kann einer Versteinerung und einer damit einhergehenden Verselbständigung der Normen vorgebeugt werden. Die moralische Verantwortung der Auslegung sollte ein Regulativ dagegen sein, daß der Träger dieser Normen, die Gesellschaft, ihrem Recht durch anachronistische Rechtsprechung entfremdet wird.

> Die Öffentlichkeit der Rechtspflege nimmt der gerade Menschensinn für das Rechte und Richtige. Ein grosser Grund dagegen war ewig die Vornehmheit der Gerichtsherren, die sich nicht jedem zeigen wollen und sich als Horte des Rechts ansehen, in das die Laien nicht eindringen sollen. Es gehört zum Recht aber namentlich das Zutrauen, das die Bürger zu demselben haben, und diese Seite ist es, welche die Öffentlichkeit des Rechtsprechens fordert. Das Recht der Öffentlichkeit beruht darauf, daß der Zweck des Gerichts das Recht ist, welches als eine Allgemeinheit auch vor die Allgemeinheit gehört; dann aber auch darauf, daß die Bürger die Überzeugung gewinnen, daß wirklich Recht gesprochen wird. (Hegel 1976, § 224 Zusatz, 377)

Eine eventuelle Klassenjustiz, d. h. eine Orientierung der Jurisprudenz an Normen einer einzigen Gesellschaftsschicht wird gemessen am Öffentlichkeits- oder Allgemeinheitspostulat der Rechtsprechung sofort deutlich.

Nicht auf einer moralischen Verpflichtung gegenüber der Öffentlichkeit, sondern auf deren direktem Schutz gründet sich die Aufgabe des Strafrechts.

> La question se pose autrement dans les affaires criminelles: la collectivité y est bien plus directement intéressée. On peut dire qu'elle est lésée et comme traumatisée chaque fois qu'un délit a été commis. Elle est véritablement partie au procès ... (Lévy-Bruhl 1964, 36)

Das gilt jedoch nicht allein für das Strafrecht. Man denke an die sich in letzter Zeit häufenden verwaltungsrechtlichen Verfahren, in denen die Öffentlichkeit oft Ansprüche auf juristischen Schutz vor (vermeintlichen) staatlichen Zugriffen geltend macht. Damit haben wir aber schon die zweite Seite der moralischen Verantwortung des Richters berührt: diejenige gegenüber den Parteien resp. den Angeklagten. Gerade dem Richter, der sich nicht damit begnügt, das "Besondere" als im "Allgemeinen" enthalten lediglich zu denken, sondern dessen Urteil eben auf praktische Umsetzung zielt, kommt die eminent moralische Aufgabe zu, den juristisch oft nicht signifikanten "human factor" dennoch nicht unberücksichtigt zu lassen; er antwortet nicht nur im obengenannten Sinn, er verantwortet auch. Der Urteilsakt kann und muß von ihm auch aus dem Blickwinkel des "Besonderen" heraus betrachtet werden. Seine moralische Verantwortung ist unmittelbare und regulative Funktion seiner Entscheidungsautorität. Historisch erklärt sich die zunehmende Institutionalisierung der Rechtsprechung und der Prozeßverfassung im besonderen umgekehrt als Schutz des Richters: das Bewußtsein der richterlichen Verantwortung war ursprünglich so deutlich, daß es sogar nach Aufkommen des Appellprozesses den Betroffenen noch möglich war, den Richter auch persönlich zur Rechenschaft zu ziehen.

> La voie de l'appel, née au XIIIe siècle et qui s'était développée au siècle suivant, avait été à son origine une action dirigée personellement contre le juge auteur de l'arrêt incriminé. Elle contenait "félonie er iniquité". Si le juge ne se défendait plus par les armes, comme il avait fait au temps du duel judiciaire, il n'en continuait pas moins à être obligé de se défendre. (...) Il se défendait lui-même par tous les moyens, bien plus qu'il ne défendait son jugement et les raisons de celuici. (Chénon 1926, 53)

Inzwischen scheint sich die moralische Verantwortung und Leistung des Richters, der ja als Persönlichkeit hinter seinem Urteil steht, oft hinter der viel beklagten Anonymität des Gerichtswesens zu verstecken. Wenn die Rechtsprechung auch "im Namen des Volkes" erfolgt, so darf dabei doch nicht übersehen werden, daß sie stets bewußte Handlung eines Einzelnen (oder einiger weniger Individuen) ist, die den moralischen Normen jeder Interaktion unterliegt. Der Richter handelt zwar im Auftrag der Gemeinschaft, verpflichtet ist er jedoch auch seinem eigenen Gewissen, seinen mehr oder weniger gut entwickelten eigenen moralischen Grundsätzen also. Maihofer fordert daher:

> In unserer heute durch solche normativen Begriffe und Regulative immer stärker materialisierten Ordnung ist schon aus diesen Gründen die Übertragung der letzten Verantwortung für die konkret materiale Gerechtigkeit jeder Entscheidung auf den Richter zumindest für die Bereiche materialer Ordnung nicht mehr zu umgehen. (Maihofer 196o, 29)

Gerade autoritäre Systeme tendieren dazu die "chorische" Funktion (47) des Urteils zu Ungunsten der persönlichen Verantwortung zu überschätzen und so eine pseudodemokratische, in Wahrheit völlig inhumane Legitimation für die Rechtsprechung zu schaffen. Es sei hier nur an den "Volksgerichtshof" erinnert. Der Handlungscharakter wird bewußt verdunkelt: die Verantwortung dem Pseudoaktanten "Gesellschaft" zugesprochen und als Kontrollfunktion unwirksam. Die wahren Handlungsträger verschwinden hinter anonymen Verwaltungsstrukturen.

Freilich muß gesagt werden, daß es den Beteiligten oft lieber wäre, wenn sich das Urteil doch mechanisch-logisch deduzieren ließe.

> Es ist unschwer zu sagen, was einen geneigt macht, sich zum Beispiel die richterliche Entscheidung, obwohl sie wahrscheinlich nicht als ein Resultat reiner Gesetzesanwendung zureichend interpretiert werden kann, auf die geschilderte Weise vorzustellen. Der Grund ist daß derjenige, der der Entscheidung eines anderen unterworfen is diese sehr viel leichter hinnimmt, wenn er sich überzeugt halten darf, daß dieser andere für sich selbst eigentlich keine Entscheidung traf, vielmehr nichts anderes

> tat, als aus seiner höheren gesetzeskundlichen Einsicht den Fall verbindlich und richtig zu beurteilen. (Lübbe 1971, 16)

Der sprachliche Aspekt dieser "moralischen Handlung" sieht jedoch anders aus: der Einfluß des Individuums soll hier möglichst klein bleiben, denn das verwendete Register ist besonders streng konventionalisiert; persönlicher Stil kommt kaum vor, mit Ausnahme gewisser syntaktischer Freiheiten vielleicht. Der ausgesprochen konservative Charakter einer jeden und besonders der juristischen Fachsprache, die noch bei weitem innovationsfeindlicher als andere ist, hängt sicherlich auch mit dem geringen Einflußbereich der individuellen sprachlichen Kreativität zusammen. Doch die in der Subjektabhängigkeit verankerte moralische Funktion des Urteils kommt in der Wahl des Registers nicht zum Ausdruck, das fast ausschließlich eine andere Funktion, die wir "Herstellungsfunktion" genannt haben, aktualisiert. Faktisch sind deshalb diejenigen angesprochen, die über dasselbe Register verfügen und nicht die eigentlichen Adressaten. Schon Hegel hat dies klar erkannt. (Beachtenswert ist auch seine deutliche Trennung von rechtlicher Substanz und sprachlicher Formulierung):

> Wenn die Kenntnis des Rechtes durch die Beschaffenheit dessen, was die Gesetze in ihrem Umfange ausmacht, ferner des Ganges der gerichtlichen Verhandlungen und die Möglichkeit, das Recht zu verfolgen Eigentum eines auch durch Terminologie, die für die, um deren Recht es geht, eine fremde Sprache ist, sich ausschließend machenden Standes ist, so sind die Mitglieder der bürgerlichen Gesellschaft, die für die Subsistenz auf ihre Tätigkeit, ihr eigenes Wissen und Wollen angewiesen sind, gegen das nicht nur Persönlichste und Eigenste, sondern auch das Substantielle und Vernünftige darin, das Recht, fremd gehalten und unter Vormundschaft, selbst in eine Art von Leibeigenschaft gegen solchen Stand gesetzt. Wenn sie wohl das Recht haben, im Gericht leiblich, mit den Füßen, zugegen zu sein (in iudicio stare), so ist dies wenig, wenn sie nicht geistig, mit ihrem eigenen Wissen gegenwärtig sein sollen, und das Recht, das sie erlangen, bleibt ein äußerliches Schicksal für sie. (Hegel 1976, § 228, 381)

Die Fachsprache, mittels ihrer Benutzer, der Fachleute, verselbständigt sich also bis zu einem gewissen Grad von ihrem Zweck, den jeweiligen Fall zu konstruieren und fördert noch die Abkapselung ihrer Benutzer gegenüber den eigentlich Betroffenen. Eine fachsprachliche Barriere wird errichtet, die nicht gerade dazu dient, den oft bestehenden sozialen Gegensatz zwischen Angeklagten bzw. Beklagten und "Fachleuten" abzubauen. Neben der unvermeidlichen terminologischen Barriere wird eine zweite Schranke gegen das Verständnis durch den Laien-Adressaten errichtet. Es mag sein, daß sich der Richterstand auch gegen den Rest der Fachwelt sprachlich abheben will. Jedenfalls spielen die normativen Handbücher, die sich als "bon usage" des Richters verstehen, eine verhängnisvolle Rolle. Das angestrebte und anempfohlene Sprachideal der Rechtsprechung bringt oft genug einen antiquierten Purismus der Richter mit sich (vgl. 4. Kap.), der den praktischen Erfordernissen des Urteils durchaus im Wege steht.

Die Autorität des Richters resultiert ausschließlich aus seinem "Amt", d. h. seiner institutionell gesicherten Entscheidungsbefugnis. Dem Richter, der - wie wir gesehen haben - an der "Nahtstelle" zwischen Fach- und Lebenswelt agiert, steht es schlecht an, diese Autorität durch Gebrauch des frç. cultivé künstlich zu verstärken. Das Bewußtsein seiner Autorität sollte ihm helfen, diese zu relativieren, was besonders und gerade in der Form seinen Niederschlag finden sollte. Auch das Urteil ist nicht nur "Vollstreckung" einer Handlung, es ist auch eine Interaktion, d. h. ein kommunikativer Akt, der sich diskursiv rechtfertigt. Welche Adressaten diese Rechtfertigung erreicht, entscheidet nicht zuletzt ihre sprachliche Form: je spezialisierter das Register, desto kleiner ist der Kreis der faktisch Angesprochenen. Wir werden sehen, daß sich im französischen Urteil Fachsprache und Sondersprache beinahe berühren. Zwischen Angeklagtem auf der einen und Richter, Staats- und Rechtsanwalt auf der anderen Seite besteht hier sicherlich eine schroffere Kluft als zwischen Verteidigung und Anklage, den Antagonisten also. Was Saussure generell formuliert hat, gilt auch für den besonderen Fall:

> Car le signe échappe en une certaine mesure à la volonté individuelle ou sociale, c'est là son caractère essentiel; mais c'est celui qui apparaît le moins à première vue.
> (Saussure 1979, 34)

Das Beispiel des französischen Urteils zeigt aber auch, daß die appellative Funktion der "reinen" Fachsprache ("Wissenschaftssprache") nur dann wirklich neutralisiert ist, wenn Sprecher und Hörer gleichberechtigt sind. Vom pragmatischen Standpunkt aus wird das Verhältnis von Äußerung und Angesprochenem sofort signifikant, wenn die Kommunikationspartner unterschiedlich kompetent sind. Also etwa in dem Moment, wo ein Laie gezwungen ist, einen fachlichen Text zu verstehen. Das ist natürlich in Rechtsdingen zwangsläufig oft der Fall. Fachsprachliche Kommunikation wirkt auf den Außenstehenden esoterisch; wenn der Außenstehende zum Empfänger einer solchen fachsprachlichen Mitteilung wird, verkehrt sich die appellative Funktion des Zeichens in ihr Gegenteil. Der Adressat fühlt sich zu Recht ausgeschlossen und ist von vorneherein negativ konditioniert. In diesem Sinn äußert sich Bally über die Wirkung der Verwaltungssprache im allgemeinen:

> ... la langue administrative sert essentiellement à notifier des ordres ou des défenses, à nous menacer de châtiments, ou tout ou moins à nous annoncer sèchement des choses qui nous touchent de très près, de là de perpétuels froissements. (Bally [2]1921, 24o)

Der sprachlichen Form der Aussage, in der uns das Urteil begegnet, entspricht auf der praktisch-inhaltlichen Ebene ein Befehl: inhaltliche Ausrichtung auf den Adressaten geht einher mit sprachlicher Abwendung des Sprechers vom Angesprochenem, die dritte Person steht für die zweite.

Aus dem Gesagten gilt: eine wissenschaftliche juristische Fachsprache hat im Urteil nichts zu suchen; sie sollte auf innerfachliche Kommunikation beschränkt bleiben. Dem Urteil als vermittelnder Instanz zwischen Recht und Lebenswelt kommt ein vermittelndes Register zu. Nach der Hahnschen Einteilung (48) wäre das der Status der "Verteilersprache". Die Jurisprudenz sollte sich deshalb ein Sprachideal setzen, daß ihren semiotischen Voraussetzungen gerecht wird, d.h., das den Richter nicht zum anonymen Fachmann reduziert, sondern ihm als Persönlichkeit gestattet, sich, neben den fachsprachlichen Erfordernissen, direkt an seine jeweiligen Adressaten zu wenden.

> Man findet sich damit ab, daß die Wissenschaft zum Wissenschaftler spricht, und man wird das folgerecht auch für die Rechtswissenschaft gelten lassen müssen. Gewiß, aber man vergesse nicht, daß die Rechtswissenschaft nicht das Recht ist. Das Recht ist unmittelbar zum Volk; es spricht zu ihm. Normadressat ist jeder Einzelne. (Dölle 1949, 48)

Ähnlich, wenn auch allgemeiner, äußert sich Bally über die charakteristische Zwischenstellung der Verwaltungssprache - die Rechtssprache zählt er dazu - die von Wissenschaftsabhängigkeit und Laienbezogenheit geprägt sei.

> Son caractère fondamental est donc d'être scientifique dans son essence et en même temps d'être en contact permanent avec la vie ordinaire. Il s'ensuit que la langue administrative prête plus à l'évocation que la terminologie scientifique; d'une part elle présente de constantes différences avec le parler, mais d'autre part elle dit des choses qui, socialement, intéressent tout le monde; chacun est tenu de connaître la loi. (49)

Eine Neubesinnung auf die semiotischen Fundamente der Rechtsprechung könnte auch Ausgangs- und Ansatzpunkt für eine konstruktiv-normierende Sprachkritik nach Vorbild der Erlanger Schule werden: bewußte Sprachverwendung, wie sie im fachsprachlichen Bereich gegeben ist, läßt sich gerade aufgrund ihrer hohen Reflexionsstufe im Unterschied zur Alltagssprache prinzipiell normieren und wohl auch verändern.

Grundsätzlich hat das von Apel postulierte regulative Prinzip des "Besserverstehens" (5o) gerade hier seine Bedeutung, wo es um die Vermittlung umgangssprachlicher und fachsprachlicher Bereiche geht. Eine Bestätigung dieser These sehen wir darin, daß wir das Prinzip als eine der prägenden Konstanten bei der Entwicklung der Urteilsform wiederfinden werden.

1.2.3. Das Urteil als Prädikation

Unsere bisherigen Ausführungen zusammenfassend, können wir das Urteil als Resultat einer "Ersatzinteraktion zweiten Grades" verstehen: zunächst erfolgt es sprachlich, d. h. bereits symbolisch, doch die eigentliche Kommunikation wird auf eine Metaebene verlagert; die Beteiligten werden durch institutionalisierte Rollen vertreten, und ihre Umgangssprache wird durch eine ihrer "Spezialisierungen" (Morris 1973, 215) ersetzt. Mit den damit zusammenhängenden semiotischen Aspekten haben wir uns beschäftigt; es ist nun - da wir die Relation zwischen Urteil und Betroffenen betrachten - an der Zeit, die pragmatischen Implikationen etwas genauer darzustellen.

Der Handlungscharakter dieser "Ersatzinteraktion" manifestiert sich darin, daß ihr Resultat, das Urteil, entscheidend auf die lebensweltliche Ausgangsebene zurückwirkt (51). Obwohl oft nicht einmal direkt angesprochen, fungiert der Angeklagte als "logisches Subjekt" (Ammann [4]1974, 14o f); d. h. als Gegenstand der Mitteilung, als derjenige, von dem etwas ausgesagt wird, bzw. dem etwas, der in Frage stehende Sachverhalt zu- oder abgesprochen wird. Mehr als das: das Urteil wird an ihm vollzogen; erst in Beziehung zum Angeklagten wird das Urteil wirklich zur Handlung. Die Einordnung seines Falles, seines "lebensweltlichen" Verhaltens in ein ihm fremdes, wenn auch für ihn verbindliches normatives semiotisches System wirkt oft einschneidend auf seine Lebenspraxis zurück (Geldstrafe, Gefängnis etc.). Für ihn ist das Urteil ein unwidersprüchlicher Imperativ. Genauer gesagt: es gilt zwischen dem Schuldspruch bezüglich des vorgeschlagenen Sachverhalts und seinen Konsequenzen zu unterscheiden (Bestimmung des Strafmasses), nur letztere tragen den imperativen Teil des Urteils. X wird hinfort als Brandstifter angesehen, d. h. zu soundsoviel Jahren Gefängnis verurteilt.

Wir kommen hier noch einmal auf die schon angesprochene Verantwortung des Richters zurück: seine fachlich-fachsprachliche Prädikation bestimmt die Lebenspraxis des Betroffenen, einen viel elementareren Bereich also. Dies ist sicherlich der größte Unterschied zu den meisten anderen fachsprachlichen Domänen; kein Atommodell, das auch die Funktion hat, die Welt des Gegenständlichen einem abstrakten semiotischen System, der Physik, zuzuordnen und dadurch für eine kleine Gemeinschaft von Forschern zu deuten, ändert im geringsten diese Realität. Der Bereich der Beschreibung, respektive der Erklärung wird nicht verlassen. (Für die Sprachwissenschaft gilt übrigens dasselbe.) Die Rechtsprechung ist jedoch schlechthin praktisch: es wird gehandelt; die Lebenspraxis eines Menschen wird verändert. Gleichzeitig wird im Namen der Gemeinschaft ein Verhalten gewertet; es wird entschieden, ob es gegen die Verhaltensnormen verstößt, d. h. "schlecht" ist, oder nicht. Auch das ist ja eine der semiotischen Eigenarten der Rechtsprechung: alle ihre Prädikate sind negative Wertungen. Wertungen rufen gewöhnlich Affekte hervor; und Affekte sind in semiotischer Hinsich äußerst konnotationsträchtig. Das Gerichtsurteil bestätigt diesen Zusammenhang. Wer einmal verurteilt wurde, gilt vielen auch in anderen Bereichen als suspekt. Selbst wer freigesprochen wurde, ist dem negativen Konnotationsfeld der Rechtsprechung ausgeliefert (52).

Ein Urteil löst auch ein juristisches Problem, gewiß, letztendlich liegt sein Zweck jedoch in der Entscheidung einer alltäglichen Auseinandersetzung, die nicht nur causa des Prozesses, sondern seine eigentliche causa finalis ("Zweckursache" hat Kant übersetzt) ist. Was sich semantisch als ritualisierte Antwort auf eine ebensolche Frage (den Prozeß) begreifen läßt, läßt sich aus pragmatischer Sicht als Entscheidungshandlung beschreiben.

> Le droit tel qu'il fonctionne effectivement, est essentiellement un problème de décision: le législateur doit décider quelles seront les lois obligatoires dans une communauté organisée, le juge doit décider de ce qui est le droit dans chaque situation soumise à son jugement. Mais ni le législateur ni le juge ne prennent des décisions purement arbitraires: l'exposé des motifs indique les raisons pour lesquelles une loi a été votée et, dans un système moderne, tout jugement doit être motivé. Le droit positif a pour corrélatif la notion de décision, si pas raisonnable, du moins raisonnée. (Perelman ²1976, 194)

Das gerichtliche Urteil ist also durchaus als "Aufhebung einer problematischen (unbestimmten) Situation in eine unproblematische (bestimmte)" zu verstehen (Morris 1973, 237), aber, Perelman betont dies zu Recht, ein Gerichtsurteil ist im Normalfall keineswegs eine evidente, sondern meistens nur eine begründete Entscheidung, die andere mögliche nicht theoretisch-logisch ausschließt, sondern nur praktisch nicht mehr zuläßt. (53)

Dieser Entscheidungscharakter des Gerichtsurteils ist nun keineswegs etwas Besonderes; im Gegenteil, denn nichts anderes als die elementarste sprachliche Handlung überhaupt (54) wird hier im feierlichen Rahmen zelebriert: die Prädikation. Wohl deshalb haben zahlreiche Philosophen den Urteilsbegriff für die Bezeichnung eines schlicht elementaren logischen Denkaktes entlehnt. An erster Stelle ist die Kantsche Definition des Urteils zu nennen:

> Das Urteil ist also die mittelbare Erkenntnis eines Gegenstandes, mithin der Vorstellung einer Vorstellung desselben. (Kant 1956, llo A68)

Analog dazu die ebenso fundamentale wie zentrale Position der Urteilsfähigkeit, "Urteilskraft", die zwischen Verstand und Vernunft vermittelt; d. h. die die Postulate der Vernunft auf die Ergebnisse der Verstandestätigkeit anzuwenden hat. Kant setzt deshalb Urteilskraft mit "gesundem Verstand" (Kant 1957, 239, A VII) gleich.

> Urteilskraft überhaupt ist das Vermögen, das Besondere als enthalten unter dem Allgemeinen zu denken. (Kant 1957, 251 A XXIII)

Freilich haben wir es beim Gerichtsurteil mit einer gleichsam radikalisierten Prädikation zu tun, denn sie ist in letzter Instanz unwiderruflich. Es gilt zwar die Peircesche - aus pragmatischer Sicht gegebene - Bestimmung des theoretischen Urteils auch für die Herstellung des Gerichtsurteils, daß

> ... jedes theoretische Urteil, das in einem indikativischen Satz ausdrückbar ist, eine unklare Form von Gedanken darstellt, deren einzige Bedeutung - wenn sie überhaupt eine hat - in ihrer Tendenz liegt, eine übereinstimmende praktische Maxime durchzusetzen, die als ein Konditionalsatz ausdrückbar ist, dessen Nachsatz im Imperativ steht. (55)

Aber im Unterschied zum theoretischen Urteil erhebt das Gerichtsurteil Anspruch auf volle Realität; es wird "vollzogen". Es wird also nicht nur mit Hilfe einer Prädikation etwas "dargestellt", sor dern es wird - in gewisser Hinsicht - etwas Neues, eine eigene juristische Realität hergestellt. Die sprachliche Unwiderrufbarkeit ist dabei nur Ausdruck einer sachlichen Unumstößlichkeit. Ein bestimmter Sachverhalt wird endgültig als "Tatbestand" festgestellt; res iudicata pro veritate habetur; chose jugée, chose démontrée. Das Problem der sachlichen Unsicherheit bei der Rekonstruktion des Tathergangs, das sich mehr oder weniger virulent immer stellt, wäre sonst unlösbar. Damit einher geht eine für die Rechtsprechung spezifische Wahrheitsproblematik. Von Wright stellt zu Recht fest:

> Wenn Sprache performativ verwendet wird, kann man zutreffend sagen, sie sei "jenseits der Kategorien von Wahrheit und Falschheit". Aber derselbe Satz, der eine charakteristische performative Verwendung hat, kann auch eine charakteristische deskriptive Verwendung haben. Und die beiden Arten können verschmelzen.
> (von Wright 1971/77, 38)

Eine analytische Wahrheitstheorie, die die Richtigkeit einer Aussage davon abhängig macht, ob ihr propositionaler Gehalt - das, was prädiziert wird - zutrifft oder nicht, ist für die Rechtsprechung unbrauchbar. Die Wahrheitsbedingungen eines Gerichtsurteils werden nicht erst durch Kongruenz oder Abbildungsrichtigkeit des Zeichens erfüllt (56), obwohl dieser "Idealfall" sicherlich häufig eintritt; die Wahrheitsbedingungen sind mit der institutionalisierten Setzung des Zeichens "Urteil" bereits erfüllt.

Als Beispiel für eine pragmatisch begründete argumentative Wahrheitstheorie, die auf jede logische "Ähnlichkeit" von Sach- und Aussagestrukturen verzichten zu können glaubt, sei Habermas' Konzeption genannt. Für ihn ist die Richtigkeit einer Aussage ein ausschließlich semantisches Problem, wobei er den "kategorialen Sinn" einer Aussage vom "diskursiv einlösbaren Sinn ihres Geltungsanspruchs" unterscheidet.

> Der Sinn, in dem eine Aussage wahr oder falsch sein kann, besteht nicht in den Bedingungen der Objektivität der Erfahrung, sondern in der Möglichkeit der argumentativen Begründung eines kritisierbaren Geltungsanspruchs. Der ka-

> tegoriale Sinn von Aussagen bezieht sich auf die Art der Erfahrungsgegenstände, von denen wir etwas aussagen; der Sinn des diskursiven Geltungsanspruchs von Behauptungen bezieht sich auf die Existenz von Sachverhalten, die wir in Aussagen wiedergeben. Der kategoriale Sinn ist im propositionalen Gehalt eines Sprechaktes, der Geltungsanspruch in dessen performativem Teil enthalten. Denn im kategorialen Sinn spiegelt sich stets der Aspekt unter dem wir etwas in der Welt erfahren - als Ding oder Ereignis, als Person oder als deren Äußerung; im Geltungsanspruch hingegen spiegelt sich die intersubjektive Verbindlichkeit, mit der etwas von jenen Erfahrungsgegenständen, nämlich ein Sachverhalt als eine Tatsache, behauptet werden darf. (Habermas 1973, 383)

Es leuchtet ohne weiteres ein, daß diese Theorie für den Bereich der Rechtsprechung besser als die obengenannten Wahrheitstheorien geeignet ist. In der Tat ist über den Geltungsanspruch des Urteils in seinem performativen Teil schon immer entschieden. Der Urteilsspruch ist "das, was wir nach einer diskursiven Prüfung (in unserem Fall dem Prozeß; Th. K.) als wahr behaupten möchten" (ebda., 385). Habermas verweist übrigens selbst auf das Beispiel der Rechtsansprüche (ebda., 388); und auch für den Prozeß gilt:

> Diskurse dienen der Prüfung problematisierter Geltungsansprüche von Meinungen (und Normen).
> (ebda., 386)

Den Geltungsanspruch einer rechtlichen Aussage "herrschaftsfrei" einzulösen, ist allerdings prinzipiell unmöglich. Ein früher oder später sich selbständig ergebender Konsens widerspricht dem fundamentalen Entscheidungszwang, der jedem Gerichtsverfahren gegeben ist. Denn es ist eben die Aufgabe der Rechtsprechung den normativen Rahmen, der einer bestimmten Gemeinschaft zugrundeliegt, praktisch zu bewähren und seine Geltung zu garantieren. Perelman und Olbrechts-Tyteca statuieren deshalb zu Recht:

> En effet, la vie sociale exige que l'on reconnaisse l'autorité de la chose jugée. (1958, Bd. 1, 77)

Da wir aber auf einen logischen Wahrheitsbegriff verzichten müssen, ist die Geltung der <u>chose jugée</u> nicht schon sachlich gerechtfertigt: der Entscheidungsbefugte muß mit besonderer Autorität ausgestattet sein, um ein Urteil "rechtskräftig" werden zu lassen.

> Quand il s'agit de décision, plusieures thèses sont également défendables, et aucune ne s'impose avec évidence; une autorité est dès lors indispensable pour rendre, si c'est nécessaire, certaines décisions obligatoires. C'est parce que l'élaboration et l'application des normes suscitent normalement des divergences qu'il est indispensable de savoir qui a le pouvoir de légiférer et qui a compétance pour juger et terminer les conflits. Mais l'obligation que le droit nous a enseignée, d'établir des autorités en ces matières, est révélatrice du fait que l'on ne se trouve pas en face de vérités qui s'imposent à tout être de raison.
> (Perelman ²1976, 2o2)

Wir stoßen damit auf ein grundlegendes Paradox: dem Zwang zur Entscheidung auf der einen Seite ("Rechtsverweigerungsverbot") steht meistens auf der anderen Seite die Unmöglichkeit entgegen, das einzig richtige Urteil zu finden.

> L'autorité indispensable pour légiférer, pour gouverner et pour juger, est superflue quand il s'agit de démontrer un théorème d'arithmétique ou de géométrie.
> (Perelman ebda., 2ol)

Das Zeremonielle, Parakultische des Gerichtsprozesses beginnt verständlich zu werden, denn die Rechtsprechung scheint sich nicht nur durch ein besonderes Verhältnis zur Sprache, sondern darüberhinaus auch zur Handlung und zur Realität auszuzeichnen.

1.3. Etymologisches (Exkurs)

Das enge Verhältnis von Recht, Sprache, Handlung, Realität und Moral hat sich in einer Fülle von Bedeutungsentwicklungen niedergeschlagen. Einige Beispiele dafür sollen im folgenden gegeben werden. Keineswegs jedoch wollen diese etymologischen Bemerkungen als Argument verstanden sein, richtiger wäre es, sie als eine Art Illustration zu "betrachten".

Wir wollen zunächst einige Beispiele anführen, die die Rolle des gesprochenen Wortes bei der Rechtsfindung beleuchten. Die germanischen und romanischen Belege zeigen einen charakteristischen Unterschied, der die ursprünglich grundverschiedene Institutionalisierung der Jurisprudenz noch erkennen läßt. Seit frühester Zeit weisen germanische Ausdrücke mit der Bedeutung "sprechen, reden" eine starke Affinität zum Rechtlichen auf: dasselbe Wort steht oft für "reden vor Gericht" und für "sprechen" im allgemeinen Sinn. Die Erklärung liegt nahe; das germanische Gericht ist aus einer Gerichtsversammlung (der Männer) hervorgegangen. Die beiden Ausdrücke dafür waren - in ihrer althochdeutschen Form - *mahal* und *thing*. Vom ersten Stamm - der auch in latinisierter Form als *mallus*, *mallare* "vor Gericht ziehen", und *mallobergus* (Lex Salica) begegnet - wurde schon in gotischer Zeit das Verb got. *maþljan* "sprechen" zu *maþl* "Versammlungsplatz" (57) abgeleitet. Ferner bedeutungsgleich ais. *mál* (vgl. schwed. *mål*), ae. *mæðl*, *mæðlan* (58). Im Ahd. haben wir die juristischen Ableitungen: ahd. *mahalen* "zur Frau nehmen" (vgl. nhd. *Gemahl* etc.), ahd. *gimahalen* "verloben" und *bemalon/mahalon* "anklagen, vor Gericht laden", aber auch die allgemeine Bedeutung "sprechen". Etwa im Hildebrandslied "Hiltibrant gimahalta (Heribrantes sunu)" (Braune 1942, 75, Zeile 7 und öfter). Ähnliches gilt für dt. *reden* und *sprechen* und deren substantivische Derivate, die ursprünglich ebenfalls im Bereich der Rechtsversammlung angesiedelt waren (59). Ahd. *redôn* hieß soviel wie "Rechenschaft ablegen". Reste dieser Bedeutung finden sich etwa in *der Freiheit das Wort reden* oder dem Adjektiv *redlich*. Auch das engl. *to answer* gehört hierher; es gehört zu einem alten germanischen Rechtswort, dessen Bedeutung "sprechen", "Rechenschaft ablegen", "einem Gericht Rede und Antwort stehen" zu "antworten" erweitert ist. Andere Reflexe zu diesem gemeingermanischen Wort sind anord. *svaran* "antworten", *svör* "Antwort", ags. *andswerian* sowie got. *swarjan* und ahd. *swerre* *swerien*, woraus nhd. *schwören* "schwören". (6o) Benveniste (1969, 214 f) deutet auf die symmetrische Entwicklung von lat. *respondeo* < *spondeo* "se porter garant en justice" hin. Ahd. *sprahha* und *sprahhan* stehen ebenfalls für "gerichtlich (für jemanden) sprechen Ein Rest lebt im schweizerischen *Fürsprech* "Rechtsanwalt" ahd. < *(für) -sprehho*.

Im Romanischen findet sich eine ähnliche Bedeutungsentwicklung nur bei franz. *causer* < vlat. *causare*, das ein älteres Deponens *causari* ersetzt. Dabei handelt es sich um eine Sonderentwicklung des Frz. innerhalb der romanischen Sprachen, die hinreichend interessant ist, um etwas näher auf sie einzugehen. Die anderen romanischen Sprachen zeigen keinen Reflex mit der Bedeutung "plaudern" von vlat. *causare*. (REW Lemma 1782) Daran, daß nfrz. *causer* lautlich auf lat. *causari* bzw. vlat. *causare* zurückführt, besteht kein Zweifel. Nicht ganz so eindeutig ist freilich die Bedeutungsentwicklung: das Etymon zeigt die allgemeine Bedeutung "plaudern" nicht und hat sie übrigens auch in mittellateinischer Zeit anscheinend nicht erhalten. (61) Die altfranzösischen Reflexe, das gelehrte *causer* und das ererbte *choser*, kommen nur in der fachlichen Bedeutung "jemanden vor Gericht ziehen", "Ursache sein" sowie in der allgemeinen Bedeutung "zanken", "tadeln", "sich anschuldigen" vor, die die erste Bedeutung noch deutlich erkennen läßt. Der Gebrauch des Verbs im Sinne von "plaudern" ist also deutlich jünger (62). Das entsprechende Substantiv frz. *cause* < lat. *causa* blieb von der Bedeutungsentwicklung unbeeinflusst, die uns jedoch im Ahd. wiederbegegnet. Zwar bedeutet das direkte Pendant ahd. *kôsa* auch nur "Rechtshandel, Streit" (wie übrigens auch das ags. *ceast*) (63). Doch die Variante ahd. *kôsi* bzw. *(gi)kôsi* bedeutet u. a. auch "Gespräch, Sprache". Sehr aufschlußreich sind die Belege des Wörterbuchs von Köhler (1971/74), die ausschließlich auf lat.-ahd. Entsprechungen aus den Glossen bzw. der ahd. Übersetzungsliteratur beruhen: die jeweiligen Äquivalente sind durchaus nicht symmetrisch. Für lat. *causa* führt Köhler folgende ahd. Entsprechungen auf:

> sahha; rah(h)a; untat, ding, dingstrit, durh, erre(c)chec fone, chraft, machunga, meinunga, reda, samo, sculd, scundeda, strit, stureda, umbe, urhab, urspring, uuurchec uuort. (1971, 26)

Die lautlichen Reflexe *kôsa* bzw. *kôsi* befinden sich nicht darunter. Ein ähnliches Bild ergeben umgekehrt die lat. Entsprechungen zu ahd. *(gi)kôsi*:

> kôsi: eloquentium
> (gi)kôsi: eloquium, sermo, oratio, locutio, lingua, ratic

> ratiocinatio, syllogismus, proposito, (proloquium), figura, (fari), (suaviloquentia) (Köhler 1974, 98)

Auch hier vermissen wir lat. causa. Das Wort scheint so im Ahd. eine erhebliche Bedeutungserweiterung erfahren zu haben, wie die Entsprechungen locutio, eloquium, sermo, lingua belegen. Noch klarer prägt sich diese Tendenz in dem desubstantivischen Verb ahd. chôsôn aus (64), das keineswegs dem lat. causari entspricht, für letzteres hat Köhler die ahd. Fachwörter klagon, (chlagon) bzw. (fer)sprechen (1971, 26) als Übersetzungen gefunden. Das ahd. kôsôn (chôsôn) dagegen wurde übersetzt mit:

> fabulari, loqui, dicere, fari, colloqui, (verbum), disputare, (os), (sermo), (persuadere), (concedere), (constituere), (conserere) (1974, 98)

Gerade in seiner allgemeinen Bedeutung "sprechen, plaudern" erwies sich der Stamm ahd. kôsa, kôsi als außerordentlich produktiv: Das Grimmsche Wörterbuch (1873, V. Bd., 1842 f) nennt folgende Ableitungen und Varianten: chosi "eloquentium", gichosi "sermo, loquacitas, tractatus, assertatio", adj. chôsig und chleinchôsig "beredt", dazu chôsîgî, chleinchôsôn, vilichôsîg, "geschwätzig", argchôsôn "überreden, verlästern", lindchôsôn "schmeicheln", villechôsôn "zu Willen reden", widarchôsôn "widersprechen", pichôsôn "bereden" und "noch weit mehr". Über die weitere Entwicklung heißt es im Grimmschen Wörterbuch:

> schon mhd. erscheint das stark beschränkt, und nhd. kosen nur als ein letztes restchen des ganzen. (ebda.)

Das Ausgeführte legt zwei Schlußfolgerungen nahe: 1. das ahd. chôsôn hat die Bedeutung "sprechen, plaudern" in Analogie zu den o. g. Wörtern mahal, reda, sprahha übernommen, die ebenfalls eine fachlich-juristische Bedeutung hatten - oder sogar aus diesem Bereich stammen - und gleichzeitig "sprechen" bedeuteten. 2. das frz. causer hat seine zweite Bedeutung "plaudern" aus dem Deutschen nach dem Vorbild von ahd. chôsôn entlehnt (65). Merkwürdig bleibt freilich der späte Zeitpunkt der Entlehnugn (66).

Der alte lateinische Ausdruck für das gesamte Recht ius fasque macht uns auf einen anderen Aspekt aufmerksam, mit dem wir im Zusammenhang von Recht und Sprache rechnen müssen: den sakralen Ursprung des Rechts, sowie die kultisch-religiösen Ursprünge der Rechtsprechung.

> Le sens premier de cette formule était _ius_: accomplissement par l'homme des rites officiels constituant le droit (droit sacré d'abord, puis tout droit); le _fas_ qui est d'abord la sphère libre d'activité des dieux, établit ce qui est légitime selon les dieux, d'où: approbation par les dieux de ces actes, consécration divine, qui donne à l'acte sa valeur et son éfficacité. (Ellul [4]1972, 235)

Uns interessiert das Wort deshalb, weil es auf ein schon in der lateinischen Literatur nicht belegtes _for_, _fari_, _fatus sum_ "sprechen" zurückgeht. (67) Zahlreiche Reflexe, die diese Bedeutung noch erkennen lassen, sind im Lateinischen erhalten: _fatu_, _fabula_, _fama_, _famosus_ "über den man gut spricht", aber auch _infans_ "l'enfant en bas âge, celui qui ne parle pas" (Benveniste 1969, 137), sowie zahlreiche sekundäre Bildungen _fabulari, fabulatio_ etc. Unter Berücksichtigung analoger griechischer (u. a.) Beispiele (_phēmé_) bringt Benveniste die Bedeutungen auf den gemeinsamen Nenner des unpersönlichen und dann auch göttlichen Sprechens.

> On entendait par là l'énonciation en paroles divines et impératives: à travers cette parole impersonnelle, la volonté des dieux se manifeste, les dieux disent ce qu'il est permis de faire. (ebda., 139)

Die bis jetzt aufgeführten Beispiele gehören ausnahmslos in den Bereich der Rechtsfindung; ein altes Wort für den Urteilsspruch, ein Analogon zum lat. _judicium_ (_ius dicere_), scheint dem Germanischen zu fehlen.

Das römische Recht entschied Rechtsstreitigkeiten schon seit dem Zwölftafelgesetz (451/449) durch den sogenannten Formularprozeß. Nachdem der _praetor_ den Tatbestand eines Falles geklärt hatte, wurde den Beteiligten eine Schwurformel (_ius iurandum_) vorgeschrieben, die im wesentlichen dem Wortlaut des Gesetzes entsprach.

> Cette procédure est un décalque des paroles mêmes de la

> loi (<u>accomodatio verborum legis</u>): on transpose ces paroles à un mode personnel, et actif. L'action en justice est alors vraiment le droit mis en mouvement. (Ellul [4]1972, 326)

Die Aufgabe des Richters, an den der Prätor den Prozeß abgibt (mit der Formel "do, dico, addico") bestand darin, die <u>sacramenti</u> für <u>iustum</u> oder <u>iniustum</u> zu befinden. Diese Entscheidung war das <u>ius dicere</u>, <u>iudicium</u>, der Ausführende der <u>iudex</u>. Ein eigentliches Urteil wurde zwar nicht formuliert, aber die Entscheidung erfolgte stets als Sprechakt. Doch brauchen wir nur in die vorrepublikanische Zeit Roms zu gehen um festzustellen, daß der sprachliche Vollzug der Gerichtsentscheidung durchaus keine Selbstverständlichkeit ist. Die ältere lateinische Bedeutung von <u>dicere</u> ist "zeigen"; sie führt uns auf eine andere Spur: die Richtigkeit eines Schwurs der Rechtsparteien wurde nicht verbal verkündet, sie zeigte sich den Richtern, und das heißt in altrömischer Zeit den Priestern (<u>pontifices</u>), die diese noch quasi-religiöse Funktion erfüllten, in bestimmten Naturerscheinungen, die danach befragt wurden.

> ... l'augure approuve le <u>ius</u>: il est <u>iu-dex</u> - étymologiquement: celui qui "montre" le <u>jus</u>. Cette auguration avait lieu au début par l'observation du vol des oiseaux. Par la suite, on a employé la science des <u>haruspices</u> (observation des entrailles d'une victime offerte par les plaideurs: cette victime portait le nom de <u>sacramentum</u>). (ebda., 261)

Diese archaische Rechtsentscheidung ist auch in den germanischen Bezeichnungen des Urteils etymologisch noch greifbar. Émile Benveniste betont dies mit aller Nachdrücklichkeit:

> Ici c'est l'empire de la parole, manifesté par des termes dont le sens concorde; en latin <u>iu-dex</u>, en osque <u>med-iss</u>, en grec <u>dikas-pólos</u> (et: <u>dikas eipeîn</u>), et en germanique <u>eo sago</u> "celui qui dit le règle", "le juge". (...) C'est par l'intermédiaire de cet acte de parole: <u>ius dicere</u>, que se développe toute la terminologie de la vie judiciaire: <u>iudex</u>, <u>iudicere</u>, <u>iudicium</u>, <u>iurisdictio</u> etc. (Benveniste 1969, 114)

Seine Schlußfolgerung ist jedoch allzu apodiktisch:

> Ce n'est pas le foire, mais toujours le prononcer qui est constitutif du "droit": <u>ius</u> et <u>dicere</u>, <u>iu-dex</u> nous

ramènt à cette liaison constante. (ebda.)

Das gemeingermanische Wort ist got. domjan, ahd. tuomen, das sich im schwed. dom ebenso wie im engl. to doom erhalten hat. Ahd. Konkurrenten des Wortes sind suonen (nhd. Sühne) und irteilen (urteilen). (68) Aus keinem dieser Ausdrücke läßt sich auf eine notwendig sprachliche Natur des Urteils schließen; und die Bedeutung des angelsächsischen ordael "Gottesurteil" (davon auch das gleichbedeutende frz. ordalie) erinnert uns, wie ein Rechtsstreit auch entschieden werden konnte. Der sakrale Ursprung des Rechts ist hier noch zu erkennen: die Gottheit selbst glaubt man materialiter entscheiden zu lassen.

Das besondere Verhältnis der Rechtsprechung zur Realität führt in den romanischen und germanischen Sprachen zu ganz ähnlichen Bedeutungsveränderungen: das lat. causa "Rechtssache, Ursache" nimmt in allen romanischen Sprachen die Bedeutung "Ding, Sache" an; lediglich das Rumänische kennt keinen Reflex mit dieser Bedeutung. (69) Umgekehrt konnte lateinisch res okkasionell auch die Bedeutung "Rechtssache" annehmen. In den germanischen Sprachen gibt es verschiedene Ausdrücke, die eine ähnliche Bedeutungsentwicklung genommen haben: aus einer, den anderen indogermanischen Sprachen fremden Wurzel *sak "streiten, besonders vor Gericht streiten" (7o) entstehen zunächst ahd. sahha/sahhan, anord. sök, asächs. saka, angels. sacu/sacan, got. sakja/sakan mit der Bedeutung "Streit, Streitsache, Rechtshandel" bzw. "streiten, zanken". Diese Bedeutung wurde dann zu "Sache" erweitert, dt. Sache, schwed. sak, engl. sake "for the welfare or benefit of", "because of an interest in or desire for" (71). Der fränkische Reflex sakjan (72) wurde zu mlat. sacire "Rechtsansprüche geltend machen" latinisiert. (In der Lex Salica ist auch das Substantiv gasacio "Prozeßgegner" zu fränk. gasakjo belegt (73). Aus dem latinisierten sacire entwickelte sich schließlich frz. saisir. In der fachlichen Verwendung "beschlagnahmen, pfänden", ebenso wie im Substantiv saisie "Pfändung" (vgl. 4. Kap. 2.) lebt das alte germ. Rechtswort weiter. In der Gemeinsprache hat das Verb seine Bedeutung zu "ergreifen, greifen" erweitert; denselben

Sinn zeigt prov. sazir.

Ganz ähnlich wurde die Bedeutung von ahd. thing "Gerichtsversammlung" erweitert zu dt. Ding, engl. thing, schwed. ting. Auch hier kann man von einer Zwischenbedeutung "Inhalt der Rechtsversammlung, Rechtssache, Streit" ausgehen. In den Straßburger Eiden etwa entspricht dem afrz. plaid "Streit" in der ahd. Fassung das Wort thing:

> ... et ab Ludher nul plaid numquam prindrai, ...
> indi mit Ludheren in nohheiniu thing ne gegango, ...
> (Braune [10]1942, 47 f)

Im schwedischen föremål "Ding, Sache" hat sich auch noch eine Reflex zur zweiten germanischen Bezeichnung der Volksversammlung (ahd. mahal) gehalten - mit derselben Bedeutungserweiterung. Die ethisch-normative Aufgabe des Rechts ist auch etymologisch evident. Wir wollen uns hier mit einem Hinweis auf das lateinische rectus "gerade, gerecht, sittlich, gut" und die entsprechenden germanischen Wörter begnügen. Ahd. reht, got. raihts, engl. right, schwed. rätt werden ebenso wie lat. rectus im juristischen und im allgemein ethischen Sinn gebraucht. (74)

ZWEITES KAPITEL: Geschichtliches

1. Zum Gebrauch des Französischen

Die Sprachgeschichtler pflegen dem Jahr 1539 eine besondere Bedeutung für die Geschichte der französischen Rechtssprache beizumessen, denn am 15. August d. J. erließ Franz I. die bekannte Ordonnanz von Villers-Cotterets "Sur le fait de la justice", in der in den Artikeln 11o und 111 Folgendes verfügt wurde:

> Et afin qu'il n'y ait cause de douter sur l'intelligence desdits arrests, nous voulons et ordonnons qu'ils soient faits et escrits si clairement, qu'il n'y ait ne puisse avoir aucune ambiguité ou incertitude, ne lieu à demander d'interpretation.
> Et pour ce que dè telles choses sont souuent aduenues sur l'intelligence de mots latins contenus esdits arrests nous voulons d'ores en auant que tous arrests ensemble toutes autres procedures soient de nos cours souueraines et autres subalternes et inferieures soient de registres, enquestes, contrats, commissions, sentences, testaments et autres quelconques actes et exploicts de justice, ou qui en dependent, soient prononcez, enregistrez et delivrez aux parties en langaige maternel françois et non autrement. (1)

Unter zwei Gesichtspunkten können die beiden zitierten Artikel das Interesse der Sprachwissenschaft beanspruchen:
1. In sprachinterner Hinsicht glaubt man das Eindringen des Französischen in einen weiteren Fachbereich - eben den der Sprache des Rechts - auf Kosten des Lateinischen feststellen zu können. D. h., man interpretiert das Edikt als Ausdruck der "Renaissance" und stellt ihre Konsequenzen, "une influence marquée sur l'éloquence judiciaire" (Darmesteter / Hatzfeld ^{12}1919, 53), in eine Reihe mit dem Raumgewinn des Französischen in den Wissenschaften überhaupt.
2. In sprachexterner Hinsicht wurde das Edikt immer als wichtiger Schritt in der zunehmend aggressiven Sprachpolitik der französischen Könige gegenüber den Dialekten und Minderheitensprachen gewertet.

Da uns beide Gesichtspunkte auf Konstanten führen, die weit über den einzelnen Anlaß dieser Ordonnanz hinaus die Entwicklung der französischen Rechtssprache mindestens bis zur Kodifizierung in und nach der Revolution mit beeinflußt haben, lohnt es sich, etwas ausführlicher auf sie einzugehen.

Der im engeren Sinn juristische Kern dieses Edikts, das immerhin 192 Artikel umfaßt (2), soll uns hier nicht interessieren: es hatte vor allem die Durchsetzung der Inquisition zum Ziel; das alte Untersuchungsverfahren, die procédure accusatoire et publique wurde durch die völlig geheime procédure inquisitoire abgelöst. Die Folter sollte fortan systematisch helfen, ein Geständnis um jeden Preis zu erpressen. Sodann brachte die Ordonnanz "notables restrictions à la jurisprudence ecclésiastique" (Chénon 1926, Bd. 2.1., 356) mit sich. Chénon bemerkt dazu noch, der Kanzler Poyet habe für eine außerordentlich strenge Durchführung aller Bestimmungen gesorgt. Die für die Sprachgeschichte interessanten Punkte werden von den Rechtshistorikern eher beiläufig oder gar nicht (Chénon) erwähnt. Wir wollen auf diese Überschätzung von Seiten der Sprachgeschichte im folgenden zu sprechen kommen.

1.1. Die Herausbildung der juristischen Fachsprache und das Lateinische

Die apodiktische Forderung der zitierten Paragraphen verführt dazu, die Bedeutung des Edikts zu hoch anzusetzen und es für den Ausgangspunkt der französischen Rechtssprache zu halten. Nichts wäre falscher. Seit Beginn des französischen Königtums wurden die Gerichtsverhandlungen in der langue d'oil abgehalten und zwar nicht nur auf den unteren Instanzen. Das ranghöchste französische Gericht, das aus der curia regis hervorgegangene Parlement de Paris (gegr. ca. 125o), verhandelte seit Beginn seines Bestehens in französischer Sprache. Das Lateinische ist nie eigentlich die Sprache der Rechts- und Gerichtspraxis gewesen; es gab im Juristenstand sogar massiven Widerstand dagegen. Ein - vielleicht das wichtigste - Argument war dabei die Verständlichkeit für den Laien in manchen Fällen wurde den Anwälten ausdrücklich verboten, Lateinisch zu plädieren.

> ... comme les audiences du Parlement étaient publiques, il s'agissait de se faire comprendre de tous ceux qui venaient y assister, nobles ou roturiers. Le parlement lui-même l'a reconnu un jour que des députés de l'Université de Paris étaient cités à sa barre et prétendaient se servir de la langue savante, le latin. On les en empêcha (c'était le 27 mai 14o6):
> "Après leur a este dit par la Court que pour ce que la matiere est grande, grosse et notable, et est expedient que chacun l'oie et l'entende, que le jour qu'ils parleront proposent en françois, parce que tous ceulx qui viennent ceans oir les plaidoiries, n'entendent le latin."
> (François 1918, 2o5)

In diesem bestimmten Fall spielt sicherlich auch eine bewußte Frontstellung gegen die Universität und die Kirche mit, deren Domäne das Latein war und noch lange bleiben sollte, aber es läßt sich behaupten, daß die Gerichtsbarkeit - das Parlement de Paris an erster Stelle - sich nicht nur um die Volkssprache bemühte, sondern darüberhinaus an der Entwicklung und Entfaltung der rhetorischen Möglichkeiten des Französischen entscheidenden Anteil hatte. Dazu noch einmal A. François:

> Ainsi, tandis que l'Université méprisait ouvertement la langue française et prétendait la bannir de la vie intellectuelle, tandisque l'Église la déclarait suspecte ou l'abandonnait à des usages de rebut, comme la triste prédic tion des moines, le Parlement seul, dès le moyen âge, la respectait, l'honorait, l'élevait à la dignité de la haute éloquence. Lui seul la cultivait par la parole et par la plume.
> Que la langue française dût beaucoup gagner à cette pratique, nous n'en pouvons douter.
> (ebda.)

Da die Kenntnis des Franzischen im 12. und 13. Jahrhundert, in geringerem Maße auch die des sich herausbildenden Französischen im 14. - 16. Jhdt. regional noch sehr begrenzt war, ist es verständlich, daß man zur schriftlichen Abfassung der für das ganze Lehensgebiet des Königs geltenden Entscheidungen die Vehikularsprache Latein wählte - mit demselben Argument der allgemeinen Verständlichkeit.

> Toujours prononcés en français les arrêts étaient transcrits en latin, parce qu'ils étaient exécutoires partout et que le latin était d'un usage général. (Aubert 1894, Bd. 2, 136)

Was das Verhältnis zum Lateinischen angeht, scheint das Schwergewicht der Verfügung in den Artikeln 11o und 111 des Edikts von 1539 also weniger auf dem "prononcez" - wie wir gesehen haben wurde ja nicht lateinisch verkündet - sondern vielmehr auf dem "enregistrez et delivrez aux parties" zu liegen.

Lateinisch redigiert allerdings wurden nicht nur die Urteile, sondern auch die Zeugenaussagen, eine Praxis, die dem Verfahren zunächst hinderlich gewesen zu sein scheint: in einer Ordonnanz von 151o wird verfügt, die Zeugenaussagen seien dem Angeklagten in französischer Übersetzung vorzulegen. (3)

Die Auseinandersetzung mit dem Lateinischen scheint sich also relativ problemlos vollzogen zu haben: die Gerichtspraxis wurde seit Beginn des Parlement de Paris stets vom Französischen beherrscht. Latein blieb der Lehre (d. h. in erster Linie dem römischen Recht) und dem kanonischen Recht vorbehalten. Im kirchlichen Bereich setzte der Dritte Stand die französische Sprache nach Einberufung der Generalstände von 1629 durch:

> ... les actes, procédures et sentences données ès cours ecclésiastiques fussent expédiées, prononcées et declarées en langage maternel et françois. (4)

Lediglich die Rechtsfakultäten sollten auf die Einführung des Französischen noch bis zum April des Jahres 1679 warten, als Ludwig XIV. im Edikt von Saint-Germain-en-Laye die Einführung des französischen Rechts und der französischen Sprache an den Universitäten verfügte (5).

Das Französische war im 16. Jahrhundert nicht nur fest etabliert, es kristallisierte sich bereits eine zunehmende juristische Spezialisierung im Sinn einer fachsprachlichen Isolierung heraus; ja die Behauptung von der allgemeinen Zugänglichkeit der französischen Rechtssprache ist schon für das 14. und 15. Jahrhundert zu relativieren. Brunot spricht von einem "dialecte administratif et judiciaire" (Brunot [3]1947, 32) und Alexis François von einer noch weitergehenden Spezialisierung, dem "jargon de la chicane" (François 1918, 2o2).

> En outre, au XVIe siècle, la langue judiciaire était déjà non seulement figée, mais figée dans un état archaïque. (Brunot 19o6, 678)

Wir können also davon ausgehen, daß sich die französische Rechtssprache zur Zeit Franz' I. bereits durch erhebliche fachsprachliche Abweichungen, gewisse Archaismen inbegriffen, von der literarischen Norm der Epoche unterschied. Die im 16. Jhdt. bereits zahlreichen Satiren und Klagen über die Unverständlichkeit der Rechtssprache bezeugen dies: Rabelais, Marot, Jodelle und Agrippa d'Aubigné sind hier zu nennen. Bekannt ist auch die Klage Montaignes:

> Pourqoui est-ce notre langage commun, si aysé a tout aultre usage, devient obscur et non intelligible en contract et testament? (6)

Auf einen besonders wichtigen Umstand, der im 17. Jhdt. dann zum endgültigen Bruch mit der literarischen Norm führen sollte, macht bereits Henri Estienne aufmerksam, der - ebenso wie sein Vater - der Rechtssprache sehr zugetan war (7): der Hof beginnt, die Rechtssprache mit einem negativen sozialen Etikett zu versehen.

> Je vous advertis donc dès maintenant que quand serez à la Cour, vous vous garderez d'user d'aucuns termes qui sentent le barreau. (8)

Brunot bestätigt diesen Sachverhalt:

> ... dès 155o les préférences sont nettement accusées en faveur de l'usage de la Cour. (Brunot 19o6, 678)

Wenige Jahre zuvor hatte Abel Mathieu de Chartres die Rechtssprache noch gerade deswegen loben können, weil sie ein wichtiges Bindeglied zwischen dem Sprachgebrauch des Hofes und des Volkes se

> Quiconque voudra donc aquerir jugement et intelligence en ceste langue (das Französische; Th. K.), et y prendre aucun degré, je luy conseille de hanter les gens de loy qui pratiquent, car avecques ce qu'ils ont le parler exquis, propre et familier, se faisant accessible au commun populaire (ce qui est principal en eulx), le courtisan ou le plus friand parler du Roy et de la Court leurs est notoire renvoyé par lectres ou par édictz des uns aux autres. (9)

(Man beachte die Einschränkung "les gens de loy qui pratiquent"; die akademischen Juristen und Rechtslehrer sprachen noch Latein.)

Eben die Zugänglichkeit der Rechtssprache für den "commun populaire" wird diese Fachsprache im Zuge der fortschreitenden Aristokratisierung während des sich entwickelnden Absolutismus für den Hof vollständig disqualifizieren.

> ... l'usage de la Cour repousse dans l'ombre l'usage du Palais en train de s'embourgeoiser.
> (François 1918, 21o)

Das Sprachideal des Absolutismus, das der Normierung der frz. Hochsprache im 17. Jhdt. zugrundelag, ist hinlänglich bekannt. Wir wollen nur die Aspekte hervorheben, die die Entwicklung der Rechtssprache direkt beeinflußt haben. Maßstab war der <u>bon usage</u>, in Vaugelas' berühmter Definition:

> ... la façon de parler de la plus saine partie de la Cour, conformément à la façon d'escrire de la plus saine partie des Autheurs du temps.
> Quand ie dis la Cour, i'y comprens les femmes comme les hommes, & plusieurs personnes de la ville, où le Prince réside, qui par la communication qu'elles ont auec les gens de la Cour participent à sa politesse.
> (Vaugelas 1981, II)

Fachliches und Fachsprachliches war nicht mehr gesellschaftsfähig. Wie eng die Grenzen des Akzeptablen waren, geht in aller Deutlichkeit aus dem zweiten Träger des <u>bon usage</u>, der Gruppe von Sprechern, die Vaugelas mit <u>la ville</u> meint, hervor: die traditionell einflußreiche Gruppe der Parlamentarier, der führenden Richter und Juristen, wurde ebensowenig wie der Klerus dazugerechnet. Und das, obwohl die Rhetorik in diesen beiden Bereichen ohne Zweifel am subtilsten entwickelt war. Es ist aufschlußreich, wie Vaugelas diese Nichtbeachtung begründet. (Der folgende Passus schließt unmittelbar an den vorhergehenden an):

> Il est certain que la Cour est comme un magazin, d'où nostre langue tire quantité de beaux termes pour exprimer nos pensées & que l'Eloquence de la chaire, ny du barreau n'auroit pas les graces qu'elle demande. (ebda.)

Die Gebrauchsrhetorik entbehrt der "grace"; und wenn Vaugelas den Zweck eines normierten Sprachideals formuliert ("pour exprimer nos idées"), scheint der Akzent deutlich auf dem Possessivum "nos" zu liegen.

Den Hintergrund dieser strikten Festschreibung des höfischen Sprachideals bildet eine vollständige, sozialpolitisch bedingte Änderung der Sprachästhetik, die sich im Verlauf des Absolutismus vollzogen hat. Abwertung der Gebrauchsrhetorik und Ästhetisierung bedingen sich gegenseitig: beides sind Reaktionen auf die politische Wirkungslosigkeit der Rede. Wir zitieren dazu Tzvetan Todorov:

> Dans une démocratie, la parole pouvait être efficace. Dans une monarchie (pour parler vite), elle ne le peut plus (le pouvoir appartient aux institutions, non aux assemblées); son idéal changera nécessairement: la meilleure parole est maintenant celle qui est jugée belle. (lo)

Wir können demnach in der Diskriminierung der Rechtssprache einen Widerschein der politischen Wirkungslosigkeit der Jurisprudenz sehen. In den "Remarques" sind 16 Bemerkungen direkt gegen juristische Ausdrücke gerichtet. Die Kennzeichnung <u>style du notaire / du Palais</u> oder <u>langage du Palais</u> ist grundsätzlich abwertend zu verstehen. Man vergleiche zum Beispiel:

> <u>à ce faire</u> et <u>en ce faisant</u> = elles ne sont plus aujourd'hui du beau style, elles sentent celuy des Notaires. (Vaugelas 1981, 181)

Noch deutlichere Worte gebraucht der anonyme Herausgeber der Sammlung "Nouvelles Remarques de M. de Vaugelas sur la langue françoise ouvrage posthume. Avec des observations de M. XXXX Avocat au Parlement" (169o). Der Bemerkung Vaugelas' über <u>iceluy</u> und <u>icelle</u> gibt er folgenden Zusatz:

> Et il faut bien s'empêcher de croire avec ses barbares qui fréquentent le Palais, qu'il est impossible de s'y faire entendre si l'on ne parle le jargon des Procureurs. Il est vrai que la chicane a ses termes particuliers dont il faut se servir: mais on les peut construire d'une faço Françoise et correcte, & il n'y a de jargon au Palais que pour ceux qui ne parlent pas bien, quelque part qu'ils soient. (247)

Die politische Wirkungslosigkeit der Parlamentarier stand in krassem Widerspruch zum gesellschaftlichen Prestige, das der Stand zumindest in bürgerlichen Kreisen nach wie vor genoß. Die Angehörigen des <u>Parlement de Paris</u> bildeten eine außerordentlich abgeschlo sene kleine Kaste, deren Beziehungen zum Hof von gegenseitiger Verachtung geprägt waren. Noch erheblich verstärkt wurde diese Isolierung paradoxerweise durch die Nobilitierung der Parlamentarier zur noblesse de robe, wodurch sie die Führungsrolle des Dritten Standes an die Richter der niedrigeren Gerichtsbarkeiten abgeben mußten (11), vom Schwertadel jedoch nie eigentlich als gleichwertig angesehen wurden. Doch ließen auch die Parlamentarier den Adel bei Gelegenheit ihre Verachtung merken. Eschmann berichtet, daß das Parlement einmal einen Angehörigen der noblesse d'épée, der sich provozierend den Schnurrbart gestrichen hatte, abführen und rasieren ließ (12).

> So bildeten die Parlamentarier, ein Stand von besonderer Prägung, der eigentümlich beleuchtet wurde durch die Verachtung der Aristokratie und durch die Verehrung des Volkes, einen wesentlichen Zug am Bilde des Ancien Régime, auf den Frankreich trotz seiner Schatten stolz zu sein nicht aufgehört hat. (Schill 1961, 9o) (13)

So wird es auch verständlich, daß die Parlamentarier als Stand noch stark genug waren, auf das neue Sprachideal zu reagieren: die Ästhetisierung und grundlegende Normierung der höfischen Literatur- und Gebrauchssprache war für eine traditionsabhängige und aus der Natur der Sache konservative Fachsprache wie die Rechtssprache nicht oder kaum nachvollziehbar. Doch die höhere Richterschaft begann nun ihrerseits die Fachsprache zu ästhetisieren und auf mögliche Anpassungen bewußt zu verzichten. Der archaische Stil der Rechtssprache wurde festgeschrieben, der endgültige Bruch zwischen bel usage parlementaire und bon usage war vollzogen. Es nimmt also nicht wunder, wenn die Satiren zur Rechtssprache sich im 17. Jhdt. erheblich vermehren.

Molière parodiert den Kontrast zwischen Rechtssprache und höfischgesellschaftlicher Norm in den "Femmes savantes" (III, 2). Philaminte begrüßt den Notar:

> Vous ne sauriez changer votre style sauvage, et vous faire un contract qui soit en beau langage?
>
> Le Notaire
>
> Notre style est très bon, et je serais un sot, Madame, de vouloir y changer un seul mot.

> Bélise
> Ah! Quelle barbarie au milieu de la France!
> ... (Molière 1965, 365)

Mehr oder weniger umfangreiche Satiren auf die Rechtssprache findet Brunot (14) außer bei Malherbe und Vaugelas noch bei Mlle de Gournay, Lamothe de Vayer, Camus, Sorel, Molière, Perrault ("Parallèles ..."), Furetière (der ganze zweite Teil des "Roman bourgeois"), Rosimond und Jobé. Racine ("Les Plaideurs") ist hinzuzufügen. Als einzige Ausnahme, der auch vor juristischen Termini nicht zurückschreckte, nennt Brunot - fast ehrfürchtig - La Fontaine:

> C'est là une des hardiesses par lesquelles ce libre génie se plaisait à contrarier les modes et les préjugés du temps. (Brunot 1907, 688)

Gelang es den Juristen ihr sprachlich anrüchiges Gewerbe in Gesellschaft gut zu verstecken, konnten sie auch als Puristen im Sinne des neuen Sprachideals durchaus reussieren: Malherbe war "bon procureur normand" (ebda., 679), ebenso P. Corneille, der - wie sein Vater - Advokat in Rouen war. Und auch Vaugelas stammte ja aus einer angesehenen Juristenfamilie.

1.2. Die Regionalsprachen

Wie steht es nun mit der zweiten Konstante in der Entwicklung der französischen Rechtssprache, auf die das Edikt Franz' I. unsere Aufmerksamkeit gelenkt hat, dem Verhältnis der Sprache des Königs zu den anderen romanischen Dialekten und nicht romanischen Regionalsprachen Frankreichs?

Der Aufstieg des Franzischen zur einzigen Literatursprache des Reiches ist - grosso modo - dem Aufstieg und der Verabsolutierung des Französischen (und der Coutume de Paris) im Rechtswesen analog

> Das von den Territorialherren aufgrund der usurpierten jurisdiktionellen Rechte geschaffene Gerichtswesen steht am Anfang der eigentlichen französischen Gerichtsorganisation.
> (Schill 1961, 13)

Erst nach und nach gelang es der Krone, ihre Macht und ihre Sprach auf Kosten der Feudalherren auszuweiten. So stand auch das königliche Gericht faktisch zunächst auf einer Stufe mit den anderen lokalen Gerichtsbarkeiten. Im Verlauf der Expansion entwickelte sich ein schwerfälliges zweistufiges Rechtssystem aus grundherrlicher Gerichtsbarkeit auf der einen und königlicher auf der anderen Seite; außerordentlich verkompliziert wird diese Zweigleisigkeit dadurch, daß die königliche Jurisprudenz nicht nur zentral durch die curia regis (bzw. das Parlement de Paris) wirksam wurde, sondern daß es auch lokale Gerichtsbeamte der Krone gab, die je nach Gegend bailli, sénéchal, prévot oder viguier genannt wurden. Bei der fortschreitenden Zentralisierung und Vereinheitlichung des Reiches spielten die königlichen Beamten eine tragende Rolle.

> ... c'est bien plus par la justice que par l'administration, que la souveraintė royale s'est, en France, affirmée (Lemarignier 197o, 342)

Den Sprachhistoriker interessiert der linguistische Aspekt, doch darf man diesen nicht überbewerten: die Sprachpolitik war zunächst eine nicht unbedingt planmäßige Konsequenz der Innenpolitik. Desinteresse und schlechte Organisation der grundherrlichen Rechtsprechung haben die unaufhaltsame Machterweiterung des königlichen Rechtswesens und indirekt das Zurückdrängen der Regionalsprachen erheblich beschleunigt (15).

> Si les justices royales ont remporté la victoire, c'est parce qu'elles sont d'une qualité supérieure, on le verra, quant à l'organisation et quant à la procédure. Elles ont lutté par le jeu de trois moyens: l'appel, la prévention, les cas royaux. (Lemarignier 1976, 349)

Die feudale Jurisprudenz kannte kein Appellverfahren; mittels der prévention konnte der bailli einen Fall übernehmen, indem er der grundherrlichen Gerichtsbarkeit schlicht zuvorkam; cas royaux sind Fälle, die aufgrund der Schwere des Delikts den Königsgerichten vorbehalten waren.

Dem Süden kommt dabei eine Sonderstellung zu. Nicht nur kulturell, auch was die Gesellschaftsstruktur betrifft, war der Midi dem Rest Frankreichs, vom äußersten Norden abgesehen, weit voraus. Seit Beginn des 12. Jhdts. hatten sich die großen Städte wie Toulouse, Avignon, Arles, Béziers, Carcassonne und Montpellier nach dem Vorbild der italienischen Stadtrepubliken zu organisieren begonnen. Verwaltung und Rechtswesen lagen in Händen von Konsuln, die in Toulouse capitouls genannt wurden. Dem war jedoch keine Zukunft beschieden; als der französische König mit der Katharerbewegung den passenden Anlaß gefunden hatte, war ihr Schicksal besiegelt (16). Auch die These von der "höheren Qualität" des königlichen Rechtswesens gilt es hier einzuschränken: dem Süden brachte es sozusagen im Gefolge seit 1223 die Inquisition. (Organisiert übrigens von einem konvertierten Katharer, Robert de Bougre, der schließlich dafür sorgte, daß sie auch im Norden Fuß fassen konnte, wo sie sich seit 1233 - noch zur Regierungszeit Ludwigs des Heiligen - hauptsächlich gegen die Juden richtete.) (17)

Doch auch nach der Einverleibung durch den französischen König (18) konnte sich der Süden eine gewisse institutionelle Eigenständigkeit erhalten: bis ins 16. Jhdt. behielt er seine eigene Ständevertretung, die États de langue d'oc (19). Dabei kann man davon ausgehen, daß die große nationale Krise des Hundertjährigen Kriegs auch einen schweren Rückschlag für die bereits fortgeschrittene Zentralisierung und Entmachtung des Südens mit sich brachte: mehrfache, von den États de langue d'oc beschlossene, finanzielle Unterstützungen hatten gewichtigen Anteil am Sieg des französischen Königs (2o).

> Aux Etats de Tours (1434; Th. K.), les députés du langue d'oc rappelèrent avec fierté leurs sacrifices, en soutenant que la délivrance nationale leurs était due. (Picot 1888, I, 318)

Noch Karl VIII. hat die Privilegien der drei Stände des Languedoc bestätigt (21).

Doch zur sprachlichen Seite dieser Entwicklung. Für die französische Rechtsgeschichte hat die Zweiteilung in langue d'oc und langue d'oil eine besondere Bedeutung, denn sie fällt mit der

Spaltung in zwei fundamental verschiedene Rechtssysteme zusammen: das Gebiet der langue d'oc unterlag dem droit écrit, das in erster Linie auf die Digesten, d. h., die römische Rechtstradition zurückzuführen ist; der Norden dagegen wurde von lokal sehr stark aufgesplitterten mündlichen Gewohnheitsrechten (coutumes) germanischer Provenienz beherrscht.

Karte I (22)

Frankreich 154o, eingeteilt in 12 Gouvernements

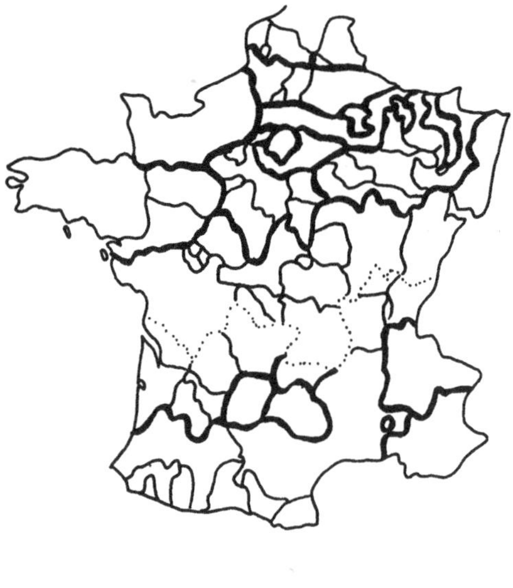

Karte II

Die im 16. Jhdt. geltenden Gewohnheitsrechte

▬ verwandte <u>coutumes</u> sind mit einer kräftigen Linie umgeben

····· Trennungslinie zwischen <u>droit coutumier</u> und <u>droit écrit</u>

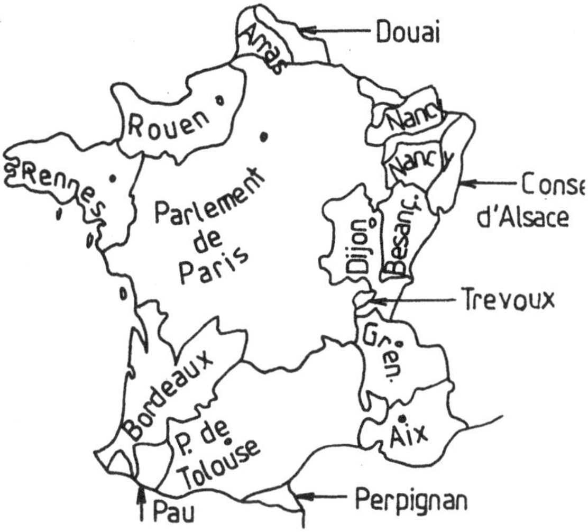

Karte III

Parlements und conseils souverains in Frankreich vor 1789

Karte IV (23)

Die dialektale Gliederung Frankreichs; der Doppelstrich markiert die Trennungslinie zwischen langue d'oil und langue d'oc

Aus den beigefügten Karten geht die Uneinheitlichkeit des Rechtswesens wie der Verwaltung klar hervor: die erste überschreitende Feststellung, wenn wir die Karten I und III vergleichen, ist, daß die Gouvernements- und die Parlamentsgebiete nicht übereinstimmen. Die gesamte Auvergne gehört zwar zur Guyenne, unterliegt jedoch in Fragen der Jurisprudenz dem Parlement de Paris. Das zweite Parlement, das seinen Einfluß über die zugehörigen Gouvernements hinaus ausdehnen konnte, war dasjenige von Toulouse; es war für einen großen Teil der Gascogne zuständig. Die wichtige Zweiteilung in droit écrit und droit coutumier läßt sich freilich beinahe auf Parlamentsgebiete zurückführen. Nur zwei Parlamente hatten sich mit beiden Rechtsarten zu beschäftigen: das Parlement de Paris ist für das Lyonnais zuständig, obwohl dies zum Gebiet des droit écrit zählt, und das Parlement de Dijon umfaßt die nach schriftlichem Recht organisierte Bresse.

Ein Vergleich der Karten III und IV zeigt uns, wie die rechtliche Zweiteilung in geschriebenes Recht und Gewohnheitsrecht und die sprachliche Teilung in langue d'oil und langue d'oc zueinanderstehen: Im Großen und Ganzen stehen droit écrit und langue d'oc genauso zusammen wie langue d'oil und coutume. Auffallendste Ausnahme ist auch hier die Auvergne, sprachlich zum Süden gehörig, unterliegt sie doch dem Gewohnheitsrecht. Der Vergleich mit dem Lyonnais ist aufschlußreich: beide Gebiete gehörten einerseits zur Jurisprudenz des Parlement de Paris. Während sich Lyon als bedeutendstes kulturelles und wirtschaftliches Zentrum jedoch das droit écrit behalten konnte, hat die schwach entwickelte Auvergne das Gewohnheitsrecht übernommen. Der Vollständigkeit halber sei auch noch der südwestliche Teil des Poitou genannt, der - umgekehrt - zwar zur langue d'oil gehört, in dem jedoch das droit écrit herrschte.

Einen interessanten Beleg für die ursprüngliche Kongruenz von Sprach- und Rechtsgebiet bietet die Ordonnanz von 1296 (Art. 27) über die Einrichtung einer Kammer für das droit écrit am Parle-

ment de Paris.

> A oir la lengue qui se gouverne par droit escrit, trois seront esleu par les presidens, c'est assavoir: deux clers bien lettrés et un lay bien lettrés, especiaument pour les causes de sanc. (24)

Es ist nicht - wie oft - von *terre*, *contrée* o. ä. die Rede, sondern ausdrücklich von *lengue*. In der Rechtsprechungspraxis konnten sich geschriebenes Recht und Gewohnheitsrecht dabei durchaus nahekommen.

> ... la distinction des pays de Coutume et de droit écrit, qui subsiste jusqu'à la Révolution, n'était pas aussi inflexible qu'elle paraissait l'être dans les ouvrages de certains auteurs. En somme, le droit romain avait autorité partout en France; c'était une question de degré; il était Coutume générale dans le Midi, droit supplétif dans les Coutumes que l'on vient d'énumérer, raison écrite dans les autres. - Pour achever de se rendre compte de la portée de la distinction, il faut ajouter que, dans les pays de droit écrit, le droit romain n'était pas seul en vigueur; il y avait toujours une foule de Coutumes locales (environ 33o), nécessaire pour régir les institutions que le droit romain n'avait pas connues, en particulier, toutes les institutions féodales. (25)

In welchem Machtverhältnis beide Rechtsarten zueinander standen, als die Zentralgewalt sich konsolidierte, zeigt die Entwicklung des *Parlement de Paris*. Ursprünglich identisch mit der juristischen Abteilung der *curia regis* ist es Repräsentant und Sachwalter des Königs. Die Bezeichnung entspricht einer Kurzform der Floskel *curia in parlamento* (26), wobei afrz. *parlement* ein Derivat von *parler* mit der neutralen Bedeutung "Gespräch" ist. Von Philipp dem Schönen wurde dieses Gericht, das bis dato Gerichtstage in den verschiedenen Provinzen abgehalten hatte (27) fest in Paris installiert. Aber selbst die höchste Instanz der französischen Gerichtsbarkeit mußte zunächst noch der Stärke des Südens Rechnung tragen.

> La réunion au domaine royal des provinces méridionales où le droit écrit avait la première place, nécessita, vers l'année 1271, la création d'une nouvelle commission composée de maîtres de la Grand' Chambre, qui siégeaient à part les vendredi, samedi et dimanche de chaque

> semaine: on l'appelait "Auditoire du droit écrit". (Aubert 1894, I, 6)

Die Ordonnanz von 1278, Art. 17 bestätigt:

> Nulles des terres qui sont gouvernées de droit escrit ne soient en la Chambre au plaiz, ains aillent à leurs auditeurs qui leur seront bailliez. (28)

Die Institution bestand mit Unterbrechungen bis zur Mitte des 14. Jhdts.; aber auch nach ihrer Auflösung unterschied man weiterhin zwischen requêtes de la langue d'oc und solchen de la langue d'oil.

Wenn wir auch keinen direkten Beweis für die Verwendung des Provenzalischen gefunden haben, läßt sie sich doch für das Auditoire kaum bezweifeln. Für die unteren Instanzen der grundherrlichen Gerichtsbarkeit steht der Gebrauch der Regionalsprachen außer Frage. Was die lokalen königlichen Gerichte angeht, läßt sich vermuten, daß auch die Sprachenfrage nicht ganz einheitlich geklärt war. Wahrscheinlich ist, daß bei der wiederholten Forderung der États du Languedoc zur Regierungszeit Karls VII., die viguiers und sénéchaux sollten aus den Gebieten stammen, für die sie zuständig seien (29), auch sprachliche Überlegungen mitspielten.

Zur Regierungszeit Franz' I. jedenfalls war die Sprachenfrage noch ausgesprochen virulent. Zweifellos waren die okzitanischen Dialekte im 16. Jhdt. noch lebendig. Und bis zum Jahr 1539 fand diese Vielsprachigkeit ihren eigentlich selbstverständlichen Ausdruck in der Prozeßpraxis. In der Ordonnanz von Villers-Cotterets indessen ist von anderen volkssprachlichen Idiomen neben dem Französischen nicht die Rede. Das ist leicht einsichtig, steht doch ihre Existenz in krassem Widerspruch zum erklärten Ziel des Erlasses.

> Il est difficile aussi de s'en tenir aux motifs allégués dans l'ordonnance même qui invoque le besoin de clarté dans les discussions et les jugements. Si cette raison eût été vraie, comment ordonnait-on l'abandon des parlers dialectaux? Pour les plaideurs de toute une

> partie du royaume, le français n'était pas moins une langue savante que le latin, et on le leur imposait sans réserve, même au criminel, contrairement aux tolérances des ordonnances antérieures or aucune réclamation n'y put rien changer. (3o)

Und heftige Proteste gegen das Edikt gab es durchaus. Ramus berichtet von Protesten gegen die Ordonnanz von 1539 und verdeutlicht gleichzeitig, daß die Sache für das Okzitanische endgültig verloren war. Die Gesandten (der États du Languedoc wahrscheinlich) werden nicht einmal ernstgenommen, ja sogar der Lächerlichkeit preisgegeben.

> Quant a ces crieeries que vous allegues, ce seroit le mesmes qu'il aduint du temps du grand Roy François, quand il commanda par toute la France de plaider en langue Françoise. Il y eut alors de merveilleuses complainctes, de sorte que la Prouence enuoya ses deputes par deuers sa maieste, pour remonstrer ces grans inconuiens que vous dictes. Mais ce gentil esprit de Roy, les delayons de mois en mois, et leur faisant entendre par son chancellier, qu'il ne prenoit point plaisir douir parler en aultre langue quen la sienne, leur donna occasion daprendre songneusement le François: puis quelque temps apres ils exposerent leur charge en harangue Frãçoyse. Lors ce fut une risee de ces orateurs qui estoient venus pour combatre la langue Françoyse, et neantmoins par ce combat l'auoient aprise, et par effect auoient monstre que puisquelle estoit si aysee aux personnes daage, comme ils estoient, quelle seroit encores plus faciles aux jeunes gens, et qu'il estoit bien seant, combien le langaige demeurast a la populasse, neantmoins que les hommes plus notables estans en charge publicque eussent, comme en robbe, ainsi quelque preeminence sur leurs inferieurs. (31)

Über den rechtlichen Zusammenhang hinaus zeigt dieses Zitat, in welchem Maße sich die These von der Überlegenheit des Französischen bereits von der "Ideologie" des Königs gelöst und verselbständigt hatte. Der Humanist Pierre de la Ramée (Ramus), ein Freund Erasmus', und durchaus kein Anhänger Franz' I., trat für die Verbreitung des Französischen ein: er verfaßte das erste philosophische Werk in dieser Sprache, eine aristotelische Logik, (1555). (32) Seine klare Abwertung des Provenzalischen und die einseitig rationalistische, sprachkritische Umdeutung der repressiven Sprachpolitik des Königs beweisen, daß sein Eintreten für das Französische nicht als allgemeines Votum für die Volkssprache gewertet werden darf.

Villers-Cotterets bedeutete das Ende des Okzitanischen in Verwaltung und Rechtswesen. Die Sprachenfrage war jedoch mit dem Edikt noch keineswegs erledigt. Das Problem, weniger der romanischen, als der anderen Minderheitensprachen, wurde zu einem Zeitpunkt wieder akut, zu dem man gerade nicht damit gerechnet hätte: während der ersten nachrevolutionären Justizreform des Jahres VIII; der Hintergrund muß durch einige Worte erklärt werden. Das Prinzip der voraussetzungslosen Wählbarkeit aller Bürger zum Richter, abgesehen von der Voraussetzung 25 Jahre alt zu sein, wurde vom Konsulat auf schnellstem Wege wieder aufgegeben. Sieyès entwickelte eine Art Vorschlagverfahren für die Bestimmung von Richtern (<u>listes de confiance</u>): das Volk bestimmte eine 5oo ooo Personen starke Liste, aus der die Konsulatsregierung die Richter der untersten Instanz bestimmte. Die 5oo ooo wählten eine Liste von 5o ooo für die Berufungsrichter, die 5 ooo Kandidaten für das Kassationsgericht bestimmten. Nun war das Französische zwar als Sprache "des actes, des plaidoiries et des jugements" durch den Erlaß vom 2. <u>Frimaire an IV</u> bestätigt worden (31), doch wurde in zweisprachigen Gebieten von den Kandidaten auch die Kenntnis der Regionalsprache verlangt. Bezeichnenderweise ist diese Forderung jedoch nie gesetzlich verankert worden, sie scheint lediglich ein Rückgriff auf eine Praxis der vorrevolutionären Zeit gewesen zu sein, auf die man nicht verzichten konnte; daß ihr dennoch bisweilen durch den zuständigen Konsul (Cambacérès) stattgegeben wurde, wirft ein etwas positiveres Licht auf die radikal repressive Sprachpolitik der Revolution wie auch auf die Napoleons; ein weiteres Indiz dafür, daß die ablehnende Einstellung gegenüber den Dialekten und Regionalsprachen, die sich auf eine extreme Auslegung des Gleichheitspostulats gründete, nur abstrakt zu rechtfertigen war und mit den Erfordernissen der Alltagspraxis durchaus noch nicht immer zu vereinbaren war. Bourdon nennt folgende zweisprachige Gebiete:

> En Corse, dans une partie des Alpes-Maritimes, en pays catalan, basque ou bretonnant, dans une partie du département du Nord les langues locales avaient bien moins qu'aujourd'hui, reculé devant le français. L'Alsace, une petite partie de la Belgique ajoutaient beaucoup aux populations françaises ne parlant pas français. (Bourdon 1941, 447)

Die Beispiele allerdings, die Bourdon für die Ablehnung eines Kandidaten wegen mangelnder Zweisprachigkeit gefunden hat, entstammen ausnahmslos dem Elsaß und Belgien (34). Darunter ist ein Fall aus Wissembourg, wo ein Richter abgelehnt wurde, der nur Alemannisch, nicht aber Französisch sprach. Die anderen Beispiele stehen für fehlende Dialektkenntnisse. Bourdon selbst drückt sein Erstaunen darüber aus, daß weder ein Fall aus der Bretagne noch aus dem Baskenland darunter sei. Nur die beiden reichen und noch selbstbewußten Provinzen, die erst seit relativ kurzer Zeit, seit den Eroberungskriegen Ludwigs XIV., zu Frankreich gehören, haben die sich bietende Gelegenheit erkannt und ausgenutzt, wobei neben der Zweisprachigkeit auch das sehr vitale Bewußtsein der kulturellen Differenz seine Rolle gespielt haben mag - wenn man die Verteilung der Fälle nicht für ein Ergebnis des Zufalls halten möchte.

2. Zur Geschichte des Texttyps

2.1. Ansätze zu einer begründeten Entscheidung im Mittelalter

Die wichtigste Voraussetzung für die Grundlegung einer zuverlässigen Jurisprudenz wurde mit dem Übergang vom rein mündlichen zum schriftlich fixierten Verfahren geschaffen.

> La France a connu pendant plusieurs siècles probablement jusqu'à une date assez avancée du XIIe siècle, une justice purement verbale. (Sauvel 1955, 9)
>
> Au moment où le XIIe siècle prend fin, l'existence des premiers <u>rotuli</u> est chose certaine. On appelle ainsi des rouleaux de parchemin, les <u>rôles</u>, sur lesquels un tribunal consigne le jugement rendu par lui. (ebda., lo)

Wohlgemerkt hat die Art des Verfahrens nichts mit dem Unterschied zwischen <u>droit écrit</u> und <u>coutume</u> zu tun. Einerseits sind gerade die Länder mit reinem Gewohnheitsrecht auf die Fixierung der Urteile um so eher angewiesen, als sich dort die Rechtsprechung nie vollständig von der Legislative trennen läßt; andererseits ist auch im Gebiet des droit écrit mündlich verhandelt worden.

Nachdem man zunächst nur Notizen aufzeichnete, ging man bald dazu über, den ganzen Text festzuhalten. Der Anfang der sich herausbildenden Urteils- und Schreibtradition war dabei durchaus hoffnungsvoll. Fast von Beginn an enthalten die überlieferten Entscheidungen eine explizite Begründung. Die ältesten Belege stammen vom höchsten normannischen Gericht, dem Échiquier de Normandie und datieren ins Jahr 12o4; für das Parlement de Paris haben wir seit 1254 entsprechende Dokumente (35). Um das bahnbrechend Neue dieses Urteils"stils" zu verdeutlichen, müssen wir es mit der Art und Weise vergleichen, die zur Alternative gestanden hätte: dem römischen Formularprozeß. Ohne Zweifel ist auch die Entscheidung im Formularprozeß begründet, aber die Begründung wird nur implizit deutlich, insofern der Prätor aus ihr direkt die Formeln des Prozesses ableitet.

> (La règle de motiver les jugements) donne à des litiges qui ne sont plus engagés comme à Rome une souplesse que l'ancienne procédure n'avait pas connue. Les plaideurs sont libres de dire ce qu'ils veulent, aucune autorité n'intervenant plus pour limiter leur initiative, et la cour de son côté est libre de répondre ce qu'elle veut et de justifier la réponse comme il lui convient. Un véritable dialogue entre le justiciable et son juge est engagé. Dès cet instant les discussions juridiques les plus diverses et les plus riches de conséquence sont susceptibles d'être envisagées.
> (Sauvel 1955, 13 f.)

Bei der Entstehung dieses Urteilstyps hat weder das römische noch das daraus hervorgegangene kanonische Recht Pate gestanden, und das trotz der Renaissance des römischen Rechts in der zweiten Hälfte des 12. Jhdts. Deshalb liegt die Vermutung nahe, das begründete Urteil aus einem Bedürfnis der Rechtspraxis zu erklären, die sich zunächst unbeeinträchtigt von königlichen Reglementierungen zu institutionalisieren begann. Als Indiz für diese Vermutung können wir ansehen, daß die Begründung des Urteils nie obligatorisch vorgeschrieben wurde, sondern sich als Gebrauchsregel bewährte und etablierte. Für die fachsprachliche Kommunikation war damit eine neue, funktionsfähige Basis geschaffen.

Was die Textstruktur angeht, so sei schon hier daraufhingewiesen, daß ein wesentliches Gliederungssignal sich bis heute gehalten hat: die Markierung des dispositif, d. h., die Festlegung des Teils, der der Diskussion entzogen ist. Wer ein Urteil anficht, muß die Begründung, die rechtlichen wie die faktischen Argumente angreifen. Die Formeln zur Einleitung des Tenors sind im Mittelalter his auditis dictum facit quod ..., oder tandem auditis hinc inde propositis determinatum facit quod ... u. ä. (36).

2.2. Die Zeit der unbegründeten Urteile

Umso erstaunlicher will es daher auf den ersten Blick erscheinen, daß das Parlement de Paris ziemlich rasch begann, die bereits Usus gewordene Begründung wieder aufzugeben.

> Le quia, c'est-à-dire le membre de phrase explicatif que nous avons cru rencontrer en 12o7 et dont l'existence est certaine en 1254, a été écarté de façon progressive et certainement volontaire entre 132o et 1336. Son abandon n'est affirmé par ce style que pour le parlement de Paris seulement; chaque juridiction restera toujours libre d'agir à sa guise et possédera toujours son style propre. On peut cependant le tenir pour général, en raison tant de l'importance de ce parlement de l'influence politique et juridique, qui lui appartiendra toujours. (Sauvel 1955, 21)

Einmal etabliert, sollte das jugement nonmotivé die gesamte Rechtsprechung des Ancien Régime beherrschen. Zur Erklärung eines solch eindeutigen Rückschrittes können juristische und politische Gründe ins Feld geführt werden. Die rechtlichen, sie sind eher sekundär, sind schnell genannt: als Appellationsgericht war das Parlement de Paris höchste Instanz des Reiches. In dieser Eigenschaft konnte es eine große Gruppe von Fällen von der Begründungsregel ausnehmen: bei abgewiesenen Appellverfahren reichte es aus, die Begründung der ersten Instanz implizit zu bestätigen. Es könnte also sein, daß dieser Brauch auf die anderen Fälle übertragen wurde; die o. g. praktischen Vorteile der Begründung machen diese Hypothese nicht gerade wahrscheinlich. Sodann scheint das Coutumerecht der Krondomäne eine Rolle für die Begründungslosigkeit der erstinstanzlichen Urteile des Parlements gespielt zu haben. (Es sei daran erinnert, daß das Parlement ja auch diese Funktion ausübte.)

> Dês qu'une coutume fut vraiment notoire il fut moins nécessaire de recourir aux motifs pour affirmer son existence. (Sauvel 1955, 22)

Beide Argumente allerdings verlieren schon deshalb viel von ihrer Stichhaltigkeit, da sie auch für die vorhergehende Epoche schon gegolten haben.

Triftigere Gründe dafür, daß die Ansätze zu einer Jurisprudenz im Sinn einer fachlichen und fachsprachlichen Kommunikationsgemeinschaft im Keim erstickt wurden, finden sich im Politischen: erstens im Verhältnis von König und <u>Parlement de Paris</u> - einem der interessantesten, weil spannungsreichsten Kapitel des Ancien Régime; zweitens im spezifischen soziologischen Status der Parlamentarier. Wir wollen zunächst das erste Argument erwägen.

Als Königsgericht hatte sich das Parlement der Staatsräson zu beugen, "qui était celle d'un état singulièrement jeune et fragile" (Sauvel 1955, 24). Der dominierende Einfluß des sich festigenden Königtums ist uns schon vom Aufstieg des Französischen (nicht nur) zur Rechtssprache bekannt. Auch eine Rechtsprechung, die sich durch die freie Kommunikation der Fachleute in der rechtlichen Praxis selbst kontrollierte, mußte der aufstrebenden expansiven königlichen Autorität suspekt erscheinen. Eine derartige Fachwelt drohte sich zu verselbständigen und den zentralistischen Bestrebungen zu entziehen. Das Königsgericht des Kapetingerhofs hatte jedoch manchen Fall in Vertretung königlicher Autorität und nicht nur kraft Gesetzes zu entscheiden. Um diesen Entscheidungen die leichte Anfechtungsgrundlage zu nehmen, mußten die Begründungen unterdrückt werden. Beugte sich das Parlement dem Willen der Krone nicht, blieb dem König noch die Möglichkeit "séant en son lit de justice" (Schill 1961, 46), persönlich an einer Verhandlung teilzunehmen und zu entscheiden. Den Parlamentariern wurde durch die Anwesenheit des Königs automatisch jede Entscheidungsbefugnis genommen. Es ist durchaus kein Zufall, daß die Institution des lit de justice, die ihren Namen nach dem diwanähnlichen Richterstuhl des Königs trug, im 16. Jhdt., zur Zeit des aufkommenden Absolutismus, nach jahrhundertelanger - wenn nicht Vergessenheit - so doch extremer Seltenheit, wieder aktiviert wurde (37).

Überhaupt waren die Kompetenzen zwischen Krone und Parlement de Paris nicht klar abgegrenzt und entsprechend heftig umstritten; das gilt besonders für die politischen Aufgaben des Parlements, die Registrierungspflicht königlicher Edikte etwa. Tatsächlich hat sich das Parlement geweigert, manche Ordonnanz zu registrieren und ihr dadurch Rechtskraft zu verleihen.

Grundsätzlich konnte die Stärke des Parlements jedoch nie mehr als eine Funktion königlicher Schwäche (oder bestenfalls herrscherlicher Einsicht) sein; d. h., sie war stets ein glückliches Produkt des historischen Zufalls. Seine höchste politische Macht erlangte es folgerichtig während der Minderjährigkeit Ludwig des XIV. bzw. XV. Nach der Fronde (1648 - 1653) verlor es seinen politischen Einfluß und blieb endgültig in die Rolle der Opposition gedrängt. Deshalb stand es im Religionsstreit später auf Seiten der Jansenisten und in der Verbannung der Jesuiten konnte es noch einen überraschenden, großen politischen Erfolg verbuchen (1764). Gegen Ende des 18. Jhdts. waren die Fronten endgültig verhärtet: Am 2o.1.1771 wurden alle Parlamentarier durch den Ex-Parlamentarier und nachmaligen Kanzler René Nicolas de Maupéou ihrer Ämter enthoben und aus der Stadt verbannt, 1774 jedoch wieder eingesetzt. Schließlich waren es auch die parlements (neben dem Pariser besonders das von Grenoble), die den König zur Einberufung der Generalstände am 5.5.1789 zwangen (38).

Zusammenfassend: der Krone als oberster Rechtsinstanz konnte an einer sich entwickelnden begründenden Jurisprudenz nichts gelegen sein. Die Generalstände von 156o (durch den Adel) und von 1624 (durch den Dritten Stand) forderten begründete Urteile; die wiederholte Ablehnung durch die Krone zeigt, daß der König sich der Bedeutung exakter Begründungen und damit ihrer wissenschaftlichen, fachlichen Diskussion durchaus bewußt war: seine Rechtshoheit sollte unangetastet bleiben.

Zum zweiten politischen Argument für die Abschaffung der Urteilsbegründung seien auch einige Bemerkungen gemacht. Allen Anstrengungen zum Trotz ist es der Krone nicht gelungen, die Entwicklung eines besonderen Parlamentarierstandes zu verhindern.

> Er blieb während des ganzen Ancien régime nicht nur in seiner Homogenität erhalten, sondern wurde durch die strenge Isolierung nach außen sogar zur Kaste mit der hierfür typischen Geisteshaltung. (Schill 1961, 87)

Wie gefestigt der Stand der Parlamentarier, deren Abkapselung bis ins 14. Jhdt. zurückreicht (39), im 15. Jhdt. bereits war, zeigt die Entwicklung des Ämterkaufs (vénalité), der sich im juristischen Bereich zuerst im Parlement de Paris eingebürgert hat. Trotz mehrfacher Verbote (1453, 1483, 1493, 1498, 156o, 1576, 1594), die aufgrund vehementer Proteste der Öffentlichkeit und auf Druck der Generalstände (1483, 156o) zustandekamen, gelang es nie, derartige Praktiken zu unterbinden. Seit Franz I. begannen die Könige sich über moralische Bedenken hinwegzusetzen und aus dem Ämterkauf Kapital zu schlagen. Franz I. betrachtete das "Verkaufsrecht" als königliches Privileg, konnte diese Forderung jedoch nicht lange aufrechterhalten; ein Kompromiß wurde schließlich in der Besteuerung der Richterämter (seit 1567) gefunden. Dieses Prinzip erwies sich als dauerhaft; mit bestimmten Änderungen und steuertechnischen Verfeinerungen (etwa unter Heinrich IV. die sogenannte "Paulette", nach dem Sekretär Charles Paulet) blieb es bis zum Ende des Ancien Régime bestehen. Zur Stabilität des Besteuerungsverfahrens hat die Erblichkeit der Ämter und dadurch eine soziale Verfestigung des Standes wesentlich beigetragen (4o). Die Nobilitierung (Noblesse d'État / de robe) seit Beginn des 17. Jhdts., die zunächst wahrscheinlich noch nicht erblich war, (41) sowie erhebliche Privilegien taten ein Übriges: etwa Befreiung von taille und gabelle, das Recht, als einzige neben dem König, Scharlach und Purpur zu tragen u. ä.

Auch das Privileg der Jurisprudenz wurde von den Parlamentariern eifersüchtig gehütet. Dadurch wird verständlich, daß sie eine geforderte Offenlegung der Begründung als Angriff auf dieses Vorrecht interpretierten. Die eigentümliche soziale Stellung der obersten Richter zwischen König und Schwertadel einerseits und Bürgertum und Adel andererseits stand einer möglichen ungehemmten Weiterentwicklung der Jurisprudenz im Wege. Nur so ist es zu erklären, daß Adel und Bürgertum immer wieder begründete Urteile forderten, und daß die Richter das Kommunikationsangebot stets zurückwiesen, um selbsterrichtete Klassenschranken gewahrt zu wissen. Als Beispiel sei die Eingabe des Adels an die Generalstände zu Orléans (unter Charles IX., 156o) zitiert.

> ... les juges devaient exprimer et déclarer les motifs de leurs jugements, contenant les points péremptoires de la décision des causes, soit par titre, temoins ou confession des parties, articles de coutumes et lois par lesquelles ils jugeront. Ce faisant, les juges s'étudieront à juger de mieux en mieux, et lesdits arrêts et jugements serviront d'instruction à tous en semblable cause et y aura moins d'appellations. (42)

Der Dritte Stand schließlich wurde durch das Entstehen der Öffentlichkeit mächtig gestärkt, die sich ihrer (zumindest indirekten) Adressatenrolle bei der Rechtsprechung in ständig wachsendem Masse bewußt wurde und gleichzeitig den Ausschluß vom rechtlichen Kommunikationsprozeß als empörend zu empfinden begann.

Die Verbreitung des Buchdrucks hat den Prozeß dieser Bewußtwerdung erheblich beschleunigt. Sauvel erinnert in diesem Zusammenhang an eine überaus interessante Persönlichkeit des 16. Jhdts.: Raoul Spifame. Dieser - heute würde man ihn wohl einen Dissidenten nennen - hat ein Gutteil seines Lebens damit zugebracht, königliche Ordonnanzen zu fälschen, zu erfinden eigentlich, die er dann Heinrich II. zuschrieb. Darunter sind auch solche, die begründete Urteile forderten. Er war der erste, der die Motivlosigkeit angriff und dabei die Perspektiven, die der Buchdruck erlaubte, voll ausnutzen wollte.

> Il a le grand mérite d'affirmer la nécessité d'une jurisprudence, chose que l'Ancien Régime ne posséda jamais, et d'ajouter que sans recours d'une publication imprimée, méthodique et régulière, cette jurisprudence ne pouvait pas exister. Au moment où l'usage de l'imprimerie s'est repandu partout il est le premier à lier deux questions dont nul n'a encore senti la connexité. (Sauvel 1955, 27)

Das war konsequent gedacht; damit, daß man Entscheidungen veröffentlichte, was durchaus vorkam, war dem Verständnis nicht gedient, solange sie unbegründet blieben. Doch war er seiner Zeit weit voraus; er blieb lange der einzige mit seiner Forderung. Das 17. Jhdt. fiel sogar noch weit hinter das 16. Jhdt. zurück. Seit der Fronde wurde jegliche Publikation, auch auszugsweise, von Entscheidungen verboten - von begründeten Argumenten ganz zu schweigen. Am 17.9.1657 ergeht, vom Parlement de Paris selbst, ein striktes Publikationsverbot, das mehrfach bestätigt wurde (14.1.169o, 4.5.1717, 15.9.1717 durch den Conseil Général, 3o.6.1729) (43). Doch die öffentliche Meinung ist inzwischen zu einem Faktor geworden, mit dem zu rechnen ist.

> Une réglementation de cette sorte, et renouvelée souvent, revèle une situation entièrement nouvelle: l'opinion publique existe. Elle est sans cesse en éveil. Elle s'intéresse aux décisions de justice, non pas seulement parce que celles-ci pourront être invoquées dans d'autres affaires, mais parce qu'il y a desormais de "grands procès", politiques ou autres, et que certains d'entre eux remuent profondément les esprits. Les jugements n'étant pas motivés, chacun s'éfforce de comprendre les raisons retenues par les juges, de constituer le raisonnement auquel ceux-ci ont obéi.
> (Sauvel 1955, 37)

Das bisher Gesagte bezieht sich auf das Zivilrecht. Das Strafverfahren war noch hoffnungsloser hinter bereits Erreichtes zurückgefallen, seitdem die procédure accusatoire et publique durch die procédure inquisitoire ersetzt worden war.

> Cet ensemble de règles barbares où tout se liguait contre l'accusé, trouva place dans l'ordonnance de 1498, puis, en avril 1539, dans celle de Villers-Cotterets

> (Sauvel irrt sich im Monat; das Edikt ist vom 15.8.; Th. K). L'opinion les avait acceptées. Les États généraux formulaient des critiques, mais sur des points de détail seulement. L'ordonnance de 167o, qui fut une des "grandes choses" du règne de Louis XIV, confirma tous ces principes. Elle s'abstint toutefois de définir la façon de donner la question, ce qui, disait Pussort, eût été "indécent" dans un texte de cette sorte. (Sauvel 1955, 37)

Demzufolge ist nicht verwunderlich, daß die Philosophen des 18. Jhdts. in erster Linie gegen die skandalösen Vorgänge im Strafrecht vorgingen; Montesquieu, die Enzyklopädisten im engeren Sinn, und besonders Voltaire sind zu nenne, dessen persönlicher Einsatz in den Affären Callas (1762), de la Barre (1766) und Sirven (1767) hinlänglich bekannt ist (44). Wesentliche Impulse waren dabei von Beccaria ("Dei delitti e delle pene", 1764) ausgegangen.

Und dennoch stellt sich die Frage, wieso das Problem der Urteilsbegründung gerade von den systematisch vorgehenden Enzyklopädisten nie grundsätzlich aufgeworfen wurde. Allein Condorcet scheint sich das Problem auf fundamentale Weise gestellt zu haben. Er übernimmt den Naturrechtsbegriff von Rousseau und sagt:

> Celui-ci (le droit naturel; Th. K.) exige que tout homme qui emploie contre les membres de la société la force qu'elle lui a confiée lui rende compte des causes qui l'y ont determiné. (45)

Übrigens zeigt diese Stelle auch, daß man den Begriff des Naturrechts nicht zu wörtlich nehmen darf, sondern ihn in erster Linie als Gegenbegriff zum damals herrschenden Recht sehen muß, denn der Begriff der Verantwortung, wie Condorcet ihn hier gebraucht, impliziert die historische Auslegung der Gesetze. Auch die Abhängigkeit des Urteils vom einzelnen Richter, die moralische Dimension des Urteilsakts ist damit exakt formuliert. Der einzige Versuch der Krone, die Forderung nach motivierten Entscheidungen gegen den Willen des Parlaments zu erfüllen, hat nicht viel mehr als anekdotische Bedeutung: er datiert vom 8.5.1788.

2.3. Die Kodifizierung während der Revolution

In den Gesetzen vom 16. - 24.8.179o, der ersten Justizreform der Revolution, wurde die Richtung, die eingeschlagen werden sollte, unmißverständlich festgelegt. Im Artikel 15 finden wir zum ersten Mal den Ausdruck motif in einem Gesetzestext. Inspiriert vom römischen Formularprozeß wird dort für alle Kategorien der Rechtsprechung ein vierteiliges Urteil angeordnet. Wir zitieren nach Sauvel:

> Les deux premières parties contiendront les noms et qualités des plaideurs et "les questions de fait et de droit qui constituent le procès". Dans le troisième "le résultat des faits reconnus ou constatés par l'instruction et les motifs qui auront determiné le juge seront exprimés". La dernière sera le dispositif. (Sauvel 1955, 45)

Allerdings handelt es sich hier zunächst noch um einen sehr eingeschränkten motif-Begriff: eine Begründung wurde nur für den Fall verlangt, wo kein Gesetz zitiert werden konnte, für den Fall der Gesetzeslücke also. Hinter dieser Konzeption stehen zwei unhaltbare Ideen. Erstens überschätzte man in Erwartung umfassender Kodifikationen die Leistungsfähigkeit der Gesetze; daß auch die klarste Bestimmung der Interpretation bedarf, sah man nicht. Zweitens wurden alle, auch die anderen vornapoleonischen Justizreformen der Revolution von einem heftigen Affekt gegen die Magistraten und den Berufsrichter überhaupt getragen. Man hielt es allen Ernstes für möglich, auf einen Richterstand dank solcher Gesetze verzichten zu können, die in ihrer einfachen Unmißverständlichkeit von jedem Laien angewandt werden könnten. Die Urteile der Revolution sind deshalb extrem lakonisch; sie entsprechen etwa folgender Form: vu l'article tant de telle loi, casse l'arrêt attaqué. Wir geben folgendes Beispiel:

> Jugement
>
> Le tribunal, de l'avis du commissaire, vu l'art. 36 de la loi du 22 avril 1791, attendu que rien ne peut

> justifier les préposés de n'avoir pas appelé l'adjoint de la commune, dont l'agent municipal était absent. Rejette le pourvoi. (46)

Die generelle Notwendigkeit der Begründung wurde in der Konvention vom lo thermidor an III festgeschrieben.

> ... les jugements sont motivés et on y énonce les termes de la loi appliquée. (47)

Die zurückhaltende - wenn nicht ablehnende - Haltung der Revolution gegenüber den Richtern und ihrem spezifischen esprit de corps prägte die neue Form des Urteils: schon im Stil sollte zum Ausdruck kommen, daß man das Urteil lediglich als mechanische Anwendung eines Gesetzes auf einen Fall, resp. als Subsumtion eines Falles unter die im Gesetz aufgestellten abstrakt-juridischen Kategorien verstand; als trockenen Verwaltungsakt einer in Form von Gesetzen unwidersprüchlich und beständig institutionalisierten "natürlichen" Gerechtigkeit. Ließe sich dieses hochgesteckte Ziel der Revolution verwirklichen, wäre damit die ideale Kommunikationsgemeinschaft für den Bereich des Juristischen realisiert: jedes vollwertige Mitglied wäre fähig, das Zeichensystem der rechtlichen Kategorien und Wertungen ebenso selbstverständlich und akzeptabel anzuwenden, wie etwa die Sprache. Die Notwendigkeit einer Vermittlung, Übersetzung wenn man will, durch eine kleine relativ abgeschlossene Kommunikationsgemeinschaft von Fachleuten wäre überflüssig geworden.

> The style of modern French reasoned opinion bears the marks of this origin. The style was set by the Court of Cassation in the early years of the Revolution. This was a time when the court was all too eager to prove beyond doubt its loyal submission to the Revolution and its acceptance of its own diminished role. Required to justify its actions in annual accountings to the legislature, it had also been ordered to publish all its decrees (Law from 27.11. / 1.12.179o, art. 25; 19.1o. 1798), so that it had to face the scrutiny of a hostile and suspicious public. (Dawson 1968, 38o)

Nichts weniger verwunderlich, als daß eine derart extreme, vom juristisch und semiotisch Realisierbaren "abgezogene", ideale Zielvorstellung sich nicht in der sprachlichen Form niedergeschlagen hätte.

Es ist dennoch überraschend zu beobachten, daß sich die Absichten der Revolution beinahe vollkommen in ihr Gegenteil verkehrt haben. Denn hinter der neuen Intention und neuen Etikettierung (motif, dispositif) versteckte sich oft genug substantielle Kontinuität; der neue Urteilsstil war gerade nicht geeignet, dieser faktischen Restauration vorzubeugen.

> The cryptic language of the court's decrees actually provided a convenient disguise for the smuggling in of old ideas. (Dawson 1968, 389)

Die lakonische Anlage des Urteils wurde keineswegs beseitigt. Die Richter fügten sich bereitwillig den neuen Vorschriften, kamen die Entscheidungen doch in ihrer Knappheit und Allgemeinheit der alten Form sehr nahe: eine explizite Begründung, das heißt eine, die die Parteien überzeugen will, wurde auch jetzt noch nicht von ihnen verlangt. Die Gesetze waren klar und eindeutig, gewiß. Jedoch nur deshalb, weil sie außerordentlich abstrakt waren. Für ihre Interpretation bezüglich des in Frage stehenden Falles war nach wie vor kein Raum vorgesehen. Die faktische Auslegung, Weiterbildung und Anpassung der Gesetze an die gesellschaftliche Wirklichkeit, semiotisch gesagt: die praktische Konstruktion der Bedeutung des Zeichens "Gesetz", blieb wie vordem der öffentlichen Diskussion entzogen und der Fachwelt vorbehalten.

> The chief legacy of the Revolution was not judicial submission to the disciplines of the codes, but a deep-seated, widely-held conviction that judges lacked law making power. The judges joined in this disclaimer and expressed it through a cryptic style of opinion writing whose main purpose was to prove their dutiful submission but which left them in fact more free. (Dawson 1968, 431)

Die Chance, den gesetzesverändernden und anpassenden Charakter der Rechtsprechung anzuerkennen und im Urteil zu verankern, mußte hier vertan werden, weil die Notwendigkeit der Interpretation und die Bedeutung der fachlichen und öffentlichen Diskussion völlig verkannt wurde.

> Or nous savons depuis longtemps, qu'il ne suffit pas de juger comme hier; il faut pouvoir juger autrement, en reprenant les idées d'hier et en les appliquant à d'autres difficultés. Et c'est précisement en vue de ce travail d'adaptation, de ce progrès qu'il est opportun de connaître les raisons des jugements déjà rendus. (Sauvel 1955, 34)

Von Savignys folgende Einschätzung wirft ein bezeichnendes Licht darauf, daß ein historisches Bewußtsein, wie es Sauvel hier fordert, den Theoretikern der französischen Revolution noch fehlte. Sie bleiben in ihrem Geschichtsverständnis noch weit stärker der aufklärerischen Fortschrittseuphorie verpflichtet als die gleichzeitigen Anfänge der sogenannten "Deutschen Bewegung" und deren Vertreter Fr. K. von Savigny.

> Sinn und Gefühl für die Größe und Eigenthümlichkeit anderer Zeiten, so wie für die naturgemäsze Entwicklung der Völker und Verfassungen, also alles was die Geschichte heilsam und fruchtbar machen musz, war verloren: an die Stelle getreten war eine gränzenlose Erwartung von der gegenwärtigen Zeit, die man keineswegs zu etwas geringerem berufen glaubte, als zur wirklichen Darstellung einer absoluten Vollkommenheit. (48)

Savigny trifft damit die theoretischen Absichten der Revolution; ihre praktischen Resultate freilich blieben weit hinter dem gesteckten Ziel zurück. Wir haben angedeutet, daß es im Rechtswesen trotz grundlegender formaler Neuorientierung eine ganz erhebliche inhaltliche Kontinuität gab. Die vollständige Restauration des Rechtswesens, bereits unter Napoleon eingeleitet, aber besonders zwischen 1825 und 183o, war programmiert, seit sich der Versuch, die Berufs- und Laienrichter zu ersetzen, als gescheitert herausstellte. Napoleon fiel es deshalb nicht schwer, den Stand als solchen wieder einzusetzen.

Für die sprachliche Gestaltung des Urteils gilt eine ähnliche Restauration: während die Form neu geprägt wurde und damit zusätzlich die syntaktischen Zwänge und Ungereimtheiten heraufbeschworen wurden, ist in der Idiomatik das meiste erhalten geblieben. (Von den inhaltlichen Präzisierungen und neuen Definitionen können wir hier absehen.)

> Not much invention was required. The court simply took over the formal language of the decrees currently issued by the legislature itself, with their recitals and whereas clauses (z. B. attendu que; Th. K.) leading up to rulings tersely stated. There were departures from this model in two respects: (1) any ruling that reached beyond the particular case was scrupulously omitted and (2) decrees of the 179o's were usually preceded by narrative statements of the facts (in later times the practice developed of mixing clusters of facts into the string of whereas clauses).
> (Dawson 1968, 381)

3. Die Urteilsform und die politisch-gesellschaftliche Kommunikationsfähigkeit

> Man befindet sich in einer Selbsttäuschung, wenn man meint, das einfachste historische Faktum ohne eine Zutat von Spekulation konstatieren zu können. Man spekuliert eben nur unbewußt, und es ist einem glücklichen Instinkt zu verdanken, wenn das Richtige getroffen wird.
>
> Hermann Paul

Eine schlichte Aufreihung historischer Fakten sagt nichts aus - es sei denn indirekt durch die zugrundeliegende Auswahl. Wir wollen deshalb versuchen, die Entwicklung des französischen Urteils zum jugement motivé an den Erfordernissen des im ersten Kapitel aufgestellten Modells zu messen und so gleichzeitig dessen Brauchbarkeit für die Anwendung auf historisches Material unter Beweis zu stellen. Dies - von Bühler entlehnte - Modell versteht sich als ideal und regulativ. In einer Rechtsprechung, die ihm entsprechen könnte, müßte sich ein Gleichgewicht zwischen den vier konstitutiven Funktionen einpendeln. Ein empfindliches Gleichgewicht freilich, das vom politischen System, auf das es sich stützt, abhängig bleibt. Um es theatralisch zu sagen: die Gerichtsszene bedarf der Bühne der Rechtsstaatlichkeit, um nicht zur Farce zu werden.

Das Organonmodell ist nicht nur ein Zeichen - sondern auch ein Kommunikationsmodell. Wenn wir auf seiner Grundlage die verschiedenen Entwicklungsstufen des französischen Urteils miteinander vergleichen, liegt es daher nahe, sich vom Gesichtspunkt der Kommunikationsverbesserung leiten zu lassen. Implizit haben wir das im Vorangehenden schon getan, indem wir unseren historischen Überblick auf zwei für das Funktionieren der Kommunikation wesentliche Aspekte konzentriert haben: das im Urteil verwandte sprachliche Medium und die diskursiven, über die nackte Prädikation hinausgehenden Elemente des Textes. Es leuchtet ohne weiteres ein, daß gerade die Art der Urteilsbegründung hervorragend geeignet ist, darüber Auskunft zu geben, wie intakt - d. h. wie unabhängig - die Rechtsprechung eines Landes zu einem gegebenen Zeitpunkt ist. Insbesondere der argumentative Teil der Entscheidung zeigt, ob der Richter nur dem Gesetz (49) als etwas stets neu zu interpretierendem unterworfen ist, oder ob er auch im Auftrag politischer Autorität handelt.

> Faire progresser un raisonnement est toujours possible. Faire progresser une affirmation ne l'est jamais. (Sauvel 1955, 34)

Das französische Beispiel zeigt, daß eine Jurisprudenz verstanden als Instrument herrscherlicher Macht - totalitärer Mißbrauch - und eine Rechtsprechung verstanden als logistische Subsumtionstechnik im Dienste verabsolutierter Gesetze - utopisch demokratisches Mißverständnis - in ihrer gemeinsamen Argumentationsfeindlichkeit dabei durchaus formal ähnliche Resultate zeitigen können.

In der Tat zeigen die Entwicklung der Urteilssprache und die Entwicklung der Textsorte eine auffallende Parallelität, die es gestattet, beide - ohne die Realität durch die Rekonstruktion zu vergewaltigen - gemeinsam zu interpretieren: als Ausdruck der Bedeutung, die der öffentlichen Disskussion unter dem jeweils gegebenen historischen Umständen zukam.

Die Anfänge des <u>Parlement de Paris</u> (ca. 125o) fallen in eine durchaus aufgeschlossene Zeit. Die juristische Kommunikation war eine Angelegenheit der Fachleute; sie wurde nicht vom König gelenkt, bzw. einqeschränkt und konnte sich den fachlichen Bedürfnissen gemäß entfalten. Entsprechend ist der Urteilsstil, der sich in der Frühzeit der schriftlichen Rechtsprechung durchzusetzen begann. Die Volkssprache - d. h. für die Krondomäne das Franzische - wird verwandt, argumentative Begründungen sind beigefügt.

Bald begannen sich allerdings stark "kommunikationsfeindliche" Tendenzen durchzusetzen, die das gesamte Ancien Régime prägen sollten. Die Urteile verlieren mit der Begründung ihren diskursiven Teil.

Gewiß bleibt das Französische Urteilssprache, ja seine Verwendung wird regional erheblich ausgedehnt, doch eben darin manifestiert sich die zunehmend negative Disposition des Ancien Régime hinsichtlich öffentlicher Diskussion: aus einer lokalen Rechtsprechung in der Regionalsprache Franzisch entsteht die Jurisprudenz eines zentralistischen Reiches in der Regierungssprache Französisch. Die fachliche Verwendung und Spezialisierung eines Idioms dort, wo es Volkssprache ist, und der spätere herrscherliche Einsatz desselben Idioms dort, wo es heimische Volkssprache verdrängt, lassen auf sehr verschiedene politisch-gesellschaftliche Hintergründe schließen. Selbst eine soziale Veränderung wie die von "außen" initiierte und von "innen" verstärkte Isolierung des Parlamentarierstandes läßt sich als Ergebnis der eingeschränkten Kommunikationsfähigkeit des Ancien Régime erklären. Der Hof mußte einerseits der - auch politisch - wichtigen Funktion der obersten Jurisprudenz gerecht werden, diese jedoch gleichzeitig einer möglichen Abhängigkeit von einer breiten Öffentlichkeit entziehen.

Das Bewußtsein dieser paradoxen Situation, einerseits eine politisch zentrale Rolle zu spielen, andererseits in der Rolle jedoch politisch völlig "funktionalisiert" und machtlos zu sein, führte zu der oben beschriebenen Selbstisolierung des Parlamentarierstandes und in einem zweiten Schritt zu einer von den Richtern selbst ausgehenden Kommunikationsverweigerung. In der archaischen Stilisierung der Fachsprache fanden wir den formalen Ausdruck dieser politischen Entmachtung.

Den entscheidenden Durchbruch zur Realisierung einer fachlichen Kommunikation brachte die Revolution mit der verbindlichen Einführung des jugement motivé, des begründeten Urteils.

> Le jugement motivé remplace l'affirmation par un raisonnement et le simple exercice de l'autorité par un essai de persuasion. Il joue à ce titre dans ce qu'il est permis d'appeler l'équilibre juridique et moral de notre pays un rôle absolument essentiel.
> (Sauvel 1955, 6)

Ironie der Geschichte: ausgerechnet der totalen prinzipiellen Neuorientierung des Rechtswesens und der Rechtsprechung in und nach der Revolution ist es zu danken, daß sich umfangreiche Reste der Rechtsprechung des öffentlichkeits- und kommunikationsfeindlichen Ancien Régime bis heute gehalten haben; nicht aus Kommunikationsfeindlichkeit, der immerhin eine realistische Einschätzung der Bedeutung einer juristischen Diskussion in der Öffentlichkeit zugrundeliegt, sondern aus idealistischer Unterschätzung. Man hielt argumentierende Urteilsbegründungen für überflüssig, im Glauben, hinreichend viele und "klar" formulierte Gesetze erklärten sich von selbst.

> And so the format of the 179o's continued unchanged. The majestic parade of whereas clauses is cast as an exercise in logic, working down inevitably from some provision of Code or statute. It is the law, that speaks. The judges are merely its instrument, though by now the whole process could be better described as extremely expert ventriloquism. (Dawson 1968, 411)

Diese Illusion ist längst erkannt - auch von den Richtern selbst.

> Voyez les déclarations des orateurs de l'Assemblée constituante sur le rôle du juge: ils le réduisent à l'application stricte et mécanique du texte; ils en font l'instrument passif de la volonté législative. Comparez ces formules avec le discours prononcé par le premier Président de la Cour de Cassation, M. Ballot-Beaupré, le 27 oct. 19o4, à la séance commémorative du Centenaire du Code civil. Vous voyez ici le premier magistrat de France rappeler non sans fierté que les tribunaux, loin de se renfermer dans cette mission étroite, ont été depuis un siècle les agents les plus efficaces du progrès du droit. (Gaudemet 1935, 4)

Umso befremdlicher erscheint es, daß man der Interpretation und ihrer rhetorischen Rechtfertigung keinen Platz im Urteil läßt.

Ein Mangel, der sich dort am dringlichsten bemerkbar macht, wo seine Beseitigung am dringendsten nottäte: bei den letztinstanzlichen Entscheidungen des Kassationshofes.

> In this highly technical and laconic style, the Court of Cassation surpasses all others. A recent author (J. G. Wetter; Th. K.) has sougth to explain this by the limited cercle of addressees - the trained career judges of the courts of appeal whose decisions are policed by the Court of Cassation ...
>
> This stereotyped style of modern opinions is a survival from a time that is now remote but that has not been forgotten. I suggest that the ideas that inspired the style have also survived, that the principal function of a high court opinion is to demonstrate to the world at large that the high court in exercising its exceptionel powers has arrogated nothing to itself and is merely enforcing the law.
> (5o)

Nach wie vor vermitteln die Urteilstexte den Eindruck einer unhistorischen Hypostasierung des schriftlich fixierten Gesetzes. Mit anderen Worten: die Selbständigkeit des Einzelfalls, die paradoxerweise gerade eine Funktion der über den jeweiligen Fall hinausreichenden Einsichten ist, die er vermittelt, findet im Urteil keinen angemessenen Ausdruck. Die Richter leisten zwar faktisch - durch ihre Interpretation - die Aufgabe der Rechtsfortbildung und damit ihren Beitrag zur Selbstauslegung der Gesellschaft. Doch überlassen sie die explizite Vermittlung an die Öffentlichkeit der sogenannten <u>doctrine</u>. Kassationsurteile wollen gedeutet sein.

DRITTES KAPITEL: Das Urteil heute: Text in einem Satz

> Alle Sprechtätigkeit besteht in der Bildung von Sätzen. Freilich besteht keine Einigkeit darüber, was man unter einem Satz zu verstehen habe. (Paul [9]1975, 121)

Trotz des ein wenig unwilligen Tons läßt Paul keinen Zweifel daran, was für ihn die fundamentale Kategorie der Rede sei. Er steht hier stellvertretend für viele; die Reihe analoger Beispiele ließe sich fortsetzen (1). Knapp hundert Jahre später schreibt Isenberg:

> Der "Text" ist die primäre Organisationsform, in der sich menschliche Sprache manifestiert. Wenn Menschen überhaupt sprachlich kommunizieren, so kommunizieren (sprechen, schreiben) sie in Form von Texten. Da menschliche Kommunikation stets ein gesellschaftliches Handeln ist, ist dann der Text zugleich diejenige Einheit, mittels der sich die sprachliche Tätigkeit als gesellschaftlich-kommunikative Tätigkeit vollzieht. (Isenberg 1976, 54)

Dem Satzbegriff als zentraler syntagmatischer Kategorie der Linguistik ist in den letzten Jahren ein ernstzunehmender Konkurrent erwachsen. Nun wußte natürlich auch schon - und gerade - Hermann Paul, daß "menschliche Kommunikation stets ein gesellschaftliches Handeln" ist (2). Weder der "pragmatische" noch der "soziale" Aspekt der Sprache sind neue Entdeckungen. Wie läßt sich der Prestigeverlust des Satzbegriffes also erklären? Offensichtlich durch eine andere Betonung der einzelnen Aspekte. Für viele Linguisten ist die Grammatik ein Reservat formalisierter Modelle und systematischer Konstruktionen, woran die hohe Abstraktionsstufe zeitgenössischer Grammatiken, syntaktisch orientierter zumal, natürlich nicht ganz unschuldig ist. Parallel zur Abwertung der Grammatik wurden die pragmatische und soziale Komponente der Sprache in der Linguistik, aber auch in den anderen Humanwissenschaften, enorm aufgewertet.

Wenn also die schwere Bürde, fundamentalste Kategorie "menschlicher Sprechtätigkeit" zu sein, dem Textbegriff aufgeladen wird, so deshalb, weil man glaubt, der konkreten Sprachwirklichkeit dadurch ein gutes Stück näherzukommen. Übrigens setzte schon

Hermann Paul den Abstraktionen der "deskriptiven Grammatik" die Beschreibung der Sprechtätigkeit als "wirklicher wissenschaftlicher Erfassung des Sprachlebens" entgegen. (Paul, ebda., § 11). (Deshalb wohl auch der unwillige Ton im Eingangszitat: der beobachteten "Sprechtätigkeit" entspricht eine nur ungenügend definierte grammatische Kategorie "Satz".) Indes rächt sich der größere Grad an Sprachwirklichkeit, denn der linguistische Status des Begriffes "Text" ist durchaus prekär, weil, so Gauger,

> ... der Text gar keine Einheit der Sprache, ja nicht einmal eine sprachliche Einheit ist. Einheiten der Sprache, des Sprachbesitzes, meinen Begriffe wie "Phonem", "Morphem", "Wort", "derivationelles Programm", "Satzbauplan" usw: nicht aber - es sei denn in ganz anderem Sinn - die Begriffe "Text" oder "Äußerung". (Gauger 1977, 166)

Der Status des Textbegriffes ist von dem herkömmlicher linguistischer Begriffe demnach verschieden: sprachliche Fakten und Prozesse reichen nicht aus, um eine Verbindung von Sätzen oder einen einzelnen Satz, wenn nicht noch kleinere Einheiten, zum Text zu machen. Wir zitieren noch einmal Gauger:

> Gewiß ist der Text eine Einheit, aber seine Einheit ist nicht sprachlich bedingt, obwohl gewiß - in wechselndem Grad - Sprachliches zu dieser Einheit mit beitragen kann (letzteres ist sicher ein linguistisches Thema). Die Einheit des Textes gründet in der Intentionalität des sich äußernden Subjekts und dessen - außersprachlichen und sprachlichen - Bedingtheiten. (ebda.)

Wenn der Text, "die komplexeste Ebene des Sprachlichen überhaupt" (Coseriu 1981, 34), in jedem Fall über das Sprachliche hinausweist, läßt sich seine Entstehung folglich nie auf die Anwendung einzelsprachlicher Mechanismen reduzieren (4). Verschiedene "Kompetenzen" wirken bei der Produktion eines Textes zusammen. Dazu Coseriu:

> Es ist falsch, anzunehmen, daß die Kompetenz, die man zur Verfertigung von Texten benötigt, mit der Grammatik einer bestimmten Sprache zusammenfallen kann, daß die Beschreibung diser Kompetenz gleichzeitig Beschreibung der Struktur einer bestimmten Sprache sein kann. Der Irrtum liegt offenbar darin, daß man annimmt, es handele sich

> bei der Fähigkeit, Texte zu produzieren, und bei dem, was man gemeinhin "Kenntnis einer Sprache" nennt, um eine einheitliche Kompetenz. Diese Annahme ist falsch. (ebda., 28)

Doch gerade die Tatsache, daß sich der Textbegriff linguistisch nicht erschöpfend definieren läßt, ist nicht unbedingt ein Nachteil. Möglicherweise ist die Kategorie "Text" gerade deshalb geeignet, die handlungstheoretischen Voraussetzungen und Ziele der Sprachverwendung zu erhellen. Kamlah / Lorenzen betonen entschieden die pragmatischen Bedingtheiten des Textes und definieren ihn explizit als "Handlungsschema" ([2]1973, 62 f). Wir können also festhalten: Ausgangspunkt und Ziel des Textes liegen im Nichtsprachlichen (5). Dieser - aus theoretisch-linguistischer Sicht gesehene - Makel zeitigt einen großen praktischen Vorteil. Texte lassen sich erheblich einfacher ihrer Verwendung gemäß klassifizieren als Sätze; sie begegnen stets als "Textsorten". Stempel definiert:

> Gebrauchssprachliche Textsorten sind komplexe Handlungsmuster, deren Generizität sich nach ihrer Fundierung in der sozialen Praxis des situationsgemäßen Verhaltens und des Rollenspiels bestimmt. (Stempel 1972, 178)

Da sprachliche Aktionen stets potentielle Interaktionen sind, können wir Texte noch etwas präziser als kommunikative Handlungen bestimmen. Oomen präzisiert den Textbegriff in dieser Richtung und setzt ihn vom Satz ab.

> While sentences are units of grammar and, therefore, can be described in the frame work of a grammatical model, texts are communicative processes and - as will be seen - require a process model that takes their communicative function in account. (1979, 272)

"Satz" und "Text" sind also sehr unterschiedlich akzentuiert; der Bauplan des ersteren erklärt sich mechanisch grammatisch, dem Konstruktionsspielraum sind enge Grenzen gesetzt. Letzterer erschließt sich in stärkerem Maße von der Intention, vom Zweck der Sprechhandlung her. Beide Begriffe schließen sich demnach keineswegs aus, auch eine Äußerung, deren Intention sich in einem Satz realisiert, ist ein Text. Und gerade einen solchen Spezialfall haben wir mit dem französischen Gerichtsurteil vor uns.

Die Form des Urteils, wie sie im Verlauf der Revolution kanonisiert wurde und bis heute gültig ist, zwängt den gesamten Text, wie umfangreich er immer sein mag, in einen einzigen Satz. Diese schwerfällige syntaktische Formalisierung ist jedoch nirgendwo verbindlich vorgeschrieben. Im "Code de procédure civile" heißt es lediglich:

> Le jugement doit exposer succintement les prétentions respectives des parties et leurs moyens; il doit être motivé.
> Le jugement énonce la décision sous forme de dispositif. (Art. 455)

Worin die Form des dispositif zu bestehen habe, wird freilich in keinem Artikel ausgeführt. Wir werden auf die coutume verwiesen. Im Zusammenhang mit den motifs ist von einer bestimmten Form nicht einmal die Rede (6).

Mit zwei Faktoren müssen wir rechnen, wenn wir nach den Wurzeln der starren Textform fragen: zunächst mit einer gewissen Affinität des Rechtlichen zum Formalismus, sodann mit dem besonderen Form- wie auch Sprachbewußtsein der französischen Richter.

In weitaus größerem Maße als andere Fachsprachen hat die Rechtssprache - nicht nur die französische - seit je eine starke Affinität zum Formelhaften. Die Formel entsprach dabei durchaus verschiedenen historischen Bedürfnissen: wir finden sie als sprach-magischen Vollzug eines noch quasi religiösen Rechts im römischen Formularprozeß (s. 1. Kap. 1.3.), als Mittel der Fixierung und Traditionsbildung in den Rechtssprichwörtern und Regeln des Gewohnheitsrechts, als zeremoniellen Ausdruck herrscherlicher Macht, und in ihrer modernen Variante als rechtstechnische Schablone, dem Ausdruck fachlicher und fachsprachlicher Ökonomie. Eine gewisse Formalisierung scheint hier unverzichtbar. Insofern die Normierung (7) des Rechtswegs oder bestimmter Rechtsgeschäfte ("Verträge") als rechtlich akzeptabel anerkannt sind, machen sie - im Normalfall - eine juristische Thematisierung überflüssig: sie garantieren einen elementaren Konsens. Mit anderen Worten: die Institutionalisierung juristischer oder auch nur juristisch relevanter Funktionen vollzieht sich auch mit Hilfe fachsprachlicher Formalisierungen.

Auch rechtstechnische Erfordernisse, etwa die Prozeßordnung, sind normiert; sie sind "formal juristisch". Formalisierungen dienen also auch dazu, die sogenannte Selbstbindung des Rechts zu automatisieren (8).

Das französische Urteil bedarf in seiner rechtskräftigen Fassung, in der es den Parteien zugestellt wird, des Zusatzes der sogenannten formule exécutoire. Diese dritte, vollständige Fassung, neben dem prononcé und der minute heißt grosse (9). Der "Nouveau Code de procédure civile" schreibt dafür folgende Form vor:

> Nul jugement, nul acte ne peut être mis à exécution que sur présentation d'une expédition revêtue de la formule exécutoire, à moins que la loi n'en dispose autrement.
>
> Décret du 12 juin 1947
>
> Relatif à la formule exécutoire
>
> Art. 1er. Les expéditions des arrêts, jugements, mandats de justice, ainsi que les grosses et expéditions des contrats et de tous les actes susceptibles d'exécution forcée, seront intitulées ainsi qu'il suit:
>
> "République Française"
>
> "Au nom du peuple français",
>
> et terminées par la formule suivante:
>
> "En conséquence, la République française mande et ordonne à tous (Décr. n° 58-1289 du 22 déc. 1958) "huissiers de justice", sur ce requis, de mettre ledit arrêt (ou ledit jugement, etc.) à exécution, aux procureurs généraux et au procureurs de la République près les tribunaux de grande instance d'y tenir la main, à tous commandants et officiers de la force publique de prêter main-forte lorsqu'ils en seront légalement requis.
>
> "En foi de quoi le présent arrêt (ou jugement, etc.) a été signé par ..."
> (Art. 5o2)

Die abschließende formule exécutoire ist unbedingt einzuhalten (lo). Durch den stereotypen Rahmen, namentlich die Vollstreckungsformel, die an das einzelne Urteil angefügt wird, wäre dem rechtlich notwendigen Formalisierungsanspruch eigentlich Genüge getan. Indes ist auch der jeweils aktuelle Text in seiner Struktur formalisiert. Wir dürfen den Umstand, daß der - durchaus umfangreiche - aktuelle Text der Entscheidung stets in einem Satz abgefaßt ist, jedoch nicht als anachronistisches Kuriosum abtun, denn die syntaktischen Zwänge, die diese phrase unique mit sich bringt, prägen die sprachliche Gestalt der Gerichtsentscheidung durch und durch.

Das Urteil als Satz und das Urteil als Text: wenn man sich von diesen beiden Aspekten leiten läßt, muß der Versuch einer adäquaten Beschreibung sich zwei Ziele setzen.

1. Wie sieht der syntaktische Bauplan des Urteils aus; welche sind seine festen und welche seine fakultativen Konstituenten?
2. Wie werden die Intentionen des Textes sprachlich realisiert; gibt es analog zur syntaktischen eine feste inhaltliche Struktur?

Erst die Klärung beider Fragenkomplexe erlaubt, die Frage nach dem Formalisierungsgrad der "Textsorte" zu stellen.

1. Die textuelle Formalisierung

Als Ausgangspunkt für eine Untersuchung des Textes bietet sich die doppelte Aufgabe des Urteils an: es intendiert zweierlei: Konstruktion und Prädikation des Tatbestandes (mit den entsprechenden Folgen für die Beteiligten), oder anders gesagt, Urteilsspruch und dessen Begründung. Der doppelten Funktion entspricht die Zweiteilung des Textes in motifs und dispositif. Wir beziehen uns dabei auf die schriftliche Fassung der Gerichtsentscheidung, die sog. minute; im Prinzip sind mündliches (prononcé) und schriftliches Urteil zwar identisch, doch das Gesetz schreibt die Begründung verbindlich nur für die minute vor.

> Le prononcé peut se limiter au dispositif.
> (Nouv. c. proc. civ., Art. 452)

Wenn die juristische Bedeutung beider Teile auch gleich groß ist, so liegt die eigentliche Intention des Urteils sicherlich auf dem Urteilsspruch.

1.1. Prinzipien der Beschreibung

Wir können dem dispositif daher einen größeren "Mitteilungswert" zuschreiben. Sobald man die Teile einer Äußerung oder eines Textes nach ihrer inhaltlichen Bedeutung voneinander absetzt, liegt es nahe, auf das Begriffspaar Thema / Rhema zurückzugreifen.

Dieses Verfahren der Satzanalyse wurde bekanntlich unter dem Namen "funktionale Satzperspektive" von dem Begründer der Prager Schule, Vilém Mathesius, für die Linguistik entwickelt (11). Unter anderem Namen waren beide Begriffe seit H. Paul (188o) in der Sprachwissenschaft bekannt. Von der Gabelentz, H. Weil und besonders H. Ammann, von dem die Ausdrücke "Thema" und "Rhema" stammen, sowie Ch. Bally, dessen verwandtes und doch eigenständiges Begriffspaar "thème" - "propos" Daneš u. a. (1970) nicht einmal erwähnen, sind zu nennen. Allein durch bloße Nennung kann man diese Vorläufer nicht abtun: die sachlichen Übereinstimmungen sind größer als es der - hier vielleicht überschätzte - Bruch zwischen vorstrukturalistischer und strukturalistischer Linguistik gerade der Prager Schule vermuten läßt.

Dazu zwei Bemerkungen: zunächst zeigt sich gerade in seinen Überlegungen zum "logischen" und "grammatischen" Subjekt, wie auch in denen zur Analogie, daß etwa ein Junggrammatiker wie Hermann Paul für synchrone Fragestellungen durchaus offen ist, wenn er Kommunikationssituation und Hörerbezogenheit für die Definition von psychologischem Prädikat und Subjekt berücksichtigt (12).

Sodann zeigt sich, daß auch die Prager nicht jedes psychologische Element aus ihrer Konzeption verbannen können. Ausdrücke wie "objektive" und "subjektive" Wortstellung (Mathesius), und in neuerer Zeit "kommunikative Dynamik" (Firbas), oder "thematische Progression" (Daneš) rekurrieren ja ausdrücklich auf Befindlichkeit und Intention des Sprechers (13).

Die Gliederung nach der funktionellen Satzperspektive versteht sich nicht als streng binaristische Dichotomie; es handelt sich um "Extremwerte" (14). Nicht jedes Satzelement läßt sich ohne weiteres einer der beiden Gruppen zuordnen. Ein gewisses Maß an wissenschaftlicher Intuition scheint unverzichtbar für ihre Identifizierung. Die sehr unterschiedliche und stets etwas unscharfe Definition beider Begriffe tut ein Übriges (15). Gülich / Raible (1977, 62) bringen die unterschiedlichen Definitionen des Begriffspaares auf zwei Hauptnenner: einen "satzbezogenen", das Thema als "Grundlage" einer Äußerung und das Rhema als das, was darüber ausgesagt wird und einen "kontextbezogenen", das Thema als "ableitbare", "vorerwähnte" und das Rhema als "neue" Information.

Um der pragmatischen Komponente des von uns zugrundegelegten Zeichenmodells gerecht zu werden, wollen wir mit einer entsprechend akzentuierten Definition der Mitteilungsperspektive arbeiten. Mit Bally und anderen (16) verstehen wir das Rhema als den Bestandteil, der die Äußerungsintention des Sprechers trägt.

> La pensée qu'on veut faire connaître est - ... - le but, la fin de l'énoncé, ce qu'on se propose, en un mot: le propos; on l'énonce à l'occasion d'une autre chose qui en forme la base, le substrat, le motif; c' est le thème.
> (Bally [4]1965, 53)

In unserem Fall ist der Zweck der Äußerung eine Sprechhandlung, die durch Nennung des entsprechenden Verbs (<u>casse</u>, <u>rejette</u>, <u>condamne</u> etc.) (17) vollzogen wird. Das Rhema, le <u>propos</u> in Ballys Terminologie, fällt demnach mit dem Hauptverb der <u>phrase unique</u> des Urteilstextes zusammen.

Wir brauchen deshalb keinen Übergangsbereich zwischen den beiden Polen der Mitteilung, zwischen Thema und Rhema, anzunehmen, wie dies manche Linguisten seit Firbas (18) tun. Firbas führte für diesen Bereich, der gewöhnlich durch das finite Verb konstituiert wird (19), die Bezeichnung "transition" ein. Wenn sich unser Befund verallgemeinern läßt, ließe sich folgende Vermutung formulieren: Je ausgeprägter der Sprechhandlungscharakter eines Verbs ist, desto größer ist die Wahrscheinlichkeit, daß es zum Rhema des Satzes gehört. Die höchste syntaktische Hierarchiestufe und der semantische Schwerpunkt, der Sinn der Äußerung, fallen hier zusammen.

Es gilt also festzuhalten: alle Elemente des Urteilstextes sind in Hinsicht auf den dispositif, genauer auf das Verb, das den dispositif trägt, funktionalisiert. Jedes Argument (motif) findet nur im Bezug auf den Urteilsspruch seine Berechtigung.

Eine literaturhistorische Beobachtung Emil Staigers paßt in diesen Zusammenhang. In der Analogie zur "Funktionalität", zur Hinordnung aller Elemente auf die Lösung des Konflikts, sieht er die starke Affinität begründet, die der "dramatische Stil" seit Aischylos zum Gerichtsprozeß hat (2o). Und als Meister des dramatischen Stils, der für Staiger bekanntlich keineswegs auf das Theater beschränkt ist, nennt er H. v. Kleist. Seine subtile Analyse des "Bettelweibs von Locarno" (21) zeigt eine frappierende stilistische Parallele: von Staiger als typisch herausgestellte Stilmittel finden wir in unserer Textsorte wieder, übermäßige Hypotaxe, reiche Interpunktion, Isolierung des Subjekts am Anfang.

> In der Hypotaxe des "Bettelweibes von Locarno" aber prägt sich diese Kurve so aus, daß der Dichter, wenn es ginge, offenbar am liebsten alles zusammenfasste in einen Satz. (...) Das heißt nun die Kleistische Prosa hyperbolisch charakterisieren. Doch kein Zweifel, einem solchen Ideal strebt sie zu. Es wäre der grammatische Ausdruck totaler Funktionalität.
> (Staiger ^{3}1957, 114)

Die grundlegende Zweiteilung des Textes in motifs und dispositif ist noch gut mit seiner syntaktischen Hierarchie als phrase unique in Einklang zu bringen, insofern das Rhema als Ziel der

Äußerung mit dem Hauptverb identisch ist, und insofern die <u>motifs</u> seine direkten Zirkumstanten sind. Doch die inhaltlichen Textabschnitte entsprechen in ihrer Funktion für das Textganze keineswegs den Dependenzschritten der Stemmadarstellung. Zwar ist nicht nur der Satz, sondern auch der Text, d. h. hier der Satzinhalt, hierarchisch aufgebaut, aber den syntaktischen Abhängigkeitsstufen entsprechen nicht die einzelnen Abschnitte des Textes sondern vielmehr die semantische Stufung in eine primäre Objekt- und darüberliegende Metaebenen. Freilich handelt es sich um eine recht vage Analogie, deren Vergleichsgrundlage lediglich in der Hierarchie liegt. Die Art der Abhängigkeit im syntaktischen und im textuellen Bereich läßt sich nicht miteinander vergleichen, beruht doch die Einbettung in Metaebenen auf einem zunehmenden Abstraktionsgrad, der nicht unbedingt mit syntaktischer Kompliziertheit einhergehen muß. Gerade das Gegenteil scheint der Fall zu sein.

Den Metaebenen obliegt dabei eine wichtige Gliederungsfunktion. Die Regelhaftigkeit, mit der metatextuelle Einbettungen vorgenommen werden, scheint eine der wichtigsten, wenn nicht die wichtigste Konstituente für den jeweiligen Texttyp zu sein. Die Ordnung des thematischen Textgegenstandes auf ein rhematisches Ziel hin und die Feinstrukturierung dieser Gliederung mit Hilfe von Metaelementen sind die beiden Prinzipien, von denen wir bei dem Versuch, die inhaltliche Struktur der Textsorte "Urteil" zu erschließen, ausgehen wollen.

1.2. Der Aufbau der Urteilsbegründung

Der Blick auf ein beliebiges Urteil zeigt, daß die Begründung den größten Teil des Textes ausmacht. Das gilt unabhängig von der Instanz für alle Entscheidungen: das Beispiel (Anhang IX), von dem wir zunächst ausgehen, macht keine Ausnahme.

Inhaltlich umfaßt dieser Teil die Bezugnahme auf die gesetzliche Basis, die argumentative Rechtfertigung des Richters sowie die entscheidenden Fakten des Tatbestandes. Die Nennung des entsprechenden Gesetzes kann dabei mit der Formel vu l'article xy du code z dem Rest der Begründung vorangestellt werden, ein Verfahren, das sich in Urteilen der cour de cassation häufig findet (Anhang XII, XIV, XVII). Inhaltlich kommt der Angabe des Gesetzes derselbe Status zu wie der Gesetzesauslegung und den übrigen Argumenten; Zitat oder Nennung des Artikels wird deshalb auch oft in den Begründungstext eingebaut (siehe Anhang IX, attendu que (11)). Der Richter ist verpflichtet, auf alle von den Parteien erhobenen Behauptungen sowie die eingelegten Rechtsmittel einzugehen.

> Le jugement doit exposer succintement les prétentions respectives des parties et leurs moyens; il doit être motivé. (Nouv. c. proc. civ., Art. 455)

Die entscheidungsrelevanten Aspekte werden also prozeßabschliessend im Urteil noch einmal thematisiert; und zwar im linguistischen Verständnis. Der Fall ist ja nichts anderes als das Thema des Prozesses wie des Urteils, das dem dispositif als Rhema - wir haben es als "Ziel" näher bestimmt - entgegengesetzt wird.

Das für unsere Gattung Spezifische im Verhältnis von Thema und Rhema liegt nun darin, daß das Rhema nicht etwas sachlich Neues prädiziert, sondern daß ein im Thema enthaltenes Prädikat zu- oder abgesprochen wird. Der Urteilsspruch ähnelt daher einer ja / nein Antwort auf eine Entscheidungsfrage, als die wir, umgekehrt, den Fall interpretieren können. Durch die Antwort des Richters erlangen die fraglichen Aspekte des Themas Realwert, "chose jugée - chose démontrée" (s. 1. Kap. 1.2.1.) Der Realitätsanspruch der vom Richter in der Entscheidung aufgeführten Fakten findet in der Moduswahl seinen Ausdruck: für motifs wie für dispositifs ist der Indikativ vorgeschrieben; Mimin gibt Beispiele dafür, daß die Verwendung eines Konditionals zur Aufhebung des betreffenden Urteils führen kann:

> Le mode conditionnel est aussi le mode du doute; d'où cassation quand, d'après les juges le défendeur condamné "pourrait avoir à se reprocher d'avoir occasionné les dégâts et que la négligence prévue par l'art. 1383 C. civ. pourrait exister de sa part" (V. civ., 9 mars

> 1836 Jur. Gen. Dalloz, V° Jugement n° 1o12) ou quand le prévenu condamné "aurait soustrait," ou "aurait tenté de ..." (V. crim. 25 août 1914, Bull. n. 4o7; 25 janv. 1912, ibid, n. 49).
> (Mimin 1946, 556)

Der "außerfragliche Betreff" - so nennt Ammann ([4]1974, 318) das Thema des Fragesatzes - ist dabei je umfangreicher, desto niedriger die Rechtsinstanz ist. Kassationsurteile erstrecken sich meist nur auf einen oder zwei Streitpunkte, die zudem nur rechtstheoretischer, nicht mehr sachlicher Natur sein können. Der Prozeß gibt somit die inhaltliche Gliederung des Urteils vor.

1.2.1. Attendu que und considérant que: Ihre Herkunft und gegenwärtige Verwendung

Die Frage liegt nahe, ob der inhaltlichen Gliederung eine feste sprachliche Form entspricht. Unser Beispiel (Anhang IX) weist einige formale, "textsortentypische" Elemente auf, die eine solche Funktion leisten könnten; an erster Stelle die Einteilung der Begründung in einzelne Argumente, die stereotyp durch die Konjunktion attendu que eingeleitet werden. Considérant que stünde als Alternative zur Verfügung, die erste Konjunktion ist jedoch weitaus häufiger. Ein derartig gekennzeichnetes Argument heißt motif. Der Terminus geht aus dem Text selbst hervor, denn die Einleitungsformel für die eigentliche Entscheidung, den dispositif, lautet par ces motifs und dient gleichzeitig als Abschlußsignal für die Begründung, die dadurch regressiv in den Text eingebettet wird.

Attendu que, considérant que und das oben erwähnte vu haben zwei auffällige Gemeinsamkeiten: ihren Bildungstyp und die semantische Nähe der zugrundeliegenden Verben.

Ein Blick auf ältere Urteile gibt Aufschluß über die Herkunft des Bildungstyps. Wir stützen uns hier auf die von Olivier Martin (22) zugänglich gemachten 53 Entscheidungen des Châtelet de Paris aus den Jahren 1395 - 15o5. Aus diesen Texten läßt sich ein ganzes Programm ähnlicher Konstruktionen zusammenstellen und zwar in beiden Varianten als einfacher Partizipialbildung (vu) mit präpositionaler Funktion oder in Kombination mit que in der Funktion einer Konjunktion (attendu que). Die Verwendung ist der heutigen sehr ähnlich; schon damals dienten sie dazu, die begründenden Argumente mit dem Urteilsspruch zu verknüpfen. Einfache Partizipialkonstruktionen überwiegen. Sie finden sich in enger Verbindung mit dem Hauptverb als Einleitung des dispositif und anaphorische Wiederaufnahme der Begründung.

> ... nous oy ledit tesmoignage ... avons interposé ... (Martin 1913, 77o)

oder:

> ... nous, veu et sceu ce que dit est, ledit sire Miles avons deschargé et deschargons ... (Anhang I)

ebenso:

> ... Ce consideré, nous ledit appellant avons renvoyé et renvoyons ... (Martin 1913, 768)

Es finden sich aber auch einfache Partizipien, die durch lange von ihnen abhängige Nebensatzgefüge vom zugehörigen Verb getrennt sind. Sodann tauchen Partizipien auf, die ebenfalls lange Abschnitte einleiten, die jedoch den syntaktischen Konnex zum Hauptverb verloren haben (Anhang I aus dem Jahr 1398 und V aus dem Jahr 1396); nur durch die Identität des Subjekts bleibt die Verbindung semantisch verständlich. Hier handelt es sich um einen Übergangsfall zur Konjunktion, zu der Konstruktion also, die dank der Verbindung mit der Konjunktion que erlaubt, komplette Sätze mit eigenen Subjekten einzubauen. Die konjunktionale Verwendung scheint sich demnach aus dem einfachen Partizipialgebrauch sekundär entwickelt zu haben. Wenn sich auch alle Konstruktionstypen im 14. Jhdt. bereits fanden, kann man doch annehmen, daß die considéré que bzw. considérant que und attendu que die chronologisch jüngsten sind. Entsprechend vertraut - zu sagen "modern", hieße den heutigen Texten ein allzu schmeichelhaftes Etikett anzuheften - wirkt der Text aus dem Jahre 1396 (Anhang VIII), der, mit considérant que eröffnet, einen weiteren langen que-Satz anschließt, um endlich in einen dispositif zu münden.

Attendu que und considérant que ebenso wie vu konnten also zur Zeit der Kodifizierung des begründeten Urteils in den ersten nachrevolutionären Jahren (s. 2. Kap. 2.3.) bereits auf einen fest etablierten fachsprachlichen Gebrauch zurücksehen. Nicht sie selbst sind neu, ihre ausschließliche Verwendung ist es.

Die Familie considérer scheint sich immer schon einiger Beliebtheit erfreut zu haben: in immerhin 11 der 53 Châtelet-Urteile fanden wir mindestens einen ihrer Vertreter, zu denen wir, von den Partizipien abgesehen, noch die substantivische Konstruktion eue consideracion a (Anhang III) rechnen müssen; der heutige Favorit attendu que dagegen, wird nur in einem einzigen der angeführten Urteile verwandt (Anhang VII, 143o). Doch bevor wir uns mit der heute beliebtesten Konjunktion beschäftigen, wollen wir kurz die unterlegenen Konkurrenten würdigen. Viele weisen ein Manko struktureller Art auf: sie sind keine Konjunktionen. Hinreichend ist diese Bedingung indes nur für eue consideracion a; aus den Partizipien vu, lu, oy, sceu hätten sich ja problemlos Konjunktionen bilden lassen. Doch keines taucht in Verbindung mit que auf. Übrigens hat sich vu auch nur in dieser präpositionalen Verwendung bis heute gerettet. Den Verben scheint noch ein semantischer Mangel anzuhaften: sie sind zu konkret. Ouï hat wohl nur in einer mündlichen Verhandlung seine Berechtigung, lu läßt sich nur auf Dokumente beziehen. Vu ist dem gegenüber schon allgemeiner, schon unser Text I des Anhangs (1398) zeigt es in übertragener Bedeutung synonym mit sceu (veu et sceu ce que dit est) (23) bei der modernen Verwendung, in der es sich erhalten hat (vu l'article xy) denkt wohl niemand mehr an die konkrete Bedeutung, eher fühlt man sich an das deutsche in Anbetracht oder angesichts erinnert, die genauso "optischen" Ursprungs sind. Für das erwähnte sceu scheint das Gegenteil zu gelten, es ist zu allgemein, seine kausale Nebenbedeutung zu schwach.

Consideré bzw. considérant que und attendu que sind zweifelsohne die am universalsten einsetzbaren Verben. In seiner altfranzösischen Bedeutung "erwägen", "beachten", die rudimentär noch in neufranzösisch attention enthalten ist, konnte afrz. atendre durchaus synonym mit considérer verwandt werden. Beide ließen (und lassen) sich auf jede Art von Argument beziehen, unabhängig davon, ob es sich um etwas Sachliches oder um Fragen der Interpretation bzw. des Rechtsbrauches handelte. Aus diesem Grund scheinen sie sich für die Verwendung in formalisierten Urteilen, wie die Revolution sie anstrebte, besonders empfohlen zu haben.

Allein erstaunlich ist der Untergang der in den afrz. Urteilen häufigsten Konjunktion pource que, von der nicht die geringste Spur geblieben ist. Im 17. Jhdt. scheint sie noch zum festen Bestand der Rechtssprache gehört zu haben.

> Vaugelas déclare que la cour et les meilleurs auteurs préfèrent parce que à pource que qui appartient plutôt au langage du Palais. Th. Corneille et Bouhours (I, 582) affirment que parce que a presque entièrement supplanté pource que. L'Académie le déclare hors d'usage. (Haase 1969, § 137, 375)

Für einen Fortbestand in der Urteilssprache hätte es damit dieselben Voraussetzungen gehabt, die auch für attendu und considérant que galten. Auch sie sind nicht erst in jüngster Zeit aus der Alltagssprache geschwunden - es ist sogar fraglich, ob sie überhaupt je dort heimisch waren. A. Haase belegt, daß beide (statt considérant nennt er considéré que) im 17. Jhdt. schon als archaisch und rein fachsprachlich empfunden wurden.

> Vaugelas (II, 25o), Th. Corneille et l'Académie déclarent archaique considéré que et blâment attendu que, locution, que Richelet n'admet que dans la langue du Palais. (Haase [6]1969, § 137, 378)

Aus der heutigen Grammatik ist considérant que geschwunden. In den gebräuchlichen Handbüchern, auch den historischen, wird nur attendu que aufgeführt, als kausale Konjunktion (24). Übrigens weisen nur Wartburg / Zumthor auf die ausschließlich fachsprachliche Bedeutung von attendu que hin.

Wenn die zwei ursprünglich zugrundeliegenden Verben (attendre, considérer) uns nicht in die Irre leiten, scheint die kausale Bedeutung der Konjunktionen stets nur mittelbar gewesen zu sein. Die Nachdrücklichkeit von parce que (bzw. älterem pource que) und puisque haben sie sicherlich nie besessen. Dasselbe behaupten Wartburg / Zumthor für vu que. Ihre Bemerkung allerdings, vu que erfreue sich trotz juristischen Ursprungs großer Beliebtheit in der "langue courante" (§ 144) ist fragwürdig; der "Petit Robert" kennzeichnet die Konjunktion als "vieux ou régional" (1973, 1929 a). In der gegenwärtigen fachsprachlichen Verwendung jedenfalls ist die kausale Bedeutung von attendu und considérant que stark verblaßt, um es mit der anschaulichen, von H. Paul gern gebrauchten Metapher zu sagen. Die Konjunktionen sind zu reinen Gliederungssignalen ohne Mitteilungswert mechanisiert, deren zentrale Funktion darin besteht, dem Folgenden den Status eines stichhaltigen Arguments, eines motif, zu geben. Man kann inzwischen durchaus substantivisch von den attendus resp. den considérants eines Urteils anstatt von motifs sprechen (25).

Alles unter einem attendu zum motif vereinigte gehört inhaltlich zusammen: jedem Rechtsmittel kann so ein Abschnitt entsprechen, aber auch pro und contra ein und desselben Rechtsmittels können jeweils durch attendu eingeleitet werden.

Attendu und considérant que wie auch par ces motifs, Gliederungs- und Abschlußsignal der Urteilsbegründung, sind die stabilsten, weil unverzichtbaren formalen Bestandteile des Urteilstextes. Wir fanden lediglich ein Beispiel, das ohne beide auskam und das gleichzeitig die phrase unique nicht konsequent beachtete (Sem. jur. 1979, 19o4o).

Wenn den beiden Konjunktionen kein eigener Mitteilungswert zukommt, so hatten wir oben gesagt, dienen sie doch dazu, die Aspekte des Falles noch einmal herauszustellen, zu thematisieren. Freilich geht ihre Aufgabe über bloßes Thematisieren hinaus: die motifs sollen das Rhema begründen, sie müssen demnach die Elemen-

te des Themas auf das Rhema beziehen und letzteres textuell vorbereiten. Inhaltlich schlägt sich die rhematische Ausrichtung der motifs darin nieder, daß gewöhnlich im letzten que-Satz eines attendu que-Abschnitts der entsprechende Teil der Gesamtentscheidung vorweggenommen wird (s. u. 1.2.3.). Für eine differenzierte Aufbereitung des Themas allerdings, ist der uniforme Gebrauch nur einer Konjunktion denkbar ungeeignet. Deshalb haben sich verschiedene Verfahren herausgebildet, um einzelne attendu que hervorzuheben, bzw. sie ihrer Stellung im Gesamtinhalt gemäß zu präzisieren und den Text so übersichtlicher zu gliedern. Im wesentlichen handelt es sich um zwei Methoden:
1. die überschriftartige Herauslösung und mise en relief von Teilen des Themas, ein Verfahren, das wir thematisch nennen, und
2. die Präzisierung der logischen Beziehung zwischen Argument und Entscheidung durch Konjunktionen wie mais, cependant etc., ein eher rhematisches Verfahren. Meistens sind die Texte nicht konsequent nach dem einen oder anderen Typ gegliedert, sondern eine Kombination beider ist ebenso üblich wie eine nur sporadische Verwendung des einen oder anderen.

1.2.2. Der thematische Typ

Manche Richter teilen den motifs-Teil in Abschnitte, die jeweils durch komprimierte, stichwortartige Zusammenfassungen des folgenden Inhalts eingeleitet werden. Die Thema-Angabe wird dadurch auf eine Metaebene gegenüber der folgenden Argumentation gestellt.

Strenggenommen liegen schon die Formalisierungselemente attendu que und par ces motifs auf einer Metaebene im Verhältnis zur Objektebene, da sie unabhängig von Instanz und konkreten Einzelheiten jeden Fall grob vorstrukturieren. Sie sind jedoch so vollständig mechanisiert, daß sie jeden Bezug zum Inhalt des je speziellen Falles verloren haben. Wir brauchen sie hier deshalb nicht weiter zu berücksichtigen.

Als Signal für die Thema-Angabe dient gewöhnlich die Präposition

sur, wenn auch nicht immer (26). Der Gebrauch von sur zur Angabe des Gegenstandes der Aussage wirkt heute archaisch. Er läßt sich ebenfalls schon in den altfranzösischen Urteilen nachweisen (Anhang IV von 1399, V von 1396, VI von 1399). Auch auf diesen fachsprachlichen Gebrauch versäumen Wartburg / Zumthor hinzuweisen, was umso bemerkenswerter ist, als sie ausgerechnet ein juristisches Beispiel geben (sur ce, on appela les témoins), das sie durch den Kommentar "Ces archaismes ont aujourd'hui une nuance familière ou plaisante" ([2]1958, § 609, 304) völlig entstellen.
Ein sur-Thema kann auf zwei Arten eingeführt werden, entweder es wird aus seiner syntaktischen Einbettung total gelöst (sur le fond - Attendu que ...), oder es wird als circonstant oberflächlich eingebaut (Attendu - sur le fond - que ...; Attendu que - sur le fond - ...). Der semantische Metacharakter kann bisweilen typographisch durch Klammer und Sperrdruck zum Ausdruck gebracht werden.

Wir wollen zur Illustration ein Beispiel genauer analysieren (Anhang X). Der motifs-Teil des Urteils umfaßt 23 attendu que-Sätze, von denen sieben sich einer Metaebene bedienen, um ihr Thema herauszustreichen. Der Metacharakter wird formal nicht zusätzlich markiert, die Elemente werden durch den Translator sur eingebettet. Die Themen sind folgende (die arabische Zahl gibt die Nummer des attendu que-Satzes, die römische die des sur-Satzes an. Die drei Prozeßbeteiligten und ihre Optionen haben wir mit den Kürzeln (a), (b) und (c) belegt. Dieselbe Markierung vor den sur-Themen kennzeichnet die inhaltliche Wiederaufnahme. Der weitaus größte Teil entfällt dabei auf den Berufungskläger, d. h. den erstinstanzlichen Beklagten (Bouriez)):

(a)	I, 4	- Sur la genèse de l'affaire -
(a)	II, 7	- Sur la notion de clientèle -
(a)	III, 10	- Sur le fond de la prévention -
(c)	IV, 14	- Sur les conditions de mise en oeuvre de la poursuite -
(a)	V, 19	- Sur l'imputation de la responsabilité de

la gestion du magasin -

(b) VI, 22 - Sur la recevabilité de l'appel du civilement responsable -

(a) VII, 23 - Sur la recevabilité de l'intervention des parties civiles -

Die erste sur-Bestimmung ist mit dem vierten attendu que-Satz verbunden. Die attendu que 1 - 3 scheinen also eine Sonderstellung zu genießen, insofern sie die einzigen sind, die durch kein Thema näher präzisiert werden; zudem sind sie durch den einzigen deutlichen Absatz in der Begründung vom Rest isoliert. Ein Blick auf den Inhalt hilft uns weiter. In diesem ersten Abschnitt werden die Konturen des Falles umrissen, die Beteiligten und ihre Prozeßziele werden aufgezählt. Parteien und Ziele werden als jeweils erste und zweite Aktanten eines attendu que-Satzes aufgeführt; den drei beteiligten Parteien, Bouriez und die Société Cora, les parties civiles und le ministère public (27) entsprechen drei attendu que. Wir haben es also mit einer Art Exposition des Themas zu tun; der Inhalt der motifs ist damit gleichzeitig vorentworfen.

Die sur-Elemente, die wir als thematisch eingestuft haben, lassen sich folgerichtig auf diese Exposition zurückbeziehen: was hier angedeutet wird, wird dort aufgenommen und entfaltet. Leider sind die inhaltlichen Entsprechungen durchaus nicht so einfach auszumachen, wie unsere Darstellung vielleicht suggeriert. Es handelt sich nämlich keineswegs nur um wörtliche Entsprechungen, da manche attendu que den infragekommenden thematischen Aspekt unter einem abstrakten Terminus rubrizieren, der in der Exposition noch nicht fällt. So sind zwar alle sur-Bestimmungen thematisch, alle außer VI, 22 liegen jedoch noch auf einer Metaebene über der Thema-Exposition.

Es gibt ein einfaches stilistisches Mittel, den Bezug des Arguments auf die Exposition unmißverständlich zu gestalten. Dann, wenn dieselbe durch Fragen formuliert wird, die wir "Zielfragen" nennen können, da die rhematischen Antwortbereiche darin exakt abgegrenzt werden. Der gesamte Begründungstext ist dann nicht nur vorentworfen, sondern auch schon gegliedert. Die einzelnen motifs nehmen jeweils eine Frage auf und geben die dazugehörige Antwort. Wir geben folgenden Einleitungsabschnitt als Beispiel:

> LE TRIBUNAL: - Attendu que l'abandon par la société Somagec de sa demande en annulation à l'encontre des époux Daoust limite le litige à l'examen de l'éventuelle reponsabilité des notaires avec contrôle des conséquences dommageables; qu'il convient dès lors d'examiner les trois questions suivantes: 1° Y a-t-il fautes de la part des études notariales?
> 2° Cette faute ou ces fautes sont-elles la cause ou les causes des dommages allégués? 3° Ces dommages sont-ils fondés dans leurs principe ainsi que dans leur quantum?
> (D/S 80, 361)

Leider greifen die Richter nur selten auf diese Möglichkeit zurück, die außerdem noch den Vorteil bietet, die phrase unique durch Reihung der Fragen zu unterlaufen. Nebenbei gesagt ist auch der zur zitierten Exposition gehörige Text nicht gerade vorbildlich, entsprechen den drei dort formulierten Fragen doch vier Textabschnitte. Sie werden jeweils uneingebettet dem Argument vorangestellt.

> Premier grief: - Acte de mutation authentique dressé avec un certificat d'urbanisme périmé depuis cinq mois: - Attendu que ... (D/S 80, 361)

(Beachtenswert ist, daß es sich eigentlich um einen doppelten Einleitungsschritt handelt: dem abstrakten formalen Etikett premier grief folgt die abstrakte inhaltliche Kategorie acte de mutation ... Im nächsten Abschnitt werden wir auf ähnliche Stufungen näher eingehen.) Ein anderes motif dieses Urteils wird sogar durch eine fast wörtliche Wiederholung einer der Expositionsfragen eingeleitet.

> Les préjudices allégués sont-ils fondés dans leur quantum? - Attendu que ... (ebda.)

Hier liegt ein klarer Bruch der phrase unique vor.

1.2.2.1. Die Struktur des einzelnen motif

Nach der Einleitung durch das thematische sur-Element folgt ein meist längerer argumentativer Teil, der sich wie in jedem anderen Urteil in attendu que und que-Nebensätze gliedert. Beider Verteilung scheint ziemlich willkürlich (und ist es wohl auch). Das sur-Thema wird hier zunächst knapp entwickelt und gegebenenfalls diskutiert. Die Argumentation ist dabei nicht, wie in den Urteilen der cour de cassation (s. u. 1.2.3.2.), syllogistisch; die einzelnen diskursiven Schritte sind dennoch oft logisch gekennzeichnet. Etwa in III finden wir folgende Reihe:

Attendu que, sur ...; Attendu que ...; Attendu, par contre, que ...; que ...; qu'en outre ...; Attendu d'autre part que ...; que ...;

Vereinzelt finden sich logische Nuancierungen wie d'autre part, bien au contraire, par contre u. ä. In jedem Fall aber mündet die Argumentation in einen abschließenden que-Satz, der die logische Konsequenz enthält. Dieser letzte que-Satz, hier ist im vorliegenden Text attendu que ausgeschlossen, wird oft explizit als logischer Schluß gekennzeichnet. In I durch ainsi, in IV durch qu'enfin, in VII durch donc, die Konjunktion also, die auch für den syllogistischen Schluß verwandt wird. Der Richter nimmt hier endgültig zum behandelten Rechtsmittel (moyen) Stellung und entscheidet über dessen Berechtigung. Der entsprechende Teil des dispositif wird hier vorweggenommen: wir stoßen somit auf ein rhematisches Element.

Zum besseren Überblick seien alle sur-Elemente und die zugehörigen Schlußsätze der Argumente aufgezählt:

I - Attendu, sur la genèse de l'affaire ... qu'ainsi

ces transports ont concrétisé une vocation économique;

II - Attendu, sur la notion de clientèle, que celle-ci est une réalité; ... que ces citations, qui ne sont que des exemples, mettent en évidence: 1° les difficultés rencontrées par ces populations rurales, aux moyens limités et prisonnières tant de leur état que de l'éloignement de leur résidence, pour subvenir à leurs besoins; 2° leur aspiration véhémente à bénéficier de prix concurrentiels, ainsi que de leur attachement à l'Etablissement Cora dont ils ont occasionnellement apprécié les avantages bien avant l'organisation reprochée des transports gratuits;

III - Attendu, sur le fond de la prévention, ... que le délit n'est pas constitué;

IV - Attendu, sur les conditions de mise en oeuvre de la poursuite .... qu'enfin la nature économique de la loi, dont l'application est invoquée, requérait la constatation de données concrètes, pécuniaires, de marché exclusive d'un processus théorique, d'une incrimination matérielle, formelle ou relevant d'une argumentation purement intellectuelle et spéculative;

V - Attendu, sur l'imputation de la reponsabilité de la gestion du magasin .... que Bouriez, étranger à cette opération, ne peut être utilement recherché;

VI - Attendu, sur la recevabilité de l'appel .... que leur (des juges antérieurs; Th. K.) omission n'affecte pas la légitimité et la régularité de sa comparution volontaire ni la recevabilité de son appel du jugement déféré;

VII - Attendu, sur la recevabilité de l'intervention des parties civiles .... que les constitutions des parties civiles sont donc apparemment recevables;

Inhaltlich können die Schlußsätze auf zwei Arten aus dem vorhergehenden Diskurs resultieren. Entweder wird der im <u>sur</u>-Thema vorgegebene und im folgenden entwickelte Aspekt des Falles mit einem juristischen Etikett versehen, bzw. in eine feste Kategorie eingeordnet, so etwa das Etikett "vocation économique" in I, oder eine im <u>sur</u>-Thema vorgeschlagene Kategorie wird lediglich zu- oder abgesprochen, so in III, V, VI und VII. Semantisch gesehen bedeutet das, daß der Schlußsatz die Objektebene verläßt und einen Schritt auf die Metaebene des Themas macht. Die rhematische

Antwort schlägt - gleichsam über ihre argumentative Herleitung hinweg - eine Brücke zurück auf die im sur-Thema gestellte Frage. Es wirkt beinahe so, als ob die Schlußsätze nur deshalb nicht mit attendu que sondern nur mit schlichtem que eingeleitet werden, damit sie auch syntaktisch direkt auf das Thema bezogen werden können. Es würde sich dann wieder eine Klammerstruktur ergeben, wie sie auch für den Gesamttext charakteristisch ist (La cour, attendu que .... rejette): die argumentativen Zwischensätze sind als Füllung eines aus Thema (sur ...) und Rhema (que ...) bestehenden Rahmens zu interpretieren, dessen syntaktische Kohärenz durch die Möglichkeit gewährleistet wird, die Komponenten der Konjunktion voneinander zu isolieren. Aufschlußreich, weil am konsequentesten in der Verwirklichung eines direkten Thema - Rhema Bezugs ist das Argument II. Es ist das einzige Beispiel, in dem die Klammerung aufgegeben und die rhematische Antwort unmittelbar an das sur-Thema angeschlossen wird. Die diskursive Begründung, aus der das Thema logisch und inhaltlich hervorgeht, wird nachgeschoben. Wie läßt sich diese Betonung und im letzten Fall die Isolierung des Themas durch mise en relief erklären? Wir glauben, hierin ein weiteres Indiz für die Argumentationsfeindlichkeit des französischen Urteils sehen zu dürfen: die Konsequenz als pragmatisch und praktisch wichtigster Teil wird auf Kosten ihrer textinternen, diskursiven Herleitung betont und neigt dazu, sich ähnlich wie der dispositif zu verselbständigen.

Zusammengefaßt stellt sich unser Beispiel in der Thema - Rhema Analyse so dar: der allumfassende Rahmen aus Textthema (Exposition) und Textrhema (dispositif) wird in einzelne Thema - Rhema - Moleküle zerlegt. Für erstere schreiben wir TH/RH und für letztere th/rh. Die Verteilung ist so, daß th_1-th_7 jeweils auf TH rückverweisen, d. h. sie stehen in anaphorischem Bezug zur Exposition am Textbeginn; rh_1-rh_7 weisen kataphorisch auf RH, den dispositif am Textende voraus. Diese charakteristische Verflechtung thematischer und rhematischer Elemente läßt sich folgendermaßen veranschaulichen:

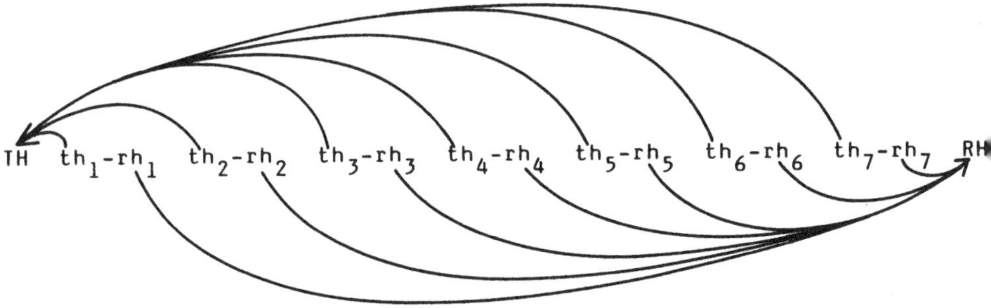

Die extrem thematische Konstruktion, wie sie für das französische Urteil im allgemeinen gültig ist, kann so nicht unerheblich gemildert werden.

1.2.2.2. Die Bedeutung der Metaebenen

Wenn wir uns die <u>sur</u>-Themen etwas genauer ansehen, kristallisieren sich noch einmal zwei Gruppen heraus. Auf der einen Seite haben wir Thematisatoren wie:

A:

I - sur la genèse
II - sur la notion de clientèle
IV - sur les conditions de mise en oeuvre
V - sur l'imputation de la responsabilité

auf der anderen Seite stehen:

B:

III - sur le fond de la prévention
VI - sur la recevabilité de l'appel
VII - sur la recevabilité de l'intervention

Die erste Gruppe, wir markieren sie mit A, gliedert nach den rechtlichen Gegebenheiten des Einzelfalls. Die zweite Gruppe gliedert nach verfahrenstechnischen Gesichtspunkten in Argumente zur Sache (sur le fond) und zur Zulässigkeit der Klage (sur la recevabilité). Diese Gruppe ist mit B gekennzeichnet. Es liegt auf der Hand, daß beide Arten der Klassifizierung durchaus nicht auf einer Ebene liegen. B weist einen deutlich höheren Abstraktionsgrad auf. Das bedeutet für die Textstruktur, daß wir zwei Metaebenen zu unterscheiden haben, die formal nicht voneinander abgesetzt sind. Aus der linearen Anordnung der Metaelemente $A > A > B_1 > A > A > B_2 > B_3$ lassen sich zwei Konstruktionsprinzipien ablesen:

1. Die Folge $A > B$ legt die Vermutung nahe, beide Ebenen bauten so aufeinander auf, daß B jeweils als Konsequenz von A zu interpretieren sei.
2. Die Wiederholung der Struktur läßt eine deutliche Zäsur nach B_1 erwarten.

Für die ersten drei motifs ist die Stufung in Abstraktionsschritte evident: Argument I und II grenzen den Inhaltsbereich des Falles ab; die Entstehungsgeschichte sowie ein zentraler Begriff sind umstritten und werden definitiv festgelegt. Man beachte, daß II explizit metasprachlich formuliert ist. Der zentrale Ausdruck clientèle wird aus den Plädoyers, d. h. den Diskursen der Parteien, auf der Objektebene herausgelöst und darauf befragt, ob man ihn anwenden dürfe; mit anderen Worten, ob die Kriterien für den juristischen Gebrauch des Wortes gegeben sind, ob er juristisch bedeutsam ist. Die positive Beantwortung macht aus der notion eine réalité. Die Stelle ist für das richterliche Realitätsverständnis überaus interessant, da deutlich aus ihr hervorgeht, daß die juristische Faktizität aus der Begrifflichkeit resultiert, unabhängig davon, ob der Begriff induktiv oder deduktiv entstanden ist.

Motif III wird durch sur le fond als Schwerpunkt des Falles gekennzeichnet. Aufgrund ihrer Allgemeinheit ist diese Hervorhebung - sie ist unabhängig von den Gegebenheiten des Falles -

sehr stark; entsprechend wichtig ist die Gliederungsfunktion dieses Metaelements der zweiten Ebene. Ebenso deutlich ist die rhematische Antwort, die wegen ihrer Allgemeinheit beinahe einer vorweggenommenen Entscheidung gleichkommt: que le délit n'est pas constitué. Durch diese kategorische Feststellung wird der Teil der Begründung, der sich mit der sachlich-rechtlichen Seite des Falles beschäftigt, abgeschlossen. Eine deutliche Zäsur ist gesetzt.

Die zweite Hälfte des Urteils ist genauso strukturiert; sie behandelt die verfahrenstechnische Seite des Prozesses. Motif IV legt den Inhalt dieses Textabschnittes fest und wirkt gleichzeitig, im Anschluß an das abschließende que le délit n'est pas constitué als Eröffnungssignal einer neuen Thematik. Im ganzen scheint der Teil parallel zum ersten angelegt: der genèse de l'affaire entsprechen genau die conditions de mise en oeuvre de la poursuite; darauf folgt der zentrale juristische Begriff responsabilité und zum Schluß, auch auf einer zweiten Metaebene, die Entscheidung über die formalrechtlichen Bedingungen des Verfahrens, d. h. die Zulässigkeit (recevabilité) der Klage.

Die deutliche Gliederung des Begründungsteils im oben analysierten Text verdankt sich ausschließlich den Textelementen, die auf einer Metaebene liegen. Die Textabschnitte werden durch ein sur-Thema eingeleitet und durch ein abschließendes que-Rhema beendet. Gleichzeitig wird dadurch eine Art "logischer Binnenräume" geschaffen, die Reichweite der logischen Partikel innerhalb der Argumentation wird auf die Herleitung des jeweils im Abschnitt behandelten moyen beschränkt. Die beiden logischen Ebenen des Urteils, die Ebene des einzelnen motif und die Ebene des logischen Verhältnisses zwischen den Argumenten untereinander, bzw. deren logische Abhängigkeit vom dispositif sind so klar voneinander getrennt und ihre Verwechslung ist ausgeschlossen.

Zum Kontrast wollen wir auf ein Beispiel zurückgreifen, das ohne Gliederungselemente auf einer Metaebene konstruiert ist. (Anhang

IX) Selbst die wichtige Unterscheidung zwischen Argumenten, die die Zulässigkeit (recevabilité) und solchen, die die Hauptsache (fond) betreffen, ist nicht markiert. Diese fundamentale Unterscheidung ist in zahlreichen Urteilen als einzige gekennzeichnet. Als einziges Metaelement des ganzen Textes finden wir hier das anscheinend unverzichtbare par ces motifs, Abschlußsignal der Begründung und Eröffnungszeichen des dispositif.

In der Vorwegnahme rhematischer Elemente des dispositif weisen der motif-Teil dieses Urteils und die Begründung des oben analysierten Textes eine strukturelle Verwandtschaft auf. Wegen der fehlenden Gliederung durch thematische Metaelemente haben wir indes eine ganz andere textuelle Anordnung. Hatten wir oben eine alternierende Folge rhematischer und thematischer Abschnitte, könnten wir hier von einer zunehmenden Rhematisierung des Textes sprechen. Wenn man nicht schon in der Formulierung des erstinstanzlichen Urteils im motif (7) (der Einfachheit halber zitieren wir die 16 motifs im folgenden durch ihre Kardinalzahl) etwa in den Ausdrücken prétendant bénéficier, oder le jugement ... a admis sa thèse einen versteckten Hinweis auf die das Urteil ablehnende Haltung des Richters sehen will, so findet man sicherlich in dem Zusatz, durch den er die Appellation des Berufungsklägers kommentiert, eine Andeutung seiner späteren Entscheidung und insofern ein rhematisches Element. Es heißt dort in (9) Attendu qu'à bon droit Beyrac ... a relevé appel. Den folgenden Ausführungen wird dadurch einiges von ihrer Sachlichkeit genommen. Die letzten fünf der 16 motifs sind dann explizit rhematisch. Genau wie im eben besprochenen Beispiel (Anhang X) wird der rhematische Gehalt auch hier als Resultat eines logischen Schlusses eingeführt. Die logische Beziehung zwischen den motifs 13 - 15 einerseits und der vorhergehenden Gruppe der thematischen Argumente 1 - 11 bleibt durchaus unklar. Das logische Gerippe der Argumentation läßt sich wie folgt rekonstruieren:

Attendu 12: Mißachtung einer handelsrechtlichen Bestimmung

Attendu 13: Folge aus 12, durch donc markiert, Ungültigkeit des Vertrages

Attendu 14: Einschränkung von 13 durch toutefois

Attendu 15: zentraler Schluß, durch donc markiert, das zur Berufung stehende Urteil ist falsch

Attendu 16: praktische Konsequenzen

Ausgerechnet der für das ganze Urteil entscheidende Schluß läßt sich nicht eindeutig festlegen. In (15) wird er durch folgende Formulierung ausgedrückt: "Attendu que c'est donc à tort que le premier juge a estimé que Grillerer bénéficiait ..." Worauf nun soll man das donc, die syllogistische Konjunktion schlechthin beziehen? Auf das erste donc in (13), auf die Einschränkung in (14), auf (12) - (14) als Beginn der rhematisch ausgerichteten Argumente oder auf den Gesamtzusammenhang aller vorhergehenden motifs? Letzteres scheint am plausibelsten zu sein.

Fazit ist die Feststellung, daß mit sprachlichen Mitteln eine Fassade aufgebaut wird, der es an der gleichwertigen inhaltlichen Substruktion gebricht.

Schließlich lohnt es sich noch, einen Moment beim motif (16) unseres Beispiels zu verweilen. Hier führt die Tendenz, die Begründung zu rhematisieren dazu, die substanziellen Bestimmungen des dispositif (Höhe der Entschädigung etc.) vorwegzunehmen. Wenig später wird im dispositif dieser Abschnitt fast wörtlich wiederholt. Die Konstruktion von (16) ist in ihrer Inkonsequenz beinahe lächerlich: der Einleitungssatz muß die endgültige Entscheidung voraussetzen, damit die geeigneten substanziellen Bestimmungen des Urteils abgeleitet werden können.

> Attendu que le jugement déféré entrant en voie de réformation, il convient de constater que 1 ... 2 ...

Da sich folgende Entscheidung abzeichnet, empfiehlt der Richter sich selbst, einige Dinge festzustellen. Nur wenig weiter unten sind wir dann nicht überrascht, denselben Richter dasselbe amtlich erklären und feststellen zu sehen. Der empfohlene Sprechakt (convient de constater) wird vollzogen (déclare et constate), und wir lesen die aus (16) bekannten Bestimmungen ein zweites Mal.

1.2.3. Der rhematische Typ

Auch unser nächstes Beispiel (Anhang XI) zeigt auf der Ebene des Textes eine deutliche Thema - Rhema Polarität. Die gesamte Tatbestandsbeschreibung sowie die Klärung des bisherigen Rechtswegs sind aus dem Text herausgenommen und an die Spitze gestellt. Die Konstruktion bietet dabei eine eigenartige Mischform: das Thema ist zwar einerseits in das Urteil eingebaut, LA COUR ist vorgeschaltet, andererseits aber bleibt es relativ selbständig, da es nicht in die phrase unique und die motif-Gliederung eingebettet ist. (Der Bruch der Einsatzstruktur durch die Tatbestandsbeschreibung ist relativ häufig.) In den folgenden motifs werden in diesem Text nicht bestimmte thematisierte Aspekte (z. B. sur le fond) auf das Gesamtthema zurückbezogen, sondern alle considérant que-Argumente werden insgesamt durch sur ce, la cour an den Anfangsteil angeschlossen. Die Einleitung ist so auch sprachlich als Thema gekennzeichnet. (Die Wiederholung von la cour ist extrem selten.) Der globale Anschluß sur ce zeigt deutlich, daß die motifs, Thematisierung und Bewertung der thematisierten Aspekte, ihrer Aufgabe gemäß als rhematisch empfunden werden. Sie sind auf den dispositif hin funktionalisiert und erschliessen sich von dort her. Das Thema ist nur Ausgangspunkt; wichtiger ist seine rhematische Einschätzung. Der Raum, den das Thema behauptet, kann, wie wir gesehen haben, durch einzelne thematische Wiederaufnahmen (auf Metaebenen) stark erweitert werden. Dieser Beispieltext verfährt nicht so; er versieht die considérant que nicht mit thematischen Etiketten, sondern vier der sechs Argumente werden durch logische Partikel näher bestimmt.

1.2.3.1. Die Bedeutung der logischen motif-Gliederung

Die Gesamtheit der motifs begründet den dispositif; der direkte kausale Bezug zum einzelnen Argument muß dagegen nicht immer gegeben sein. Da attendu und considérant que zu reinen Gliederungssignalen mechanisiert worden sind, wird auch ihr sowieso schwacher kausaler Wert kaum noch empfunden. Deshalb liegt es nahe, die tatsächliche logische Beziehung zwischen dispositif und einzelnem motif durch zusätzliche logische Partikel zum Ausdruck zu bringen. Wir erhalten so merkwürdige Doppelkonjunktionen wie mais attendu que, attendu cependant que, attendu que ... donc etc. Der feste Bestandteil, attendu resp. considérant que, garantiert die Gliederungsaufgabe, der variable präzisiert die inhaltliche Beziehung.

Eine Nuancierung des Grundes, sei es durch eine Betonung des Kausalnexus, sei es durch konzessive Einschränkung, zielt immer auf die zu ziehende Folge; sie weisen auf die Konsequenz voraus. Wir können sie demnach als rhematisch ansehen. Der Text gibt folgende Reihe von Konjunktionen:

1 considérant que
2 considérant que
3 mais considérant que
4 considérant en revanche que ... qu'en effet si ...
5 considérant cependant que
6 mais considérant que
Par ces motifs ...

(1) und (2) werden durch schlichtes considérant que eingeführt: in (1) wird ein Aspekt des Themas herausgestellt, dessen juristischer Stellenwert in (2) festgelegt wird. Das geschieht in Form eines echten Bedingungssatzes.

> (2) Considérant qu'aux termes de l'art. 1329 c. civ. des documents comptables et commerciaux ne pourraient être admis comme moyens de preuve que si la constatation était intervenue entre commerçants, pour faits de commerce. (Wir heben hervor; Th. K.)

Es folgen vier Konzessivsätze. Der erste (3) sagt, daß die Bedingung nicht gegeben ist, der nächste (4) schränkt diese Negation ein, wird damit zu einer Affirmation von (2). Der dritte (5) verstärkt die Einschränkung, d. h. auch er ist eine Affirmation der Bedingung (2). Der konzessive Sinn des cependant läßt sich nur mit Mühe künstlich-theoretisch als Einschränkung der Einschränkung (3) rechtfertigen. Der letzte Konzessivsatz (6) wiederum schränkt den ihm vorhergehenden (5) ein. Er bestätigt also indirekt (3).

Einfacher formuliert: zu Beginn der Urteilsbegründung wird ein logischer Gegensatz zwischen einer Art Obersatz (2) und einem Haupteinwand (3) aufgestellt. Die folgenden <u>motifs</u> bestätigen nun entweder die Bedingungen für die Gültigkeit des Obersatzes, oder sie bekräftigen den Einwand.

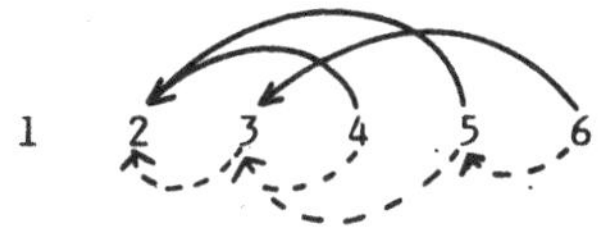

---- = sprachlich konzessiv
—— = logisch affirmativ

(1 2) 3 4 5 6

+ - + + -

(Das Zeichen "+" gibt an, welches Argument den Obersatz (2) bestätigt; das Zeichen "-" steht für die Bekräftigung des Einwandes (3).

Die logischen Verhältnisse sind also keineswegs kompliziert. Sie müssen uns allerdings so erscheinen, da sprachlich alles unternommen wird, um sie zu verdunkeln: erstens ist der inhaltliche Bezug in der linearen Anordnung nicht immer klar zum Ausdruck gebracht. Während sich die Konzessivsätze (3), (4) und (6) jeweils auf den vorhergehenden Satz beziehen, weist (5) nicht auf (4) sondern auf (3) zurück. Man mag einwenden, das sei inhaltlich leicht zu erkennen. Allein der Einwand erweist sich als gefährlich, denn inhaltlich läßt sich (5) ebenso wie (4) als Affirmation von (2) verstehen. Dieser konzessive Anschluß (6) ist also ganz anders als die drei anderen zu interpretieren. Durch die sprachliche Form indes wird eine eindimensionale, lineare Argumentation suggeriert, die garnicht vorhanden ist.

Zweitens müssen wir also feststellen, daß die Wahl der logischen Partikel unangemessen, weil irreführend ist. Die Konzessivsätze lassen sich weder als hintereinandergeschaltete Kette verstehen, noch als nebeneinandergeschaltete Einschränkungen ein- und desselben Obersatzes (2).

Unabhängig von den Ungereimtheiten dieses Einzelfalles können wir konstatieren, daß eine logische Verknüpfung der motifs untereinander zu einer engen Verflechtung und im besten Fall zu einer stringenten Entwicklung des Inhalts führt. In gleichem Maße verselbständigt sich der Argumentationstext jedoch und löst sich aus dem Gesamtzusammenhang des Urteils. Eine konsequente Verbindung aller attendu bzw. considérant que eines Urteils mit logischen Partikeln führt gerade nicht zu einem direkteren Bezug von Einzelmotiv und dispositif. Durchgängig angewandt scheint sich das Verfahren deshalb für eine Gliederung der Begründung nicht zu eignen.

1.2.3.2. Die syllogistische Form der Kassationsurteile

Die Urteile der höchsten französischen Gerichtsinstanz nehmen eine Sonderstellung ein. Der Kassationshof entscheidet nicht mehr in der Sache (sur le fond) sondern nur noch über den verfahrenstechnischen Aspekt, d. h. über die Rechtmäßigkeit, die "richtige" Gesetzesauslegung des zur Kassation stehenden Urteils, bzw. über die Zulässigkeit des dagegen eingelegten Rechtsmittels.

Was den Umfang dieser Entscheidungen betrifft, ist der Unterschied zu den entsprechenden Texten des BGH oder der anderen ranghöchsten deutschen Gerichte eklatant: die Begründungen von Kassationsurteilen sind kurz und bündig, ja lakonisch; die Tendenz zum logischen Aufbau prägt sich in ihnen am deutlichsten aus. Oft liegt dem Text ein regelrecht syllogistischer Bauplan zugrunde. Der Ansicht des Kassationshofes als logischem Obersatz wird der pourvoi en cassation als Untersatz entgegengestellt und in einer abschließenden Konklusion als wahr, wenn er mit dem Obersatz übereinstimmt, oder, wenn nicht, als falsch beurteilt.

Das bedeutet nichts anderes, als daß diese Entscheidungen nicht erst in ihrer sprachlichen Fassade, sondern bereits in ihrem logischen Rohbau formalisiert sind. Nichts liegt demnach näher, als beide Ebenen miteinander zu koppeln und jeder sprachlichen Einheit (motif und dispositif) eine feste Rolle im logischen Apparat zuzuweisen. (Ob ein starres logisches Schema der juristischen Argumentation überhaupt angemessen sei, können wir hier, wo uns der "fait accompli" interessiert, dahingestellt sein lassen; vgl. 1. Kap. 1.2.1.). Tatsächlich geht der logische Dreischritt aus der attendu que Einteilung der meisten Entscheidungen der cour de cassation deutlich hervor.

Typisch ist etwa der Aufbau des Beispiels XIV des Anhangs: Die Formel sur le moyen unique gibt vorab den für das Textverständnis wichtigen Hinweis, daß alle Argumente sich nur auf ein einziges Rechtsmittel beziehen, das Thema des Urteils. Das erste motif entspricht dem logischen Obersatz; es formuliert eine allgemeine Rechtsregel, in diesem Fall die Natur des Vertrages zwischen Arzt und Patient betreffend. Inhaltlich handelt es sich dabei um eine Anwendung der im vu ... angegebenen Paragraphen auf den speziellen, infrage stehenden Fall. Im zweiten motif wird die Argumentation des zur Kassation stehenden Urteils nachvollzogen. Dieses motif entspricht dem Untersatz. Das dritte motif schließlich wird mit mais attendu que eingeleitet und bringt die Schlußfolgerung: der Untersatz ist falsch, das Urteil folglich zu kassieren. Mais dient hier als Einleitungssignal der Konklusio; logisch hingegen läßt es sich nur auf das zweite attendu que beziehen. Dieser Gebrauch ist ein wenig merkwürdig. Eigentlich sollte man das adversative mais erwarten, um den Gegensatz zwischen Obersatz und Untersatz auszudrücken. Auch die Konklusio steht zwar im Gegensatz zum Untersatz, logisch jedoch rechtfertigt sie sich als Konsequenz aus dem Widerspruch zwischen Ober- und Untersatz, oder als die Folge aus dem stets als richtig gesetzten Obersatz. Das Argumentationsschema ist:

LA COUR, vu ..., sur ...
Attendu que ... = Obersatz
Attendu que ... = Untersatz
Mais attendu que ... = Konklusio
Par ces motifs: casse.

Die einzelnen Elemente können in sich durchaus argumentativ aufgebaut sein, wie etwa in unserem Fall der Untersatz. Wichtig ist nur, daß die Reichweite der dort verwandten logischen Partikel auf das entsprechende Argument begrenzt sein muß; als Begrenzungssignal funktioniert attendu que, d. h. die Eröffnung des nächsten Schritts.

Im einzelnen ist der inhaltlichen Anordnung und Aufteilung eine relativ große Variationsbreite gegeben. Der Obersatz kann eine allgemeine Rechtsregel, eine Gesetzesinterpretation, ein Gesetzeszitat oder auch ein Zitat aus dem zur Kassation stehenden Urteil sein. Ebenso der Untersatz. Nach- und Voranstellung des Obersatzes kommen vor. Die Konklusion schließt auf Übereinstimmung bzw. Widerspruch zwischen den beiden Prämissen; die Argumentation wird dadurch beendet, und die Entscheidung - im ersten Fall casse, im zweiten rejette - vorweggenommen. Wie bei den unteren Instanzen stoßen wir auch hier auf einen rhematischen Abschluß der Begründung. Als solcher ist die Konklusio oft zusätzlich markiert, sei es durch eine finale Konjunktion wie donc oder durch ein semantisch entleertes Signal wie mais. Die Schlußfolgerung kann in einem eigenen attendu que untergebracht sein (vgl. Beispiel) oder in einem Abschnitt mit den beiden anderen Argumenten. Diese eingeschränkte Selbständigkeit der Schlußfolgerung erklärt sich daraus, daß für die Argumentation das Verhältnis Obersatz / Untersatz entscheidend ist. Die Konklusion läßt sich als analytischer Satz ohne Schwierigkeiten ableiten.

Ein anderes Beispiel mag die Bemerkungen zum Kassationsurteil illustrieren (Anhang XIII). Der Text weist folgende Argumentationsstruktur auf:

La Cour- Sur le moyen unique:

motif I:	Attendu que	(a)
motif II:	Mais attendu si sans doute	(b)
	en revanche	
	que c'est donc à bon droit que la cour a décidé	(c)
	d'où il suit que l'arrêt attaqué a légalement justifié sa décision	(d)
dispositif:	par ces motifs, rejette ...	(e)

Das motif I beinhaltet den bisherigen Rechtsweg, Tatbestand sowie den umstrittenen Punkt der zur Kassation stehenden Entscheidung. Motif II bringt die juristische Grundregel. Der Einwand aus I wird entkräftet und die Konklusio angeschlossen. Innerhalb des zweiten Arguments werden also zwei weitere Schritte vollzogen, die konsekutiv aus dem jeweils vorangehenden folgen. Sie werden durch donc bzw. d'où il suit eingeführt, woraus sich eine schlichte lineare Progression ergibt. Sie tragen die Konsequenz der Argumentation. Den zwei motif - Abschnitten entsprechen demnach fünf diskursive Schritte; wir erhalten etwa folgendes Konstruktionsschema:

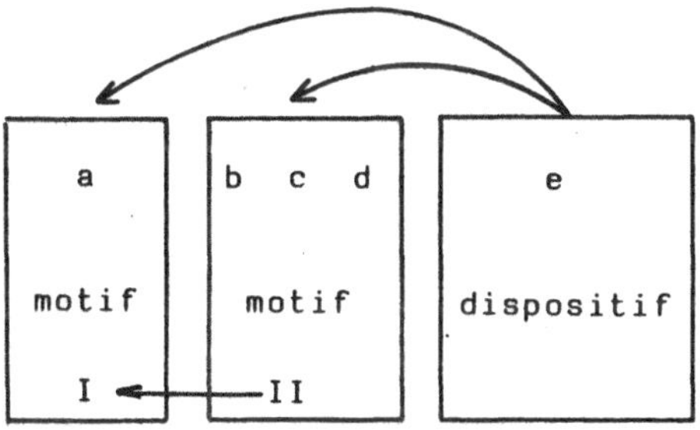

Diese sprachlich formale Einteilung ist mit der logischen Gliederung des Textes allerdings keineswegs kongruent, da sich für die letztere ein ganz anderes Schema ergibt:

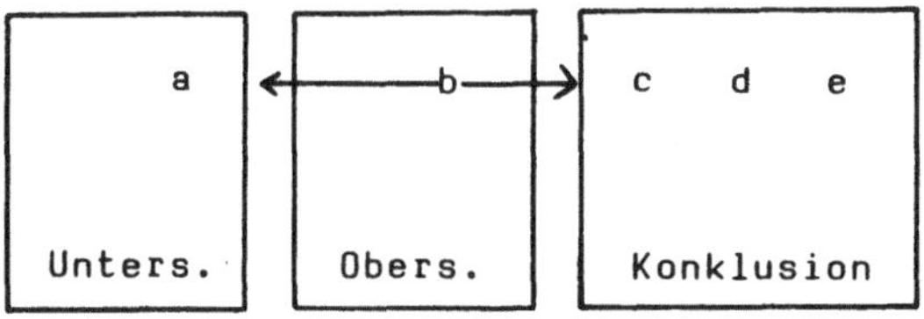

In der Zusammenschau ergibt sich die Inkongruenz:

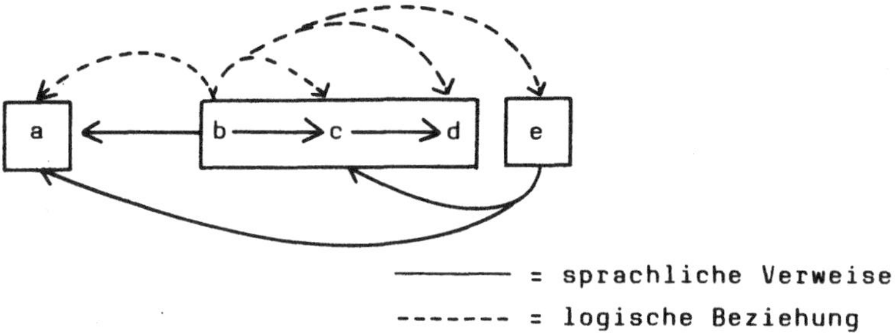

Sprachlich eindeutig markiert sind die logischen Übergänge von (b) zu (c) und (c) zu (d) durch donc bzw. d'où il suit. Daß auch der dispositif (e) eine direkte Folge aus (b) oder aus dem Gegensatz (a) / (b) ist, wird sprachlich nicht klar. Der für die gesamte Argumentation fundamentale Gegensatz zwischen a und b wird durch mais nur sehr unzulänglich markiert, da diese Konjunktion wegen ihrer Stellung vor dem attendu que nicht nur auf (b) sondern auf das ganze motif (b), (c) und (d) bezogen werden muß.

Zwei logische Einleitungselemente unseres Urteils haben wir bisher nicht berücksichtigt: unser Obersatz (b) besteht aus dem hypothetischen Gefüge eines *si*- und eines *en revanche*-Satzes. Eine Unterlassung, die durchaus gerechtfertigt ist, da es sich hier um einen Pseudoschluß handelt, der ohne Bedeutung für die Gesamtargumentation ist. Logischer Ballast: weder steht der *si*-Satz für eine Hypothese - es wird gerade im Gegenteil eine feste Regel aufgestellt - noch bildet der *en revanche*-Satz einen Gegensatz zum ersten. Auch diese sinnlose Verwendung logischer Partikel ist typisch; sie verstellt das Verständnis noch zusätzlich. Die textformale und die textlogische Gliederung klaffen also weit auseinander:

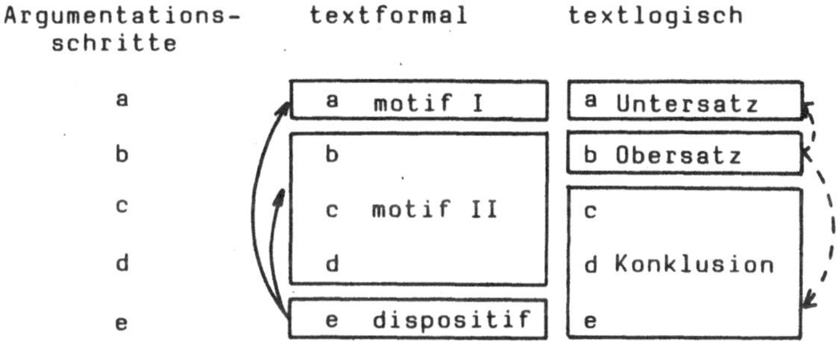

Insbesondere zwei Beobachtungen drängen sich auf: zunächst relativiert sich die formal besonders stark hervorgehobene Stellung des *dispositif*, insofern der Übergang von (b) zu (c) ihn bereits impliziert. Sodann fällt auf, daß der Konklusion (c, d) kein eigenes *motif* entspricht. Sie ist dem Obersatz (b) direkt angeschlossen, deshalb auch sprachlich von dessen *mais*-Einleitung abhängig, Strenggenommen ist die Einschränkung deshalb bereits eine erste rhematische Anspielung auf die Schlußfolgerung. Faktisch ist nicht die Konklusion von derselben Einleitung (*mais*) abhängig wie die *praemissa maior*, sondern die *praemissa maior* nimmt in ihrer Einleitung den Schluß vorweg. Ein anderer Umstand macht die Konklusion für uns interessant: sie ist auf drei Argumentationsschritte verteilt. Die erste konkrete Formulierung ist auf die Gegebenheiten des Falles bezogen (c)

(que c'est donc à bon droit que la cour a décidé que ...). Aus dieser Schlußfolgerung wird im zweiten Schritt ihre formalrechtliche Essenz destilliert (d'où il suit que la cour a légalement justifié sa décision), das Urteil war also rechtmäßig. Hierzu - und das ist aufschlußreich - bedient sich der Richter einer Formel, die in ihrer Allgemeinheit vom faktischen Hintergrund unabhängig ist und für die rechtliche "Bedeutung" des Falles steht. Die konsekutive Konjunktion d'où (28) zeigt diese Übertragung der Konklusion auf eine Metaebene an, die dem Richter so wichtig erschien (bewußt oder nicht), daß er einen Bruch der phrase unique in Kauf genommen hat. Durch den d'où il suit-Anschluß und die Absetzung durch Semikolon wird der Satz aus seiner syntaktischen Integration gelöst: die Argumentation, ähnlich wie im Beispiel XIV, erhält einen betonten Abschluß. Somit bildet auch der relativ kurze motif-Teil eines Kassationsurteils einen eigenständigen geschlossenen Teiltext, dessen Einheit durch den syllogistischen Aufbau garantiert wird. Die einzelnen Argumentationsschritte sind nicht einander beisondern untergeordnet, dergestalt, daß ein Schritt auf dem nächsten basiert.

Im dispositif wird die Konklusion dann ein letztes Mal wiederaufgenommen: die durch sie implizierte Sprechhandlung wird vollzogen (rejette). Unser Beispiel zeigt sehr schön, daß der formalisierte Anschluß par ces motifs fehl am Platz ist. Kausal gesehen bezieht sich das rejette nur auf die Konklusion: das Verhältnis zum Untersatz ist ja gerade adversativ. Sprachlich werden alle motifs einander gleichgestellt (par ces motifs). Wenn schon die Gesamtheit der Begründung wiederaufgenommen werden soll, so wäre allenfalls eine Formel wie par cette argumentation o. ä. verständlich.

Die dreifache Nennung der Konklusion, oder aus der Sicht der Satzperspektive, die zweifache Vorwegnahme des Rhemas, ist, so können wir resümieren, logisch überflüssig. Indes verdeutlicht eine derartige Stufung des Themas die wesentlichen Schritte der

Sinnbildung des Urteils: zunächst haben wir die Ebene des konkreten Falles, zweitens die davon abstrahierte Ebene der juristischen Begriffsbildung und drittens die entscheidende Ebene der Handlung (rejette). Die jeweils höhere Ebene läßt sich als Bedeutung, Sinn, signifié, wenn man will, der nächst unteren Ebene verstehen. Die pragmatische Schicht, die Sprechhandlung, macht den letzten Sinn des Textes aus: das Rhema ist Zweck und Ziel der Äußerung.

Die Kassationsurteile scheinen sich von Entscheidungen unterer Instanzen also besonders dadurch zu unterscheiden, daß zur sprachlichen Konventionalisierung eine logisch-inhaltliche Formalisierung hinzukommt. Wenngleich, und auch das lassen unsere Beispiele erkennen, beide durchaus mangelhaft koordiniert sind. Mit anderen Worten: die Vorteile, die die starre Einteilung des Textes (dispositif und motifs), sowie deren Unterteilung in attendu que-Argumente bieten könnte, werden nicht voll oder garnicht genutzt.

Etwa das folgende Beispiel (Anhang XII) ist der Form nach dem oben analysierten sehr ähnlich:

La Cour; - Sur le moyen unique - vu le paragr. de l'art.;
(a) Attendu que
(b) Attendu que si ... cette loi ...
(c) qu'il suit de là
(d) Par ces motifs: casse ...

Wenn wir jedoch unsere drei logischen Schritte identifizieren wollen, stellen wir fest, daß die attendu que uns dabei im Stich lassen. Die Argumente (a), (b) bilden den Obersatz, (c) die Konklusio. Vom Untersatz, der immerhin den Vorwurf gegen das zur Kassation stehende Urteil trägt, hat man noch nichts erfahren: er wird beiläufig als Partizipialsatz an das Verb der Konklusion angeschlossen:

> ... qu'il suit de là, qu'en refusant de déclarer caduque la clause d'un contrat individuel de louage de service à durée indéterminée, conclu en 1927, entre la société Delahaye et Jobelet, n'ayant pour effet

> d'abréger la durée du préavis résultant de l'usage local, le jugement attaqué a violé le texte ci-dessus visé; (Anhang XII)

Alle notwendigen und für das Verfahren grundlegenden Fakten werden in dieser Form eher versteckt. Die Ursache (en refusant ..) wird als abhängig von der Folge dargestellt. Das zweite motif beinhaltet einen Teil des Obersatzes, Untersatz und Konklusio, wobei die beiden letzten noch auf einen Teilsatz zusammengedrängt sind.

2. Die syntaktische Formalisierung

2.1. Die urteilstragenden Verben

> Le noeud verbal ... exprime tout un petit drame. Comme un drame en effet, il comporte obligatoirement un procès, et le plus souvent des acteurs et des circonstances.
>
> Lucien Tesnière

Um die syntaktische "Struktur" des Urteils transparent zu machen, bietet sich das von Lucien Tesnière erarbeitete sogenannte Dependenzmodell des Satzes an: es erlaubt, die Bestandteile des Satzes in ihrer Abhängigkeit vom flektierten Verb, der höchsten Hierarchiestufe des (Verbal-)satzes, darzustellen, und sie als Aktanten und Zirkumstanten zu klassifizieren.

Sodann gibt er uns mit dem Begriff der Translation ein für die Beschreibung komplexer syntagmatischer Ketten wertvolles Instrument an die Hand. Da wir es mit außerordentlich komplizierten Sätzen zu tun haben, wird speziell die sogenannte Translation 2. Grades, die erlaubt ganze Sätze in die Funktion eines Satzteiles zu überführen, unser Interesse beanspruchen können.

Bevor wir das "dramatische Personal" des Urteils vorstellen können, stellen wir zusammen, welche Handlungstypen möglich sind, d. h., welche satztragenden Verben Verwendung finden (29).
In einer zweiten Spalte geben wir die Valenz an, die den Gebrauch der Verben im dispositif des Urteils kennzeichnet. (Eine seltener vorkommende Wertigkeit bezeichnet die in Klammern

gesetzte Ziffer.)

Verb	Valenz
accorder	3
accueillir	2
acquitter	3
casser (et annuler)	1 (2)
condamner	3
confirmer	2
débouter qn. de	3
déclarer	2
dire que	2
dire et juger	2
donner	3
fixer	3
recevoir en appel	2
rejeter	1 (2)
reserver	3
relaxer	3
renvoyer	2
mettre à néant	2
constater que	2
infirmer	2

Im Hinblick auf die Art, wie die Sprechhandlung Urteil realisiert wird, können wir zwei Typen von Verben unterscheiden. Zunächst solche, die den Urteilsakt allgemein zum Ausdruck bringen, und seine auf den entsprechenden Fall bezogene Spezifizierung in präzisierenden que-Sätzen anschließen. (z. B. dit et juge que ...) Die Verben dieser Gruppe nennen wir neutral. Sodann gibt es solche, deren Bedeutung die Art der Sprechhandlung klar zum Ausdruck bringt. Zwei Sprechhandlungstypen sind hier zu unterscheiden: Verben, die eine Entscheidung in der Sache zum Ausdruck bringen und Verben, die verfahrenstechnische Entscheidungen fällen. Die folgende Zusammenstellung gibt eine Übersicht der möglichen Typen.

	Sprechhandlung		Aktanten in fachspr. Verwend.	Hinweis auf Instanz
0	Urteilen, neutral:	déclarer (que)	2	
		dire (et juger) (que)	2	
		constater (que)	2	
I	Sachentscheidung			
	a) freisprechen:	acquitter	3	
		relaxer	3	
	b) verurteilen:	accorder	3	
		condamner	3	
		donner	3	
		désigner	3	
		réserver (etc.)	3	
II	verfahrenstechnische Entscheidung			
	a) Abweisen einer Klage:	débouter	3	
	aa) Bestätigung eines Urteils:	confirmer	2	x
		rejeter	1 (2)	xx
	b) Annahme einer Klage:	accueillir	2	
		recevoir en appel	2	x
	bb) Aufhebung eines Urt.:	infirmer	2	x
		mettre à néant	2	x
		casser (et annuler)	1 (2)	xx
	c) Zurückverweisen:	renvoyer	2	x

Hinweis zu Spalte 3: x bedeutet: in höheren Instanzen; xx bed.: höchstrichterlich

Das Schema verdeutlicht eine auffallende Korrelation zwischen der Bedeutung der Verben und ihrer Valenz. Wohlgemerkt der Valenz ihres fachsprachlichen Gebrauchs, denn die Wertigkeit der Verben kann von ihrer Valenz normalsprachlicher Verwendung bisweilen verschieden sein.

In der ersten Gruppe (0), die wir neutral genannt haben, finden wir ausschließlich verba dicendi. Der sprachliche Vollzug des Urteils wird betont; es handelt sich um explizite Sprechakte. Das noch sehr gebräuchliche Hendiadyon dit et juge zeigt, daß es ein altes Bedürfnis der Richter zu sein scheint, den Sprechakt nicht nur zu vollziehen, sondern ihn pleonastisch als solchen zu kennzeichnen (30). Die Verben dieser Gruppe werden um eine Valenz reduziert zweiwertig konstruiert: das, was "gesagt", "festgestellt" oder "erklärt" wird, d. h., die inhaltliche Präzisierung der Handlung wird in que-Objektsätzen geleistet; bisweilen reichen auch prädikative Adjektive, z. B. déclare le pourvoi recevable. Die juristische Realität wird sprachlich gesetzt.

Die beiden anderen Gruppen (I, II) differenzieren die Art des Sprechaktes im dispositif-tragenden Verb. Zwar nicht überraschend, doch bemerkenswert ist, daß alle Verben, die substantielle, Art und Maß der Strafe angebende Bestimmungen tragen, dreiwertig sind:

(La Cour) ... condamne Z à XY.
1. Akt. 2. Akt. 3. Akt

Neben den alternativen Oberbegriffen (relaxe bzw. condamne) gibt es eine nicht begrenzte Reihe von möglichen Bestimmungen, die sich nach den Gegebenheiten des jeweiligen Falles richten.

Z. B.: "autorise L. ... à conserver l'usage de nom de S ..." (D/S 1979, 37)
"accorde à Robert ... un délai ..." (ebda., 39)
"fixe à la somme de ... la pension" (sem. jur. 1979, 19o4o)

Die Verben der zweiten Gruppe tragen den Teil des dispositif, der die formaljuristischen und verfahrenstechnischen Aspekte des Falles entscheidet. Für die erste Instanz bedeutet das die Frage nach der Zulässigkeit der Klage (recevabilité), die abschlägig (déboute) oder zustimmend (accueille) beschieden werden kann.

Alle Verben, außer den genannten (accueillir, débouter), sind auf höhere Instanzen beschränkt. Und auch accueillir und débouter können durch entsprechende Zusätze (accueillir en appel o. ä.) in höherinstanzliche Urteile Eingang finden. Hier schließt sich an die Beantwortung der Zulässigkeitsfrage eine wichtige Konsequenz: das Urteil der ersten Instanz wird aufgehoben (infirmer, casser, mettre à néant) oder auf den Appellationsantrag wird "zugesprochen" - wie deutsche Richter formulieren - das vorliegende Urteil also bestätigt (confirmer).

Erwartungsgemäß weicht der fachsprachliche Gebrauch dieser spezialisierten Gruppe von Verben stärker als der der ersten von der alltagssprachlichen Verwendung ab. Das gilt für ihre Bedeutung und in geringerem Maße auch für ihre syntaktische Konstruktion. Das altertümliche débouter, ein Wort mit interessantem Etymon (31), wird ausschließlich fachsprachlich verwandt; débouter qn. de qch. (z. B. sa demande en dommages-et-intérêts) heißt soviel wie "Schadensersatzansprüche von jemandem zurückweisen". Confirmer un jugement freilich ist jedem Laien verständlich. Die Bedeutung des Antonyms infirmer dagegen ist gegenüber der Alltagssprache erheblich verschärft: ein Urteil, dem dieses Prädikat zugesprochen wird, ist damit nicht "geschwächt", sondern aufgehoben. Die anderen Verben sind verständlich, wenn sie auch in ungewohnten Fügungen auftreten wie recevoir en appel oder mettre à néant.

Alle Verben der Gruppe II werden zweiwertig oder einwertig gebraucht, abgesehen vom dreiwertigen débouter. Aber selbst in diesem Fall ist der 3. Aktant semantisch nicht erforderlich. Die Verbbedeutung würde ausreichen.

Insgesamt läßt sich ein Trend der Valenzreduktion ausmachen, denn einige der gebrauchten Verben lassen sich in der Alltagssprache auch dreiwertig verwenden (confirmer, rejeter, renvoyer). Fachsprachliche Spezialisierung und Valenzreduktion scheinen zusammenzugehen. Das Appellationsverfahren steht gewissermaßen auf einer Metaebene gegenüber dem ersten Prozeß. Die juristisch-logische Komponente gewinnt dabei erheblich an Bedeutung. Doch auch eine primäre, konkrete Verurteilungsfunktion wird noch miterfüllt: Strafmaß und Strafart können verändert werden, wozu auf eines der dreiwertigen Verben zurückgegriffen wird. Fast jeder Dispositiv setzt sich folglich aus mehreren der genannten Verben zusammen. Als Beispiel für die Kombination zwei- und dreiwertiger Verben und ihre verschiedene inhaltliche Funktion vergleiche man folgenden Dispositiv:

> Par ces motifs déclare l'appel recevable, infirme le jugement critiqué et, statuant à nouveau, condamne la Soc. des Editions du Seuil à payer à la Soc. Pirion 125 ooo F de dommages-interêts; condamne la Soc. des Éditions du Seuil en tous les dépens de première instance et d'appel. (D/S. 1979, 59; wir heben hervor;)

Der erste Teil des dispositif gibt die formaljuristische Entscheidung des Urteils, Anerkennung des Appells und Aufhebung des erstinstanzlichen Urteils; die nötigen Sprechaktverben (déclarer, infirmer) sind zweiwertig. Die folgende neue Sachentscheidung wird durch statuant à nouveau eingeleitet: dieser Sprechakt wird vom dreiwertigen condamner geleistet.

Beide Tendenzen - Valenzreduktion und Spezialisierung - prägen sich in den dispositif-Verben des ranghöchsten französischen Gerichts, der Cour de Cassation, am deutlichsten aus. Der Kassationshof entscheidet nur noch über verfahrenstechnische Probleme interpretatorischer oder formaljuristischer Art. Das zur Revision stehende Urteil wird bestätigt oder nicht; das Kassationsurteil entspricht einer einfachen logischen Prädikation. Auf dieser abstraktesten Ebene werden die beiden alleinvorkommenden Verben casser und rejeter faktisch zu einwertigen reduziert: dem Revisionsantrag wird stattgegeben oder nicht. Dabei wird inhaltlich im Gegensatz zum Appellationsurteil jeweils nur ein Aspekt der Entscheidung ausgedrückt (vgl. accueille/reçoit en appel); nur die entscheidende Konsequenz findet Eingang: casse, zu ergänzender 2. Aktant ist le jugement déféré. Im anderen Fall wird das fragliche Urteil der niedrigeren Instanz nicht bestätigt (confirme), sondern es wird nur ausgedrückt, daß der Revisionsantrag abgelehnt wird: rejette, zu ergänzender 2. Aktant ist hier also le pourvoi en cassation.

Wir bewerten diesen Befund als Ausdruck der fachsprachlichen Ökonomie. Mit Raible (1981) bezeichnen wir diese einsparenden Verfahren als "Integration" gegenüber der expliziten "Aggregation".

> Die integrierten Formen setzen meist ein Vorwissen voraus, das immer dort angenommen werden darf, wo der Fachmann mit dem Fachmann redet. (Raible 1981, 25)

2.2. Aktanten und Zirkumstanten

Die dem Verb folgende Hierarchiestufe wird vom prime actant eingenommen (32). In unserem Fall ist diese Rolle fest vergeben: der / die Richter übernimmt / -nehmen sie in jedwelchem Urteil. Zwei Ausdrucksmöglichkeiten stehen zur Verfügung, la Cour / le Tribunal etc. oder der pluralis maiestatis "Nous".

> Du point de vue sémantique, le prime actant est celui qui fait l'action. (Tesnière, 1o8, § 6)

Die Bindung zwischen Verb und 1. Aktanten ist im Urteil besonders eng. Da die Sprechhandlung streng institutionalisiert ist, steht ihre Ausführung nur einer - insofern privilegierten - Gruppe von Personen zu Gebote; strenggenommen impliziert das Verb bereits den Agens. Wenn das semantische Schwergewicht auf dem Verb liegt, so können wir das pragmatische Zentrum des Satzes im 1. Aktanten sehen. Seine Spitzenstellung trägt diesem Umstand Rechnung, indem sie von der gewöhnlichen Wortstellung des komplexen Satzes abweicht; "normal" wäre die Position nach den Adverbialsätzen (33). So wird der exklusiv mit dem Handlungsprivileg ausgestattete prime actant auch im Satz an einer "place vedette" (Tesnière, 127 § 1o) genannt. Diese mise en relief wird noch dadurch verstärkt, eigentlich verabsolutiert, daß das Subjekt in keinem Fall durch ein Pronomen wiederaufgenommen wird.

Zweierlei gilt es hier festzuhalten: erstens versagt die funktionale Satzperspektive in diesem Fall als Erklärungsprinzip; es wird gerade ein thematisches Element in Reliefstellung gebracht. Zweitens schlägt sich der pragmatische Rahmen hier deutlich in der Satzstellung nieder.

Auch der 2. Aktant ist semantisch auf eine bestimmte Rolle festgelegt, die durch die Art und Instanz des Prozesses näher spezifiziert wird; im Strafprozeß ist es der Angeklagte, im Zivilprozeß sind es die Parteien; beim Appellationsverfahren kommt das ergangene Urteil im Ganzen hinzu; bei Kassationsverfahren schließlich bleibt nur noch das zur Revision stehende Urteil. Semiotisch gesprochen: die konkret Beteiligten werden als 2. Aktant in den höheren Instanzen durch ihre juristische Bedeutung ersetzt, die im erstinstanzlichen Urteil konstruiert wurde. Die rechtliche Sinnbildung verselbständigt sich vom lebensweltlichen Hintergrund.

Die Rolle des _tiers actant_ ist ebenfalls eng begrenzt; er nennt Art und Maß der Strafe.

> La Cour ... accorde à dame Schmitt un délai de grâce. (D/S 1979, 39)
>
> ... condamne la Soc. ... en tous les dépens ... condamne la Soc. à payer ... (D/S 1979, 59)
>
> ... déboute la société P. ... de leur appel ... (D/S 1979, 34)

Eine ähnliche Konstruktion ermöglichen Verben, die mit einem Attribut des 2. Aktanten verbunden sind: _déclaré nn. responsable_ (34).

Die Hauptrollen des _petit drame_ sind damit vergeben, ohne daß wir den argumentierenden Teil hätten unterbringen können. Seine Domäne sind die _circonstants_, die sich für diese Aufgabe gut eignen: ihre Zahl ist nicht begrenzt - außer durch Verständnisschwierigkeiten des Adressaten (35). Die circonstants sind die einzige strukturelle Kategorie, in der man eine von Satz zu Satz schwankende Zahl von Umstandsbestimmungen - und sei es nur auf semantisch sehr lockere Art und Weise - dem Hauptverb unterordnen kann. Die motifs des Urteils sind in der Tesnièreschen Terminologie also als circonstants des / der dispositif-Verbs / Verben anzusehen.

Die Rolle der circonstants im Urteil ist somit außerordentlich stark: neben den 1. Aktanten sind sie - qua motifs - unerläßlich; selbst die einwertig konstruierten Kassationsurteile können auf sie nicht verzichten. Mit anderen Worten: der eigentliche Gegenstand der Entscheidung wird nicht von den 2. und 3. Aktanten sondern von den Zirkumstanten getragen. Adressat und Patiens der Urteilshandlung sind die Parteien resp. die Angeklagten, die die Rolle des 2. Aktanten übernehmen; sie werden "verurteilt". "Geurteilt" hingegen wird nicht über diese Personen als solche, sondern über ihre Verwicklung in einem juristisch relevanten Kontext, wie sie in den motifs dargelegt und aufgeklärt wird.

Die Bedeutung der circonstants wird dadurch erheblich aufgewertet; und zwar in einem solchen Maße, daß sie den Verdacht erwekken, es handle sich um einen verkappten Aktanten. Es gibt allerdings nur eine Konstruktion, die erlaubt, die Valenz eines Verbs um eine Stelle (auf maximal vier Aktanten) zu erweitern: die sogenannte kausative Diathese. Tesnière gibt als Muster:

> Daniel fait donner le livre à Alfred par Charles.
> (Tesnière 262, § lo)

Wie das Beispiel zeigt, wird die kausative Diathese im Französischen durch faire markiert. Dies ist im Urteilssatz nie der Fall. Doch führt der Integrationszwang der Urteilsform zu einer Konstruktion, die wir als "nicht markierte kausative Diathese" bezeichnen können, obgleich die Argumente, die einen solchen Sprachgebrauch rechtfertigen würden, eher spärlich sind.

Das gewichtigste ist dazu noch inhaltlicher Art: die motifs werden gewöhnlich weniger als einzelne Argumente, sondern als eine zusammenhängende Argumentation (s. o. 1.2.3.2.) verstanden. Das bedeutet, daß die logische Struktur des Urteils tatsächlich eine Ähnlichkeit mit derjenigen des Tesnièreschen Beispiels aufweist: les motifs font condamner nn. à XY par la Cour. Ein zweites Indiz für unsere Behauptung könnte die Präposition par in der motifs - abschließenden und dispositif - einleitenden Formel par ces motifs sein.

> On notera que la préposition qui précède en français le prime actant devenu quatrième actant est par. (Tesnière 263, § lo)

Naheliegender indes ist die Vermutung, daß es sich um eine archaische Verwendung der Präposition par im Sinne von pour ("wegen") handelt. In den älteren Urteilen scheint par eher selten zu sein, wenn es auftaucht (36), ist es synonymisch mit dem viel häufigeren pour ("wegen") (37). Wenn also die Anwendung des Begriffs "kausative Diathese" problematisch bleibt, so können wir die wichtige aktantenähnliche Rolle der Zirkumstanten festhalten.

2.3. Die zentripetale Anordnung der Satzelemente

Nachdem wir die vom Verb abhängigen Bestandteile aufgezählt haben, gilt es ihre lineare Anordnung zu untersuchen. Die Spitzenstellung des prime actant haben wir bereits erwähnt; auffallend wird sie erst dadurch, daß der 1. Aktant durch die Zirkumstanten vom Verb getrennt wird. Der für das Französische charakteristische und gewöhnlich äußerst stabile Subjekt- Prädikat-Nexus wird dadurch gelöst. Die Zirkumstanten als untergeordnete Satzglieder stehen vor dem verbalen Knoten, von dem sie abhängig sind. Tesnière nennt diese Art der Gliederung metaphorisch "aufsteigend", da sie linear auf das Satzglied ausgerichtet ist, das auf der höchsten Hierarchiestufe steht. Mit einer der Physik entlehnten Metapher spricht er auch von "zentripetaler Stellung": die Zirkumstanten zielen auf das Verb als Gravitationszentrum des Verbalsatzes. Der französische Satz folgt gewöhnlich dem umgekehrten, "absteigenden", "zentrifugalen" Gliederungsprinzip. Der Unterschied in der Wortfolge, gewiß eine bedeutende syntaktische Differenz zwischen dem Deutschen und Französischen, wird im Urteil so bis zu einem gewissen Grad neutralisiert. Tesniére zählt beide Sprachen zu den "gemäßigten" Vertretern der zwei Gruppen: das Französische ist eine langue centrifuge mitigé (Tesniére, 33, § 6).

Im Urteilstext ergibt sich so eine eigentümliche Klammerstruktur, die entfernt an die sogenannte deutsche Verbalklammer erinnert. Nur resultiert die Spannung nicht aus einer Aufteilung des "Verbalgefüges" in ein flektiertes Element, das den "Satzwert" und ein nicht flektiertes Element, das den "Inhaltswert" trägt (38), sondern der Rahmen wird hier aus der Spitzenstellung des 1. Aktanten und der Schlußstellung der Verbgruppe gebildet. Bei der Übertragung des Terminus "Klammer" darf man die Unterschiede zum Deutschen nicht vergessen. Die, wie im Deutschen, zentripetale Gliederung des Urteilstextes ist jedoch evident.

> Das zentripetale Verfahren an sich verlangt, daß mit dem Beginn, dem ersten Element einer Gruppe bereits das Ganze vorweg entworfen ist, während die umgekehrte Folge erlaubt, die Gruppe allmählich zu entwickeln, nachdem das Kernglied gesetzt ist.
> (Brinkmann 1962, 5o9)

Mit Rücksicht auf die lineare Anordnung der Satzteile sprechen manche Linguisten anstatt von "zentrifugal" und "zentripetal" auch von "rechts- und lingsgerichtet". Lingsgerichtete Anordnung verweist auf Vorhergehendes, rechtsgerichtete auf Nachfolgendes. Isenbergs pragmatische Interpretation rechtsgerichteter Syntagmen trifft auf das französische Urteil voll zu:

> Was bei rechtsgerichteten kommunikativen Funktionen (...) angekündigt wird, sind jedoch nicht Sätze mit vorgegebener Oberflächenstruktur sondern Handlungen. Genauer gesagt: der Sprecher kündigt den Vollzug einer bestimmten Art von kommunikativen Handlungen an.
> (Isenberg 1976, 64)

Insofern der syntaktische Klammerschluß und das Ziel der Äußerung ("Rhema"), der Vollzug der Sprechhandlung, zusammenfallen, liegt beim Urteil grundsätzlich eine thematische Satzgliederung vor (s. o. 3.1.1.).

Es scheint nicht ausgeschlossen, daß die zentripetale Anordnung tatsächlich eine gewisse Affinität zum Konzisen, Ökonomischen hat, insofern als das Ende des Syntagmas, hier gleichzeitig das rhematische Ziel der Äußerung, von vornherein gesetzt ist. Das zentripetale Verfahren ist - vielleicht deshalb - nicht auf die Gesamtstruktur des Urteils beschränkt, es taucht ebenfalls in den untergeordneten motifs gelegentlich auf. Man hat das Gefühl, der Bauplan des Gesamturteils werde dann im einzelnen motif wiederholt, ausgenommen die Projektion des 1. Aktanten. Etwa folgendes Beispiel:

> Attendu qu'après avoir exactement relevé, d'une part, qu'était nulle, comme filiation adultérine, la reconnaissance de l'enfant, prénommé Dominique, né le 19 août 194o de demoiselle Girard, faite par Dall'Agnol le 12 mai 1944 alors qu'il était, depuis le 18 décembre 1935, dans les liens du mariage contracté avec une dame Baraud, par lequel un enfant avait été légitimé et qui n'a été dissous que par jugement du 9 juillet 1945, et, d'autre part, que demoiselle Girard était seule investie de la puissance paternelle sur son enfant, l'arrêt attaqué a néanmoins fait droit à la demande reconventionelle de Dall'Agnol en lui accordant un droit de visite sur cet enfant malgré l'oppositon de demoiselle Girard. (Jur.-class. 1956,9356)

Gewiß, eine mise en relief des 1. Aktanten weist das Beispiel nicht auf. Doch soll uns der Ausdruck nicht verleiten, das inhaltliche Gewicht des 1. Aktanten zu überschätzen; die Spitzenstellung von La Cour etc. rechtfertigt sich pragmatisch. Strukturell fungiert der stets bekannte prime actant eher als Eröffnungssignal und diese Signalfunktion wird auch hier zum Ausdruck gebracht, wenn nicht durch einen Aktanten, so durch attendu que. Es folgen zwei vorgestellte circonstants, die aus transferierten Sätzen bestehen. Die Art der Konstruktion entspricht genau der Bildung des Gesamturteils; es wird eine Kombination von Translationen gewählt, die erlaubt, eine Reihe von Sätzen anzuschliessen:

après avoir relevé ... d'une part que
... d'autre part que

Nur handelt es sich nicht um eine völlig erstarrte Konjunktion, sondern um eine ad hoc gebildete Infinitivkonstruktion in konjunktionaler Funktion. Dem erstarrten Partizip Perfekt Passiv der Konjunktion attendu que entspricht die Verbindung von passivem Infinitiv und Präposition. Übrigens ein Indiz dafür, daß der verbale Ursprung der Konjunktion attendu que durchaus noch gefühlt und für die Reihung von direkten Objektsätzen nutzbar gemacht werden kann. Die Konstruktion attendu que ... que hat etymologisch einen anderen Ursprung als die Wiederaufnahme etwa einer nicht vom Verb derivierten Konjunktion wie si durch que (s. o. 1.2.1. und 2.4.1.). Die vorangestellte Infinitivkonstruktion setzt, da es sich um keine absolute Konstruktion mit eigenem Subjekt handelt, implizit kataphorische Vorwegnahme des Subjekts voraus. Wir haben damit eine vage Analogie zur mise en relief des 1. Aktanten la Cour auf der Ebene des Gesamttextes.

Gegen das gewählte Beispiel ließe sich mit einigem Recht einwenden, daß es sich gerade um die Zusammenfassung eines Urteils handelte und darum dessen Bau entspräche. Wir wollen uns deshalb ein weiteres Beispiel ansehen:

> Mais attendu, sur la genèse de l'affaire, que, cédant aux sollicitations multiples et pressantes de la clientèle rurale des cantons situés au sud de l'agglomération de Lille-Roubaix-Tourcoing ainsi qu'aux démarches de leurs représentants et d'élus locaux ou régionaux, qui ont invoqué l'absence de magasins à proximité de leurs domiciles, l'absence de liaisons ou de moyens de communications, l'impécunuosité d'une partie importante de la population, notamment de personnes agées tenant leurs ressources d'une retraite, l'insuffisance des approvisionnements des magasins existants, la médiocre qualité des marchandises offertes à la vente, leur mauvai état de conservation ainsi que d'autres motifs estimés pertinents, notamment la cherté des prix, la direction de la succursale des Etabl. Cora à Wattignies organisa, du mois de novembre 1974 au mois de juin 1976, avec l'agrément de l'autorité préfectorale (direction départementale de l'équipement) un système gratuit par autocars à destination de son magasin à la satisfaction de ces populations rurales; (Anhang X, Attendu 4)

Auch hier wird der ganze Satz durch eine vorgestellte Verbkonstruktion eingeleitet, diesmal ein Partizip Präsens, dessen zugrundeliegendes Verb wieder erlaubt, eine Reihe von Argumenten einzugliedern. Der Verfasser scheint jedoch dabei selbst den Überblick verloren zu haben: "... cédant aux ..., ainsi qu'aux ..., ainsi que d'autres motifs ...". Der letzte Anschluß mit <u>de</u> ist ein klarer Bruch der Konstruktion. Das ganze Syntagma ist zentripetal gegliedert. Auf eine Merkwürdigkeit, auf die wir noch zurückkommen, sei schon hingewiesen: das Partizip und seine Ergänzungen verstehen sich als <u>circonstants</u> zum Hauptverb organisa. Wir müßten also eine Translation I >> E vor uns haben, die jedoch im Französischen nur mit Hilfe des <u>gérondif</u> vollzogen werden kann (39), wogegen es sich hier um ein Partizip handelt.

2.4. Translation und Junktion als komplementäre syntaktische Verfahren

> Das Ideal des zusammengesetzten Satzes ist dies, daß er sich auch formell als einheitlicher Gedanke, das heisst als einheitlicher Satz, das heisst als (erweiterter) einfacher Satz darstelle. Der einfache Satz besteht aus Wörtern: Subjekt, Prädicat mit etwaigen Attributen und secundären Prädikaten. Soll der Nebensatz diesen Wörtern gleichgeordnet sein, so muss er selbst eine wortähnliche Einheit, ein Wort oder Quasi-Wort verkörpern.
>
> (v. d. Gabelentz 1969, 466

Wir rekapitulieren die Ausgangslage des französischen Urteilssatzes: der 1. Aktant sowie die Zirkumstanten sind obligatorische Mitspieler des Urteilsverbs, der 2. und 3. Aktant kann je nach Instanz und Verb eingespart werden. Die Aktantenrollen sind im Unterschied zu den Zirkumstanten semantisch fest besetzt. Die lineare Anordnung der Elemente ist zentripetal:

1. Aktant	- Zirkumstanten	- Verb	- (2. Aktant	- 3. Aktant)
oblig.	oblig.	oblig.	fak.	fak.

Abweichend von der linearen Konstruktion des französischen Normalsatzes ist die Stellung der Zirkumstanten, d. h. ausgerechnet der Kategorie, die 9o % des Syntagmas ausmacht, und die das Urteil zum komplexen Satzgefüge macht. Die syntaktischen Verfahren, die diesen einseitigen, hypertrophen Zirkumstantenwuchs zu integrieren erlauben, sollen im folgenden untersucht werden.

Wichtigste Voraussetzung ist eine fundamentale syntaktische Eigenschaft der Sprache, die Tesnière *translation* (4o) und Bally *transposition* (41) nennen: jede Wortart kann die syntaktische Rolle jeder anderen Wortart übernehmen. Die Transpositionsmechanismen sind jeweils einzelsprachlich festgelegt: manche Übergänge sind sprachlich markiert, in *la Cour de cassation* transferiert der Translator *de* das Substantiv *cassation* in die syntaktische Rolle eines epithetischen Adjektivs zu *la Cour*. Andere bedürfen keines Translators, in *le Code Napoléon* fungiert der Eigenname ebenfalls als Adjektiv, ohne daß seine geänderte syntaktische Funktion sprachlich gekennzeichnet wäre. Die einzige Ausnahme bildet die syntaktische Rolle des Verbs, die nur von wirklichen Verben übernommen werden kann. Wir behalten im folgenden die Symbole Tesnières bei: I steht für das Verb, O für das Substantiv, A für das Adjektiv und E für das Adverb. Das Zeichen T steht für die Translation in der Stemmadarstellung, in linearer Beschreibung wird es durch > ersetzt; für die Translation 2. Grades steht T bzw. >>. Ein Translator wird durch t symbolisiert.

Noch eine andere Vorbemerkung ist notwendig: Translationen können einen Satz beliebig komplizieren, den Einbettungsmöglichkeiten sind keine technischen Grenzen gesetzt. Allein über die semantische Abhängigkeit eines noch so tief eingebetteten Elements zum Hauptsatz ist damit nichts gesagt.

Der Begriff *translation* ist seltsamerweise kaum rezipiert worden, obwohl er in den "Eléments de syntaxe structurale" eine zentrale Position innehat: zwei charakteristische Beispiele für diese Nichtbeachtung seien am Rande genannt. Helbig erwähnt ihn in seiner Geschichte der neueren Sprachwissenschaft nicht einmal (42), und Brinkmann, der sich in weiten Teilen seiner "Deutschen Sprache" ausdrücklich auf Tesnière beruft, beschreibt denselben Sachverhalt, besser: umschreibt ihn mit verschiedenen Ausdrükken, ohne den treffenden Begriff zu übernehmen (43).

Neben den qualitativen Verfahren, Umfang und Dimensionen eines Satzes durch Variation der syntaktischen Mittel zu erweitern (44), gibt es noch ein strukturell einfacheres, quantitatives Mittel (45), die sogenannte jonction (46): das heißt, jedes Syntagma, ein Wort ebenso wie ein Satz, kann gereiht werden, wobei wir den Ausdruck "reihen" weiterfassen als dies in der deutschen Grammatik üblich ist; dort gebraucht man ihn ausschließlich für die Junktion von ganzen Sätzen: "Satzreihe".

Wie eng beide Verfahren - Translation und Junktion - miteinander verbunden sind, zeigt die Gesamtanlage des Urteils, für die die Unterordnung des Einzelmotivs durch die Translation I >>E ebenso konstitutiv ist wie die gleichzeitige Junktion mehrerer solcher Translationen 2. Grades. In der Terminologie Tesnières: attendu que ist nicht nur translatif 2. Grades in seiner Eigenschaft als unterordnende Konjunktion, es ist gleichzeitig jonctif; einzelne attendu que bzw. considérant que kommen nicht vor. Und diese letzte Funktion ist neu; in den älteren Urteilstexten (47) haben die Konjunktionen sie noch nicht leisten müssen.

Zwischen der schwachen logischen Bedeutung (48) und der zweiten Aufgabe besteht sicherlich ein Zusammenhang. Wobei wir dahingestellt sein lassen, ob sich die Beiordnungsfunktion auf Kosten der Unterordnung entwickelt hat, oder ob sie nur deshalb mit übernommen werden konnte, weil attendu que den folgenden Satz zwar syntaktisch unterordnet, seinen Inhalt aber semantisch (kausal) nur sehr schwach vom Rahmensatz abhängig macht.

Für den inhaltlichen Aufbau des Gesamttextes jedenfalls ist die Reihung wichtiger als die kaum noch gefühlte Unterordnung des Einzel-motif durch die Translation 2. Grades (attendu que).

Es werden deshalb oft noch nuancierende jonctifs antinomiques (mais, cependant etc.) (49) hinzugefügt, die semantisch von weit größerer Bedeutung als die strukturell wichtigeren translatifs 2. Grades (attendu que) sind. Tesnière bezeichnet sie sehr treffend als "poteaux indicateurs de la phrase" (Tesnière 332, § 2). Die fundamentale Inkongruenz von syntaktischer und semantischer Abhängigkeit ist hier offenbar.

Wenn wir die Satzerweiterungen durch Translation "vertikal" nennen, können wir diejenige durch Junktion analog als "horizontal" bezeichnen.

Das folgende Stemma eines einzelnen motif zeigt, daß die enge Verbindung beider Verfahren ein durchgängiges Konstruktionsprinzip ist, dessen Anwendung nicht auf die Ebene von Rahmensatz und attendu que beschränkt ist. Ein horizontaler "Ausbau" ist auf allen syntaktischen Hierarchiestufen möglich (5o).
Das Stemma kann einen ersten Eindruck von der syntaktischen Komplexität des Stils geben.

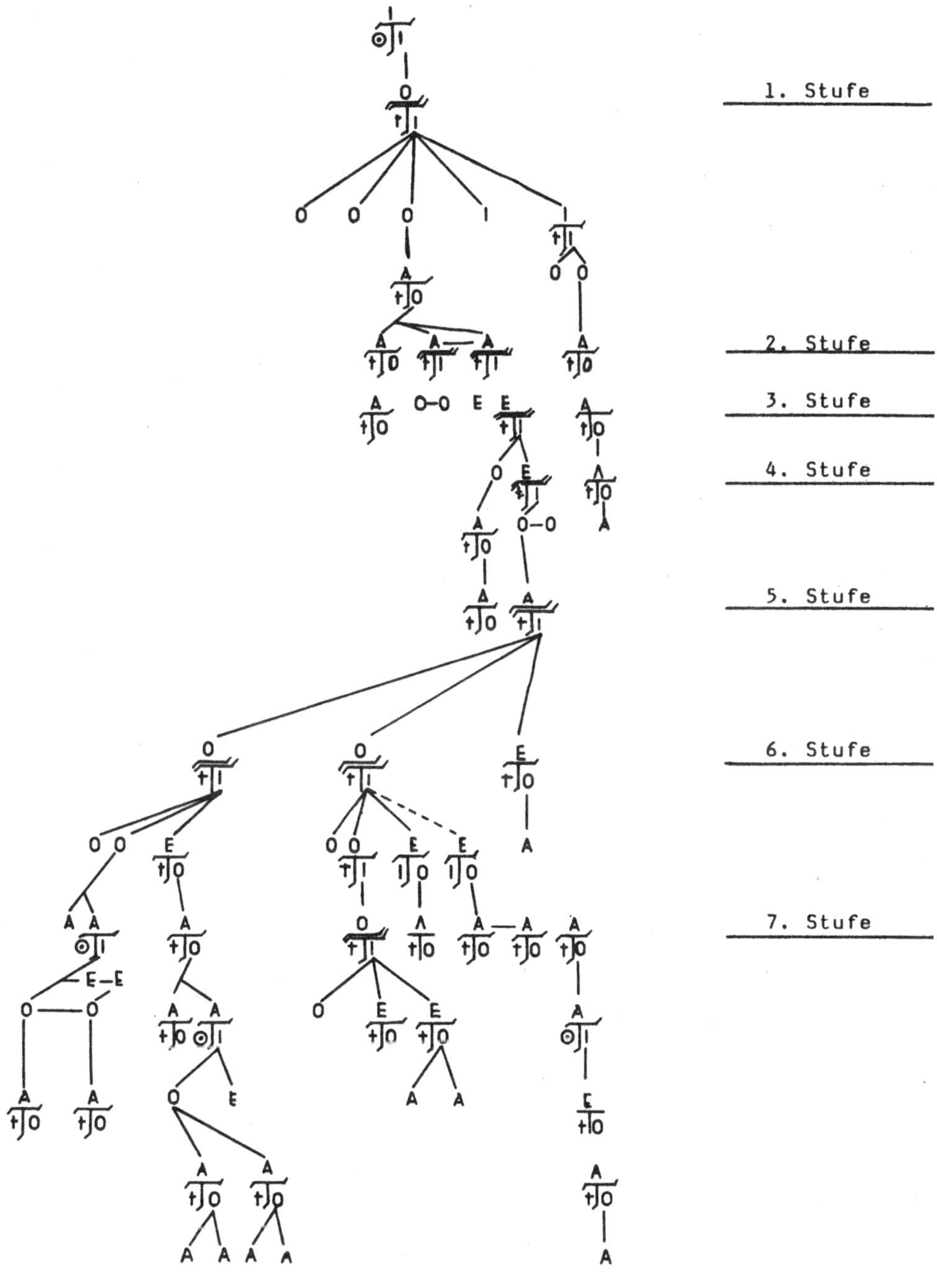

Das Stemma stellt <u>attendu que</u> (lo) des Textes Anhang IX dar.

Das Argument wird von einem gesättigten dreiwertigen Verb getragen (a considéré), das noch durch zwei circonstants ergänzt wird. Den 3. Aktanten bildet ein umfangreicher, substantivierter Nukleus. Dieser Nukleus wird durch zwei Nebensätze entfaltet, deren erster weitere sechs Nebensätze regiert; da beide Nebensatzgefüge von einem substantivischen Nukleus abhängig sind, müssen sie durch Translationen 2. Grades zu Adjektiven transferiert werden.

Beide Nebensätze sind parallel konstruiert (Anschluß mit auxquelles) und noch dazu in eine adversative Beziehung zueinandergesetzt (mais). Die Verfahren jonction und translation sind aufs engste miteinander verbunden.

2.4.1. Hierarchie in der Linearität: die Translation

Wir wollen anhand einiger Tabellen einen Überblick über Zahl und Art der im Stemma vorkommenden Translationen geben. Die Symbole der verschiedenen Wortarten übernehmen wir von Tesnière (s. o.).

insgesamt 38 Translationen, davon:

8 Translationen 2. Grades

3 >> O	alle deverbal
3 >> A	
2 >> E	

3o Translationen 1. Grades

1 > O	= deverbal
21 > A	= 3 deverbal, 18 desubstantivisch
8 > E	= 1 deverbal, 7 desubstantivisch

insgesamt 4 substantivische, 24 adjektivische und lo adverbiale Translationen.

Nach Berücksichtigung der Translationen kommen wir zu folgendem Verhältnis formaler Ausgangs- und funktionaler Zielwortarten (die Pfeile geben die Anzahl der Translationen in die jeweilige funktionale Zielwortart an):

	I	O**	A*	E
formal	14	43	11	7
	4 →	4		
	6 →		6	
	3 →			3
		18 →	18	
		7 →		7
funktional	1	22	35	17

*davon sind 9 A = Zahlwörter

**davon sind 5 O = Eigennamen und lo O = le juge

Folgende Translationen erlauben die unterschiedlichen Wortklassenwechsel:

Translatoren 1. Grades: I > O = Infinitiv
I > A = Partizip
I > E = *Partizip und en ("gérondif")
O > A = Präposition de, à
O > E = Präposition dans, après, entre

Translatoren 2. Grades: I >> O = Konjunktion que
I >> A = Relativpronomina (u.a. que)
**I >> E = Konjunktion que + Adverb (ainsi) oder Adverb + Relativpronomen

* Bei perfektivischer Verwendung wird diese Regel merkwürdigerweise außer Kraft gesetzt: ayant vu z. B. steht für eine I > E Translation.

** Im Fall I >> E liegt also eigentlich eine doppelte Translation vom Typ I >> O > E vor, weshalb attendu que im Stemma immer notiert wird mit:

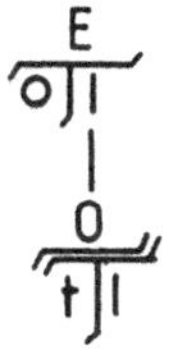

Die Schlüsselposition als Ausgangswortart für Translationen (als transférende) halten die Verben. Sie erlauben, komplexe Syntagmen in die Rolle eines syntaktischen Einzelwortes zu transferieren, denn die transferierten Wortarten behalten ihre syntaktischen Eigenschaften; das Verb bringt also sein "Valenzkapital" in die neue Verbindung mit. Je nachdem ob das transferierte Verb den 1. Aktanten mit dem Verb des übergeordneten Satzes teilt, oder ob es ein eigenes Subjekt regiert, unterscheidet Tesnière Translationen 1. und 2. Grades. Bei ersteren erhält man eine Gerundialkonstruktion, wenn das Verb zum Adverb, eine Partizipialkonstruktion, wenn es zum Adjektiv, und einen Infinitivsatz, wenn es zum Substantiv transferiert wird. Die Nebensätze, die als Ergebnis einer Translation 2. Grades entstehen, kann man gemäß der Zielkategorie adverbiale, adjektivische oder substantivische Nebensätze nennen. In diesen Bezeichnungen der traditionellen Grammatik ist der Translationsgedanke als Keim bereits impliziert. (Vgl. z. B. den Ausdruck "Objektsatz") Brinkmann scheidet die substantivischen und adjektivischen Nebensätze als Glied- und Teilsätze (51).

Durch die Translationen entstehen im Satz - aus der Sicht des transférende - Einbettungsebenen, bzw. - aus der Sicht des transféré - Abhängigkeitsstufen. Wir wollen die Bezeichnungen "Ebene" und "Stufe" ausschließlich für die Einbettung ganzer Sätze, das heißt für Translationen 2. Grades verwenden. Eine willkürliche, doch sinnvolle Einschränkung, da das Verb nur als Personalform seine syntaktischen Möglichkeiten voll ausnützen kann und insofern die "Vollstufe" der Konnexion erreicht.

Die acht Translationen 2. Grades unseres Beispiels verteilen sich gleichmäßig auf die drei in Frage kommenden Wortarten: wir haben je drei substantivische und adjektivische; zwei adverbiale kommen hinzu (52). Im Beispiel wird durch diese Translationen 2. Grades ein siebenstöckiges Nebensatzgefüge errichtet. Da diesem Stemma jedoch nur ein einzelnes motif, ein substantivisch eingebetteter circonstant des dispositif-tragenden Verbs zugrundeliegt, greifen wir auf ein vollständiges Urteil zurück, um alle Hierarchieebenen des Satzes darstellen zu können. Der übersichtlicheren Kürze halber entscheiden wir uns für ein Kassationsurteil (Anhang XVI). Wir geben zunächst einen Gesamtüberblick und schlüsseln die einzelnen attendu des Textes dann in jeweils eigenen Stemmata auf.

Gesamtüberblick Anhang XVI

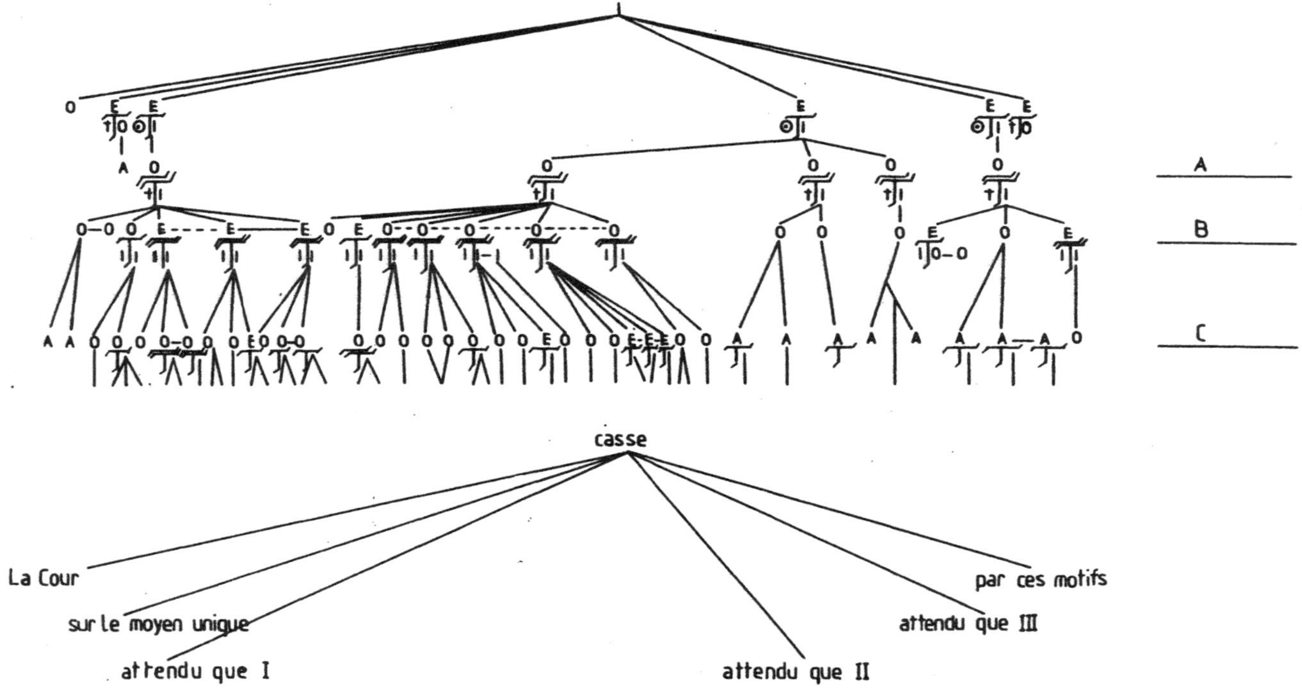

<u>attendu que</u> (1) Anhang XVI

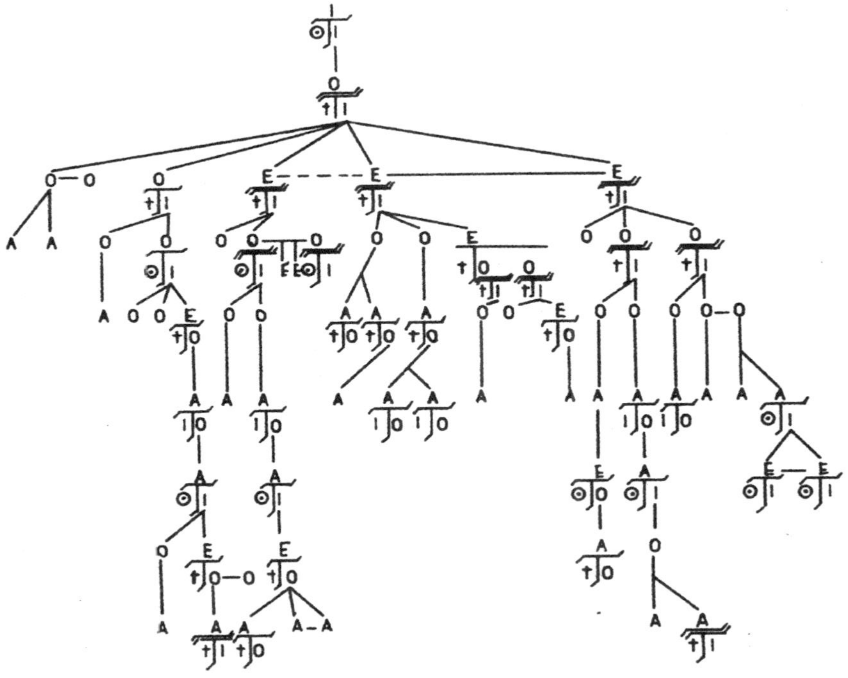

I Ia Ib Ic

<u>attendu que</u> (2) Anhang XVI

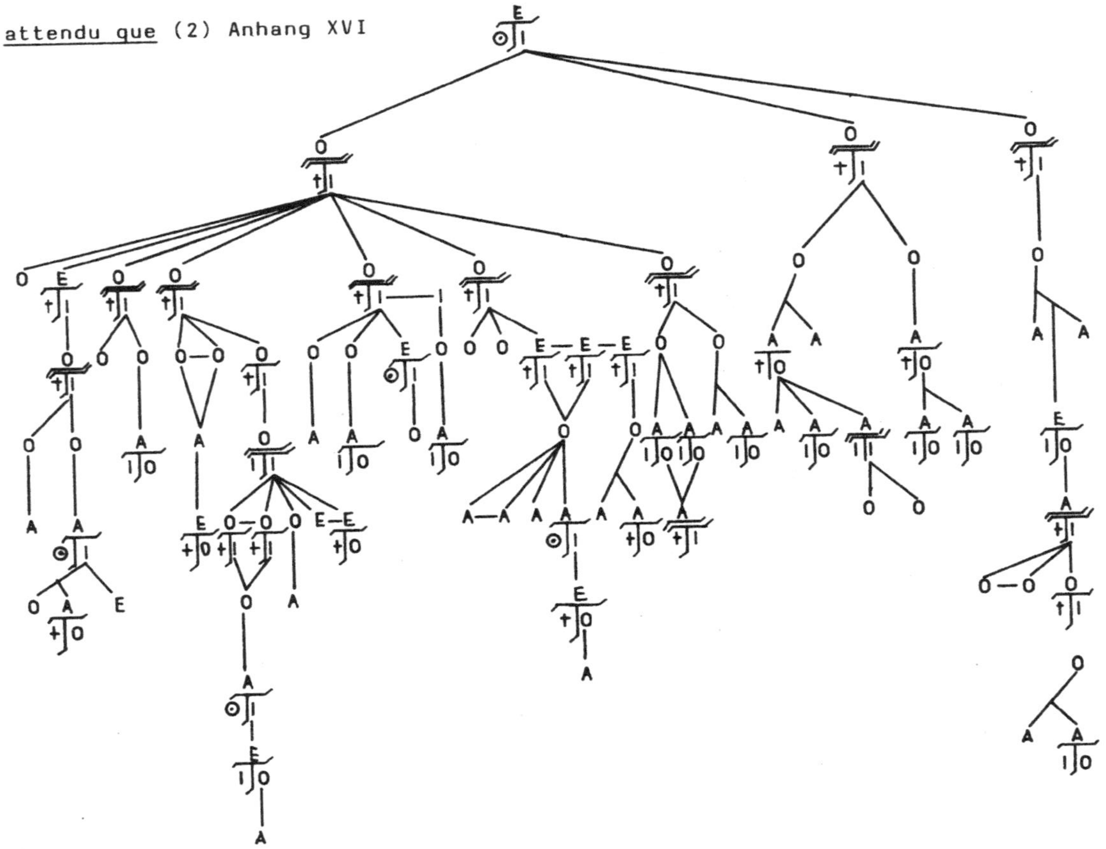

II IIa IIb

attendu que (3) Anhang XVI

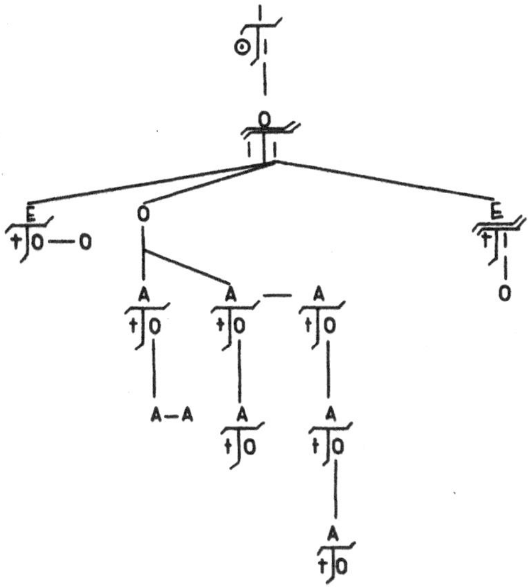

Das klare Nebeneinander von horizontaler und vertikaler Verknüpfung im Stemma macht die Existenz verschiedener Ebenen augenfällig.

Die Textoberfläche kennt nur eine Dimension. In ihrer Linearität ist die strukturell klare Opposition von Beiordnung auf einer syntagmatischen Stufe und Einbettung in eine übergeordnete Ebene oft nicht so eindeutig. Zumal die Einbettungsmechanismen für alle Hierarchiestufen grundsätzlich dieselben sind und sich entsprechend oft wiederholen. Es erhebt sich die Frage, ob die hierarchische Abhängigkeit der eingebetteten Nebensätze, ihre vertikale Verknüpfung im Stemma, eindeutig markiert ist und wenn ja, durch welche Mittel.

Unser Beispiel zeigt drei Abhängigkeitsstufen:

A: die Ebene der Nebensätze, die direkt vom Hauptverb des ganzen Textes (dispositif-Verb) abhängig sind, also die Stufe der motif-Einteilung;

B: die Ebene der Nebensätze, die unmittelbar vom Hauptverb

des Einzelmotivs abhängig sind;

C: die Ebene der Nebensätze, die ihrerseits in Sätze der Ebene B eingebaut sind.

Im Einzelnen kann diese Schichtung noch dadurch kompliziert werden, daß zwischen Sätzen der Ebenen B und C noch umfangreiche Verbtranslationen 1. Grades (Infinitive, Partizipien) eingeschaltet sein können (vgl. I und I a des Stemmas), die quasi "Satzwert" haben. Für die Ebene A scheint die Antwort auf die Frage nach der Markierung evident, denn die obligatorischen Mitspieler des Hauptverbs tragen besondere Insignien: sein 1. Aktant wird durch *mise en relief* in Spitzenposition gebracht, und seine *circonstants* werden durch die Einleitungssignale *attendu/considérant que* kenntlich gemacht. Die Hierarchiestufen zu kennzeichnen gehört zur *jonctif*-Funktion der beiden Konjunktionen.

Die Praxis indes ist oft schon hier verwirrend, wenn die Richter sich der Möglichkeit bedienen, gleiche, gereihte Konjunktionen durch einfachere *que* wieder aufzunehmen.

Konstruktionen wie *attendu que ... que ... que ... que* lassen sich dependenziell sehr schön beschreiben. Tesnière behauptet, daß es sich strenggenommen um zwei verschiedene Translationen handelt: ein Partizip, das erlaubt, ein Substantiv an die Stelle eines Adverbs zu setzen, wird mit der Konjunktion *que* verbunden, die wiederum den Platz des Substantivs durch einen vollständigen Satz ausfüllt. Wir haben deshalb eine doppelte Translation vom Typ I >> O > E; hier reicht die Diachronie deutlich in die Synchronie: ein letzter Funken Vitalität hat sich in dem ansonsten erstarrten Kompositionsmuster erhalten. Die bekannte Tatsache, daß das Programm der mit *que* gebildeten Konjunktionen aus zwei Reihen besteht, je nachdem ob die Konjunktion oder das Relativpronomen *que* zugrundeliegt (53), findet eine translationstechnische Erklärung. Ein Beispiel für eine Konjunktion der anderen Reihe ist etwa *parce que*, für die wir ursprünglich die dreifache Translation I >> A > O > E annehmen müssen (54).

Verantwortlich für die Vermischung beider Typen, bzw. für den Übergang der zweiten in die erste Reihe ist das neutrale Relativpronomen <u>que</u> ("das"). Die semantische Nähe prädestinierte es für den Gebrauch als unspezialisierte, unterordnende Konjunktion: der etymologische Zusammenhang ist auch im Deutschen noch durchsichtig. Man vergleiche die rein graphische Scheidung zwischen dt. <u>das</u> und <u>daß</u>.

Gegen die Wiederaufnahme von <u>attendu que</u> durch einfaches <u>que</u> ist grammatisch nichts einzuwenden. Allerdings birgt sie eine Gefahr, indem sie dem Generaltranslator <u>que</u>, der die unteren Textebenen beherrscht, auch Zugang zu den oberen Schichten gewährt und so deren Abgrenzung nach unten gefährdet. Dazu folgendes Beispiel:

Der Abschnitt II (<u>mais attendu</u>) besteht aus einem Gefüge von 13 Nebensätzen. Wenn wir von den drei Attributiv- /Relativsätzen einmal absehen, stellen wir fest, daß sich sein syntaktisches Gerippe aus lo <u>que</u>-Objektsätzen zusammensetzt: drei davon sind unmittelbar vom einleitenden <u>mais attendu</u> abhängig (II, II a, II b). Diese Zugehörigkeit ist bei II a durch ein Semikolon angedeutet, dessen Markierungswert mit dem von <u>attendu</u> identisch ist. Vor II b fehlt das Semikolon, seine Hierarchiestufe erschließt sich erst regressiv aus der Kenntnis des weit hinten stehenden Verbs <u>n'existe pas</u>; bis hierhin könnte der Satz auch als relativischer <u>que</u>-Satz mißverstanden werden.

Wir können also grundsätzlich festhalten: <u>Que</u>-Nebensätze der Ebene A sind markiert, entweder durch unmittelbar vorangehendes <u>attendu</u> oder durch Semikolon. Mit einer Einschränkung: die Regel wird nicht immer eingehalten (II b).

Objektsätze der Ebenen B und C sind ebenso grundsätzlich nicht markiert. Als Beispiel nehmen wir den Abschnitt II (<u>mais attendu que</u>), dessen Hauptverb <u>énonce</u> fünf <u>que</u>-eingeleitete Objektsätze regiert. Das letzte Glied wird durch <u>alors surtout</u> als Schluß der

Reihe markiert, sekundär wird dadurch auch die Abhängigkeit von énonce dem Adressaten ins Gedächtnis zurückgerufen. Die Durchsichtigkeit der Konstruktion wird jedoch erheblich belastet, weil der zweite der fünf que-Sätze seinerseits einen que-Objektsatz einschließt. Auf eben diese beiden wollen wir unser Augenmerk richten:

> ... que sa tolérance et même sa complaisance passées (...) ne sauraient faire présumer qu'il ait permis définitivement ...

Nach dem Ende dieses Satzes fährt der Text fort:

> qu'un tel comportement était de nature à ...

Die unterbrochene Reihung wird also fortgesetzt. Ebensogut läßt sich der folgende Satz jedoch wie die beiden restlichen der Fünferreihe als 2. Objektsatz zu ne sauraient faire présumer, als Reihung auf der Ebene C verstehen. Die Durchsichtigkeit des Gefüges aus jonction und translation wird durch derartige que-Kaskaden stark getrübt (56).

Schon Diderot parodiert den juristischen que-Treppenstil in "Jacques le fataliste":

> Jacques: Stipulons: 1° qu'attendu qu'il est écrit là-haut que je vous suis essentiel, et que je sens, que je sais que vous ne pouvez vous passer de moi, j'abuserai de ces avantages toutes et quantes fois que l'occasion s'en présentera.
>
> (Diderot 1973, 211)

Die Stelle bietet auch einen schönen Beleg dafür, daß sich nach der Normierung der Urteilsform in der Französischen Revolution durchaus keine neue Schreibtradition herausbildete, sondern daß die althergebrachte Fachsprache in die neue Form gegossen wurde.

Wie lassen sich solche Unklarheiten bezüglich der Abhängigkeitsebenen eines que-Satzes vermeiden, wenn que-Sätze schon unverzichtbar sind? Wir wollen uns zunächst den Abschnitt I näher ansehen. Er ist annähernd so umfangreich wie II; auch unter den zwölf Nebensätzen, aus denen er aufgebaut ist, sind 11 que-Sätze

Das Konstruktionsprinzip ist demnach dasselbe, die Fassade jedoch ist erheblich besser gegliedert. Wir stellen fest, daß alle que (bis auf drei Ausnahmen, auf die wir zurückkommen) durch bestimmte Partikel ergänzt werden, und zwar durch solche, die aufeinander verweisen und die que-Sätze dadurch in drei Gruppen zusammenfassen:

a) 1. alors, d'une part, que ...
   2. alors, d'autre part, que ...
   3. alors, enfin, que ...

b) 1. d'un côté que ...
   2. de l'autre côté que ...

c) 1. dès alors que ...
   2. que ...

Da nur solche Syntagmen einander beigeordnet werden können, die den gleichen syntaktischen Status haben, wird durch die Koordination gleichzeitig die identische syntaktische Abhängigkeit markiert. Was wir soeben als "Koordination" bezeichnet haben, hat starke Ähnlichkeit mit Tesnières corrélation (57); im Unterschied zu unserem Beispiel dienen die corrélatifs (z. B. tel... quel) jedoch dazu, die Verbindung von Rahmensatz (tel) und eingebettetem Satz (quel) hervorzuheben; in unserem Beispiel wird die Identität der Ebene markiert. Mit Tesnière zu sprechen, hätten wir eine jonction corrélative.

Bei der ersten Gruppe handelt es sich um die Einleitung der que-Sätze auf der Ebene B, die vom Hauptverb des attendu que abhängig sind. Es ist übrigens ausgeschlossen, daß diese klare Einteilung lediglich einem Zufall entspränge: die alors que-Sätze sind ja keine Objekt- sondern Attributivsätze (d. h. sie vertreten Zirkumstanten), zu deren Einleitung ein einfaches que nicht ausgereicht hätte (58). Durch das zweite Ergänzungselement wird die Zusammengehörigkeit verdeutlicht und die Wiedererkennung vonseiten des Adressaten unterstützt. D'une part, d'autre part und enfin haben hier eine reine Aufzählungsfunktion; ein logischer Zusammenhang, an den man eventuell denken könnte, besteht nicht. Zwischen klar markierten Sätzen dieser strukturell wichtigen Ebene können weitere que-Sätze eingeschoben werden, ohne das Verständnis nachhaltig zu erschweren.

Die zweite oben erwähnte Gruppe (b) d'un côté que und de l'autre que stehen zwischen I a und I b; beide Präzisierungen markieren nicht nur die Ebene, sondern drücken auch einen logischen Gegensatz aus.

Die dritte Gruppe (c), wie im ersten Fall handelt es sich um Attributivsätze (dès lors), stehen zwischen I b und I c. Die beiden verbleibenden que ohne Ergänzung bilden insofern auch noch eine Gruppe, da beide I c nachgeordnet sind.

Aus den hervorgehobenen Ansätzen zu einer übersichtlicheren Gliederung sollte man freilich nicht schließen, daß es sich im vorliegenden Abschnitt I um einen beispielhaften Text handelte. Er beinhaltet auch schlechte Formulierungen, d. h. solche, die das Verständnis, wenn auch ungewollt, erschweren. Gerade die herausgestellte Gliederung durch bewußt parallele Konstruktion (alors que - alors que etc.) führt im selben Text dazu, daß man zufällig gleiche Konstruktionen als aufeinanderbezogen mißversteht. Man vergleiche folgende Wiederholung des unpersönlichen il y a-Anschlusses:

> ... et alors enfin, qu'il y aurait contradiction à reconnaître que les publications antérieures à celle de l'article incriminé, qui n'avait fait que la compiler, limitaient l'étude du préjudice subi par l'intéressé et qu'il y avait atteinte à la vie privée par l'effet de cette compilation ...

Das zweite il y a (qu'il y avait) bildet eben keine Reihe mit dem ersten (alors enfin, qu'il y aurait), sondern gehört als zweites Objekt zu reconnaître que ... qu'il y avait atteinte (vgl. Stemma 1 c). Einziges Indiz dafür, daß dieser ebenso mögliche syntaktische Bezug falsch ist, ist das Konditional nach et alors enfin que; denn auch die beiden ersten mit alors d'une part que (1 a) und alors d'autre part que (1 b) eingeführten

Verben stehen im Konditional.

Nachdem wir einiges Allgemeine zur Bedeutung der Translation sowie der besonderen Rolle der Verben angemerkt haben, wollen wir auf die anderen Translationen eingehen. Wir wollen dazu die Statistik des ersten Stemmas auswerten: auffällig ist das gegensätzliche Verhalten von Substantiv und Adjektiv. Die Substantive, die formal stärkste Klasse der Wortarten (43 O) wird durch Translationen auf die Hälfte reduziert. Ganze 22 Substantive, unter denen noch fünf Eigennamen sind, behalten die syntaktische Funktion des Substantivs. Größter Nutznießer ist die Gruppe der Adjektive, die ihren Bestand gut verdreifachen kann (von 11 auf 35). Auch von den deverbalen Translationen entfallen am meisten auf die Adjektive (6 I > A gegenüber 4 I > O, 3 I > E). Formale Adjektive gibt es nur 11, worunter noch neun Zahlwörter sind. Für den einseitigen Zuwachs dieser Funktionsklasse sind ausschließlich die Translationen 1. Grades verantwortlich, denn das Verhältnis derjenigen 2. Grades ist sehr ausgeglichen (3 >> O, 3 >> A, 2 >> E). Gefestigt wird die Zunahme dadurch, daß kein einziges Adjektiv zu einem Substantiv oder Adverb transferiert wird, abgesehen vom erstarrten le droit. Von den 30 Translationen entfallen annähernd zwei Drittel auf die Adjektive; Spitzenreiter (15 mal) ist der Typ O > A, meist mit Hilfe des Translators de.

Zwei weitere Stemmata und deren Auswertung bestätigen dies Ergebnis.

Das Stemma zeigt den Text Anhang XV

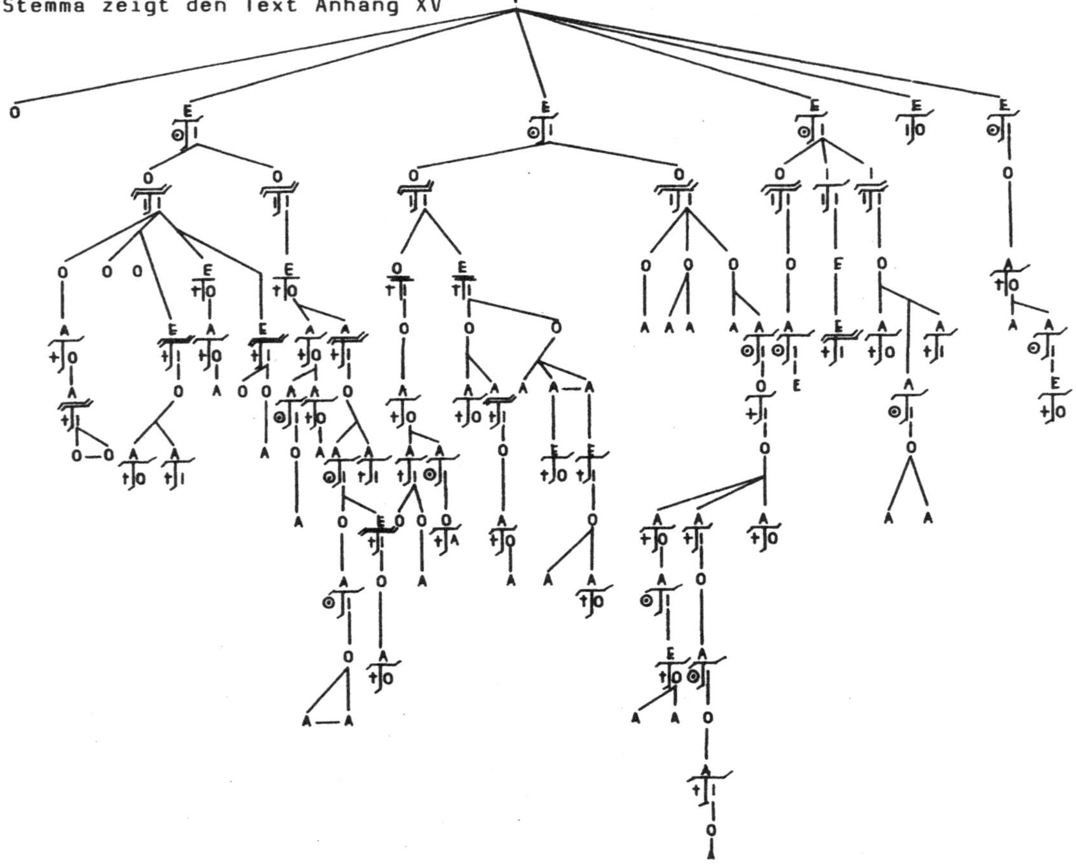

Wir kommen zu folgender Auswertung:
insgesamt 57 Translationen, davon:

16 Translationen 2. Grades
- 6 >> O
- 4 >> A
- 6 >> E

41 Translationen 1. Grades
- 3 > O = 2 deverbal, 1 deadjektivisch
- 28 > A = 15 deverbal, 13 desubstantivisch
- lo > E = 5 deverbal, 5 desubstantivisch

Insgesamt 9 substantivische, 32 adjektivische und 16 adverbiale Translationen.

Das Verhältnis von formaler Ausgangs- und funktionaler Zielwortart gestaltet sich wie folgt:

	I	O	A	E
formal	39	48	25	4
	8 →	8		
	19 →	→	19	
	11 →	→	→	11
		13 →	13	
		5 →	→	5
		1 ←	← 1	
funktional	1	39	56	2o

Das Stemma zeigt <u>attendu que</u> (6) des Textes Anhang X

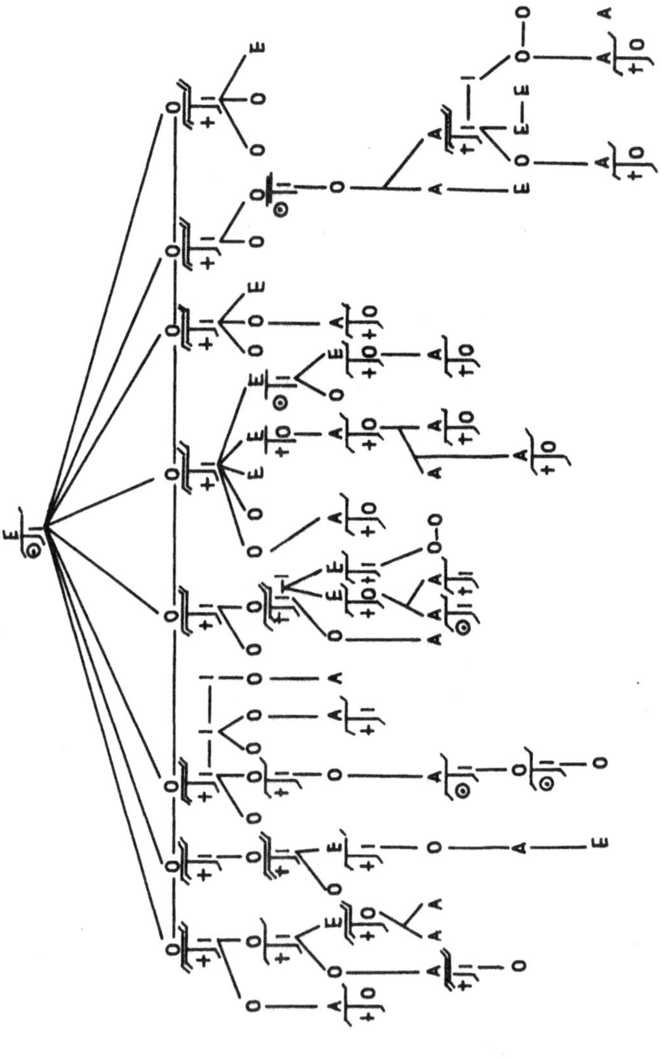

Wir wollen auch dieses Stemma eines einzelnen, freilich umfangreichen attendu auswerten:

insgesamt 53 Translationen, davon
18 Translationen 2. Grades
14 >> O, 4 >> A – alle deverbal

25 Translationen 1. Grades
3 > O = deverbal
15 > A = 2 deverbal, 13 desubstantivisch
7 > E = 3 deverbal, 4 desubstantivisch

insgesamt 17 substantivische, 19 adjektivische und 7 adverbiale Translationen.

Anzahl und Art der Translationen schlagen sich in folgendem Verhältnis von formalen und funktionalen Wortarten nieder:

	I	O	A	E
formal	27	45	9	7
	17 →	17		
	6 →		6	
	3 →			3
		13 →	13	
		4 →		4
funktional	1	45	28	14

Die Adjektive stellen stets die Klasse, die am stärksten ausgebaut wird. Relativ konstant ist auch das Verhältnis von adjektivischen und adverbialen Translationen 1. Grades (2:1). Freilich täuscht auch hier die modellhaft **abstrakte Darstellung** durch Stemmata und Translationen statistisch klarere Verhältnisse vor, als wir im konkreten Text tatsächlich antreffen. Für die festgestellten Besonderheiten der Kategorie "Adjektiv" bleibt daher einiges zu präzisieren. Wir werden im nächsten Abschnitt darauf zurückkommen.

2.4.2. Translation, Junktion und Normalstil

Die Verwendung der Verben ist am ehesten geeignet, das Verhältnis zwischen morphologischen Wortarten und ihrem funktionalsyntaktischen Einsatz aufzuschließen.

Der Gebrauch der Verben zeigt zwei einander widersprechende Aspekte: einerseits spielen sie eine zentrale syntaktische Rolle, insofern sie dank ihrer Leerstellen den vielfältigsten Ausbau eines Syntagmas erlauben, andererseits stellen wir starke Widerstände fest, eben diese Eigenschaften des Verbs voll auszunutzen; beides führt zu einem "Kompromiß": der häufigen Verwendung infiniter Konstruktionen.

Es ist jetzt angebracht, etwas weiter auszuholen, denn wir stoßen hier auf ein komplexes Phänomen, den sogenannten Nominalstil (59). Um einem Mißverständnis vorzubeugen: wir befassen uns mit diesem Phänomen nicht in sprachkritischer, sondern in sprachwissenschaftlicher Absicht. Das bedeutet nicht, daß diese Bestandsaufnahme nicht in kritischer Absicht erfolgte - im Gegenteil. Nur ist der Ansatzpunkt eben nicht sprachkritischer sondern - im weitesten Sinne - ideologiekritischer Natur. Nicht die Bestandsaufnahme ist kritisch, sondern ihre Interpretation. Eine linguistische Beschreibung der Fachtexte und eine Analyse des Standes- und Sprachbewußtseins, das diese Verwendung der Fachsprache hervorgebracht hat und weiterhin trägt, liegen durchaus auf zwei verschiedenen Ebenen. Konkret gesprochen: die Art und Weise der Formalisierung sowie das Sprachideal des Urteils lassen sich ideologiekritisch erklären, sprachliche Erscheinungen, die aus diesem vorgegebenen syntaktischen Zwang resultieren, nicht (6o).

Die syntaktischen Erscheinungen, die sich unter den Oberbegriff "Nominalstil" bringen lassen, sollen hier festgestellt, und soweit möglich, wollen wir die linguistischen Bedingungen ihres Gebrauchs aufstellen (61). Auch wenn bestimmte Konstruktionen vom kommunikationstechnischen Standpunkt aus kritisiert werden, ist damit in keinem Fall eine "kulturkritische" oder gar moralische Absicht verbunden. Wir interessieren uns hier weniger für stilistisch verunglückte Stellen, die nichtsdestoweniger aufschlußreich sein können, wenn sich in ihnen textsortentypische Verfahren verselbständigen. So etwa in folgendem Beispiel:

> Attendu que ... l'arrêt déclare ... que Franck, dépossédé de sa voiture par l'effet du vol, se trouvait dans l'impossibilité d'exercer sur ladite voiture aucune surveillance. (D/S 79, 83)

Uns interessiert vielmehr, warum diese Textsorte vom Nominalstil geprägt ist.

Zwei Wurzeln glauben wir im wesentlichen dafür verantwortlich machen zu können: die Fachsprachlichkeit und die Formalisierung. Der Nominalstil der Fachsprache im allgemeinen und der Verwaltungs- und Rechtssprache im besonderen ist ja bekanntlich kein eigentlich französisches Problem.

> Die Sprache der Wissenschaft, die eine Sprache der Begriffe ist, die Sprache der Verwaltung aller Bezirke, die aus ihr abgeleitet ist, bedarf der Substantive. (Korn 1962, 126)

> Die Wissenschaft geht auf Begriffe, d. h. sprachlich auf Substantive aus. Welt wird mittels der Begriffe lenkbar, machbar, verwaltbar.
> (ebda., 128)

Auch die gesetzlichen Bestimmungen sind begrifflich, substantivisch, mit Ausnahme der rechtlich institutionalisierten Sprechhandlungen. Bei der richterlichen Begriffsbildung - und als solche können wir den <u>motifs</u>-Teil des Urteils betrachten - haben wir darum einen "Input" von Substantiven, der die Menge der anderen morphologischen Wortarten klar dominiert. Die zweitstärkste Gruppe, die Verben, ist insofern von den Substantiven abhängig, als sie zum größten Teil lediglich Lieferant nominaler Leerstellen ist. Aus dieser Ausgangslage ergibt sich eine erste Affinität des Urteils zum Nominalstil. Die Expansion der Substantive geht in erster Linie auf Kosten der Adjektive: der Bestand an morphologischen Adjektiven ist sehr gering - oft sind die meisten von ihnen Zahlwörter. Die stärkste Gruppe der funktionalen Adjektive wird mit Hilfe der Konstruktion $\frac{A}{t \rfloor O}$, der häufigsten Translation überhaupt, von transferierten Substantiven gebildet. Nun ist das französische eine Sprache, die diese funktionalen Vertreter des Adjektivs schon im normalsprachlichen Gebrauch außerordentlich favorisiert; man denke besonders an die zahlreichen *de*-Bildungen. Erwartungsgemäß wird diese Tendenz in der Verwaltungs- und Rechtssprache erheblich verstärkt. Freilich täuscht die modellhaft abstrakte Notation A hier eine einheitlichere Klasse vor, als der konkrete Text uns liefern kann. Der funktional-syntaktisch gemeinte Wortartbegriff Tesnières ist eine Kategorie, die durchaus Heterogenes umfaßt. Was wir als eine Verbindung von Substantiv und zu Adjektiv transferiertem attributivem Substantiv $\overset{O}{\frac{A}{t \rfloor O}}$ notieren, entspricht in Wirklichkeit oft einem Kompositum. Die Präpositionen fungieren oft auch als Wortbildungsmorphem. Gauger sagt dazu:

> Die Grenze zwischen Wortgruppe und Wortzusammensetzung ist fließend. Dennoch besteht ein grundsätzlicher Unterschied zwischen *la pomme de terre*, das zum unabdingbaren Sprachbestand eines jeden Französischsprechenden gehört, und einem "reinen" Syntagma wie *trois heures de pluie*. Entscheidend ist, daß Syntagmata dieser (und anderer) Art lexikalische Elemente einer Sprache sein oder werden können. (Gauger 1971, 136)

Das lexikalische Inventar einer Fachsprache dagegen ist "offener"; ihre Verwendung ist weniger mechanisiert, bewußter und künstlicher Die Möglichkeiten komplexer Kompositionsbildungen, die im Französischen relativ begrenzt sind, werden stärker ausgenutzt. Die "worthafte Integration" (ebda., 137) dieser meist abstrakten Bildungen ist sicherlich viel schwächer als in der Alltagssprache, die Nähe zur "okkasionell-syntaktischen Verknüpfung" (ebda.) bleibt größer.

Es ist bemerkenswert, daß bei diesen Zusammensetzungen fast ausschließlich *de* und in geringerem Maße *en* Verwendung finden. Für *de* gilt Ähnliches wie für den Translator *que* festgestellt wurde:

die Präposition ist semantisch kaum einzugrenzen und darum am vielfältigsten verwendbar. Und - ebenso wie que - wird de oft in einer translation en cascade gebraucht (62). Der stilistische Wert solcher de-Treppen gilt zurecht als äußerst gering.

> Les stylistes les évitent. On prétend que Flaubert s'est jamais consolé d'avoir écrit: une pipe d'écume de mer. (Tesnière 385, § 7)

Bisweilen verdecken auch diese Kaskaden die Hierarchie zwischen den einzelnen Translationen. Man vergleiche:

> ... en admettant Gr. au bénéfice d'un contrat de travail à durée indéterminée ... (Anhang IX)

Augenscheinlich ist die Reichweite der beiden vorkommenden de verschieden: während das erste (d'un contrat) alles Nachfolgende bis indéterminée transferiert, gilt das zweite lediglich für das nächste Wort (de travail).

Auch weitaus längere de-Treppen kommen vor; etwa:

> ... déboute Gr. de tous ses chefs de demandes d'identité de rupture de contrat de travail (ebda.)

Innerhalb dieser sechsstufigen de-Kaskade lassen sich semantisch engere und lockerere Zusammensetzungen unterscheiden: demandes d'identité und contrat de travail; das Stemma ist also nicht das einer einfachen linearen Unterordnung, sondern etwas komplizierter.

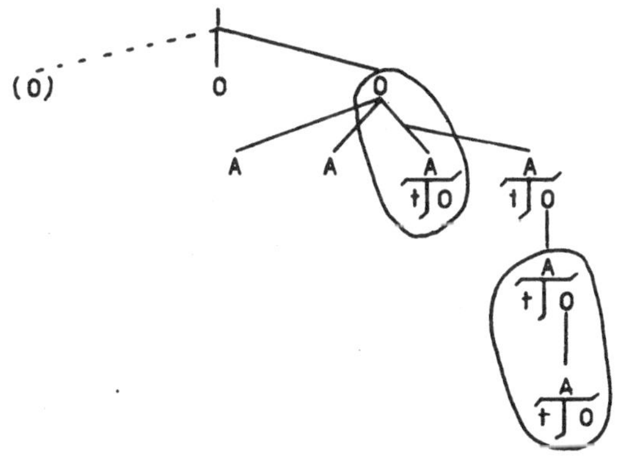

Die beiden genannten festen Komposita sind jeweils umkreist.

Ähnlich verhält sich folgendes Beispiel:

> ... l'astreinte provisoire ... n'a pas pour projet de compenser le dommage né du retard et est normalement liquidée en fonction de la gravité de la faute du débiteur récalcitrant et de ses enfants.
>
> (Gr. Arr. 356)

... en fonction

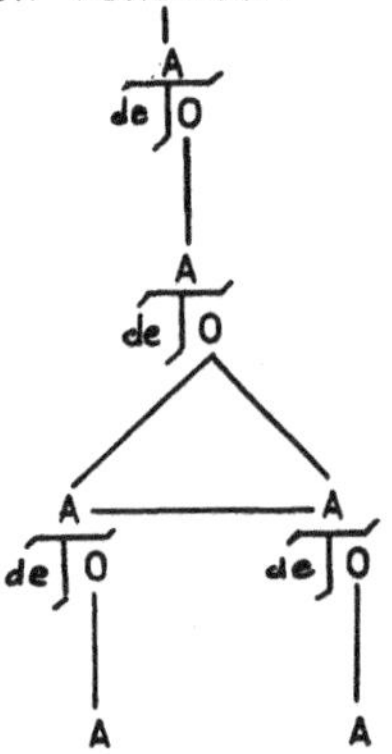

Mit den infiniten Verbformen kommen wir zur zweiten großen Gruppe von Erscheinungen, die wir unter dem Oberbegriff "Nominalstil" subsumiert haben; sie sind weniger Ausdruck der Fachsprachlichkeit des Urteils, als seiner speziellen Formalisierung, seiner Abfassung in einem Satz. Als erstes sind hier die Partizipialkonstruktionen zu nennen, also Translationen vom Typ I > A . Auch diese lassen sich als nominal interpretieren, wird doch das Verb gerade seiner charakteristischen Kategorien (Modus, Tempus, Person und mit Einschränkungen Vox) entkleidet (63). Tesnière sagt kategorisch:

> Le participe n'est pas un verbe. (64)

Es überrascht nicht, daß Partizipien am häufigsten in den Urteilen begegnen, die am stärksten komprimiert sind: den Kassationsentscheidungen. In der Statistik des stemmatisierten Textes XV (s. o. S. 169) wird die Translation  , die gewöhnlich die höchste Frequenz aufweist, noch von der Partizipialkonstruktion  an Häufigkeit übertroffen (19 I > A : 13 O > A).

Die Bemerkungen zum Verbaladjektiv gelten mit demselben Recht für die beiden anderen deverbalen Translationen, das Verbaladverb (gérondif) und das Verbalsubstantiv (infinitif).

> On ne répétera jamais suffisamment que l'infinitif n'est pas un verbe. (65)

Das folgende Beispiel zeigt, in welchem Maße auch naheliegende Nebensatzkonstruktionen - Syntagmen, die auf flektierten Verbalformen basieren - zugunsten des Nominalstils durch infinite Formen unterdrückt werden.

> Considérant cependant que le fait par l'intimé d'avoir reconnu tant par conclusion qu'à l'occasion d'une comparution personnelle, qu'il avait reçu et reglé comptant ses titres de transport, pourrait être constitutif d'un aveu judiciaire emportant les conséquences prévues par l'art. 1356 c. civ.
>
> (Anhang XI)

Der syntaktische Rahmen dieses Satzes ist le fait ... pourrait être constitutif d'un aveu ... Die entsprechende Tatsache muß nur näher bestimmt werden, wozu der Verfasser eine Infinitivkonstruktion an den substantivischen Knoten le fait anhängt. Der gewählte Infinitiv (avoir reconnu) allerdings führt in ein auswegloses syntaktisches Dilemma: da er auf der einen Seite aus semantischen Gründen einen menschlichen Agens erfordert, da aber auf der anderen Seite das Französische eine solche Verbindung von Infinitiv und prime actant, die man "absoluten Infinitiv" nennen könnte, nicht zuläßt. Der Verfasser versieht den Agens kurzerhand mit der Präposition par und schiebt ihn zwischen Infinitiv und das Substantiv, von dem letzterer abhängig ist. Dazu ist zu sagen: die Angabe des Agens mit Hilfe von par ist nur bei passiven Verbformen möglich, und sie wird grundsätzlich dem Verb nachgestellt (zum Unterschied von par in der Bedeutung "wegen"). Hier handelt es sich um einen aktiven Infinitiv; deshalb und wegen der Voranstellung des par l'intimé scheint diese Agensangabe beinahe in adjektivischer Funktion zum substantivischen Knoten le fait zu stehen. Das heißt, den Gebrauch eines nur in Abhängigkeit vom verbalen Knoten möglichen Syntagmas auf nominale Knoten auszudehnen. Die syntaktischen Ungereimtheiten resultieren in diesem Beispiel deutlich aus dem Zwang zur Integration möglichst vieler Elemente in einen Satz. Ersetzt man den Infinitiv durch ein flektiertes Verb und macht aus dem Gefüge eine Satzreihe, verschwinden die Konstruktionsschwierigkeiten. Man vgl. einen entsprechenden Umbau des Satzes:

> Considérant cependant que l'intimé a reconnu tant par conclusion qu'à l'occasion d'une comparution personelle, qu'il avait reçu et reglé comptant ses titres de transport; que ce fait pourrait être constitutif d'un aveu judiciaire emportant les conséquences prévu par l'art...

Wir können somit resümieren: die verschiedenen Translationsmechanismen 1. Grades stehen wesentlich in Diensten des Nominalstils als eines Gestaltungsprinzips, das der Formulierung des einzelnen Urteils vorgegeben ist. Allerdings weder deshalb, weil es sich um das adäquate Ausdrucksmittel einer bestimmten Geisteshaltung handelte, noch weil wir es als vermeintliches Resultat einer "Inhumanisierung" und "Vermassung" der Gesellschaft ansähen (66).

In unserem Fall scheint der Nominalstil deshalb vorgegeben, da erstens die Rechtssprache qua Fachsprache eine bestimmte Affinität zu ihm mitbringt, und da zweitens diese Affinität durch den Zwang zur syntaktischen Integration aller Informationen in einem Satz noch erheblich verstärkt wird. Wenn also sprachkritische Überlegungen angebracht sind, dann solche, die sich mit der Ursache - der Formalisierung und deren Gründen - auseinandersetzen, und nicht solche, die sich punktuell gegen nur eine der Auswirkungen richten.

Eine Bestätigung der These vom Nominalstil als vorgegebenem Gestaltungsprinzip sehen wir darin, daß er nicht nur die Translation, sondern auch den Einsatz des zweiten syntaktischen Verfahrens der Satzerweiterung, der Junktion, zum großen Teil regiert.

Zwei extreme Verwendungsweisen der Translation und der Junktion sollen diese Behauptung rechtfertigen: der absolute Gebrauch von Partizipialkonstruktionen und die Verwendung komplexer Appositionsgruppen.

Absolute Partizipialkonstruktionen sind im Französischen sehr selten; in der Urteilssprache kommen sie mit einer gewissen Regelmäßigkeit vor. Gewöhnlich wird das Partizip Perfekt Passiv absolut gesetzt; meistens gehen ihm dann étant oder ayant voraus. Ein typisches Beispiel ist:

> Attendu qu'il est reproché à la cour d'appel d'avoir validé ce congé aux motifs que, Maurice Doret ayant renoncé à l'usufruit qu'il avait sur le domaine, l'usufruit auquel pouvait prétendre Gubault, était devenu réel; ...
> (D/S 1979, 56)

Welche Funktion hat eine solche absolute Partizipialkonstruktion? Auf der einen Seite werden die syntaktischen Möglichkeiten, die das Französische für die Verwendung des Partizips bietet, voll ausgenutzt, insofern als es ein eigenes Subjekt regiert. Strukturell allerdings läßt es sich mit der gewöhnlichen Verwendung des Partizips nicht mehr vergleichen: es hat keine adjektivische Funktion mehr; und da eine absolute Partizipialkonstruktion einen eigenen Agens hat, kommt ihr in gewisser Hinsicht Satzwert zu. Sie entspricht in etwa einer proposition circonstantielle, einem adverbialen Nebensatz; in etwa, denn das Syntagma verfügt zwar über ein Verb, doch nicht in Personalform; in etwa aber auch deshalb, weil keine syntaktische Abhängigkeit zum Ausdruck gebracht wird. Es handelt sich eben um ein Partizip, und die bloße Partizipialform fungiert als Translator für I > A, d. h., Partizip und Ergänzungen sind dem 1. Aktanten des Verbs untergeordnet (67). Mit anderen Worten: wir haben hier einen syntaktisch selbständigen substantivischen Knoten mit adjektivischen Ergänzungen. Die beiden Haupteigenschaften, semantische Unterordnung und syntaktische Unabhängigkeit, teilt die Konstruktion einzig mit der nicht markierten Junktion (68). Tesnière versteht darunter eine Verbindung von mindestens zwei gleichartigen Knoten, deren Zusammenhalt rein semantischer Natur ist, dem also keine explizite grammatische Beiordnung oder Unterordnung entspricht. Das Verfahren erlaubt ebenso einzelne Wörter zu kombinieren wie ganze Sätze.

Eben diese Art der syntagmatischen Juxtaposition liegt auch einer anderen Konstruktion zugrunde, die eine auffallende Ähnlichkeit mit dem absoluten Gebrauch von Partizipien zeigt: der Verwendung komplexer Appositionsgruppen.

Einige Worte zum Begriff der Apposition seien vorausgeschickt: Tesnière faßt sie als eine horizontale Konnexion innerhalb eines substantivischen Knotens (69), und nicht als Junktion. Die Übergänge sind jedoch fließend. besonders im Französischen, wo der Kasus des in Apposition gesetzten Substantivs nicht immer eindeutig ist und auf definitorische Subtilitäten kommt es hier nicht an, wo uns der nominale Charakter der Apposition und ihre mangelnde grammatikalische Einbettung interessieren. Hermann Paul nennt die Apposition deshalb treffend "eine Degradierung des Prädikats" (Paul [3]1975, 147). Da sich absolutes Partizip und Apposition syntaktisch gleich verhalten, ist es nicht verwunderlich, daß beide auch kombiniert als Reihe gebraucht werden.

> Attendu que Davis William, défendeur au pourvoi, chirurgien dentiste, ayant assigné la tutrice légale de son petit-fils en cette qualité et aux fins de partage et de liquidation tant de la communauté ayant existé entre sa femme et lui que de la succession de cette dernière, décédée le 5 janv. 1946, l'arrêt confirmatif attaqué décide que ...
> (Gr. Arr., 761)

In das absolut gesetzte Syntagma Davis Williams ... ayant assigné la tutrice ... sind - nicht ganz ohne unfreiwillige Komik - zwei Appositionen eingeschoben (défendeur au pourvoi, chirurgien dentiste).

Doch wir wollen unser Augenmerk auf eine besondere Gruppe von Appositionen lenken. Folgendes Beispiel sei gegeben:

> Considérant que c'est vainement que la société intimée

> prétend s'abriter derrière la liberté du commerce, ce principe ne pouvant en aucune manière l'exonérer de sa faute, si le retrait d'ores et déjà constant des avantages antérieurement consentis s'avère non justifié.
> (D/S 1979, 59)

Grammatisch betrachtet handelt es sich bei ce principe um eine Apposition zu liberté du commerce; die zueinander in Beziehung gesetzten Substantive liegen auf einer Ebene. Inhaltlich gesehen ist das Substantiv, das den Knoten der Apposition ausmacht (ce principe) nichts als ein Platzhalter für den Begriff, dem es beigeordnet wird (liberté du commerce), denn semantisch entscheidend ist die folgende Partizipialkonstruktion, d. h., die adjektivische Ergänzung zum Appositionssubstantiv. Das bedeutet, die Konstruktion hat die Funktion einen (weiteren) Nebensatz, einen verbalen Knoten zu verhindern. Die Ergänzung bleibt ein nominales Syntagma. Eine ganz ähnliche Variante dieses Stilmittels besteht darin, das Substantiv nicht durch einen Platzhalter oder ein Synonym aufzunehmen, sondern es schlicht zu wiederholen. Strukturell handelt es sich wohl um dasselbe Verfahren. Als Beispiel vergleiche man:

> ... Maurice Doret, père de dame Jubault, a fait donation à cette dernière d'un domaine agricole dont il s'est reservé l'usufruit, domaine qui avait été donné à bail aux époux Salmon; ... (D/S 1979, 56)

Der Relativsatz, durch den das wiederholte Substantiv determiniert wird (domaine qui avait été donné ...), entspricht in seiner adjektivischen Funktion - wenn auch weniger markant - dem Partizip des vorhergehenden Beispiels. Dem Nominalstil scheint also eine Tendenz zur Juxtaposition, zur jonction sans jonctif inhärent zu sein. Trotzdem - wenn auch nur sehr schwach - erscheinen die oben aufgeführten appositionellen Syntagmen noch als integrierte Bestandteile des Rahmensatzes. Wahrscheinlich dank der im Verhältnis zum flektierten Verb geringeren Integrationskraft eines substantivischen Knotens: wird eine längere Apposition zu einem vollständigen Verbalsatz - was die aufgezeigte Tendenz nur konsequent weiterführt - läßt sie sich nicht mehr als Satzteil begreifen.

Der rechtssprachliche Nominalstil ist durchaus nichts Neues - ein weiteres Indiz dafür, wie schwer es ist, diese typische sprachliche Eigenart der untersuchten Textsorte "kulturkritisch" zu interpretieren. Schon die mittelalterlichen Beispiele zeigen dieselben Erscheinungen, die wir in zeitgenössischen Urteilen als Ausdruck des "style substantif" verstanden haben. Bereits lang bevor die phrase unique als Urteilsform kanonisiert wurde, war der Stil der Rechtsprechung integrativ und nominal. Man vergleiche folgenden Abschnitt

> "... depuis lesqueles choses ainsy faictes, il estoit venuz a sa congnoissance que, par avant lesdiz ascensement et vente, les dessus nommez frere Pierre et Jehan Maale, pour certain maladie et furieuseté intervenue audit Nicolas, avoient esté creez et establiz curateurs dudit Nicolas, et toute alyenacion interdite et defendue audit Nicolas de ses bien et besongnes, comme plus a plain est contenu et de decleré es lectres de curacion a eulx sur ce faictes, qui sont incorporées en ces presentes. (7o)

Schon das Hauptverb des Satzes, die unpersönliche und passivische Formulierung il estoit venuz a sa congnoissance, hätte ohne weiteres durch ein schlichtes aktivisches und semantisch äquivalentes Verb, etwa savoir, ersetzt werden können. Des weiteren beinhaltet das Syntagma zwei absolute Partizipien (lesqueles choses ... faictes, toute alyenacion interdite et defendue) sowie zwei weitere Partizipien ... pour certain maladie intervenue audit ..., ... sur ce faictes ... ohne die adjektivischen nommez, lesdit etc. mitzurechnen.

2.4.3. Nominalstil und die Junktion gleichartiger Nebensätze

Nachdem wir die wichtigsten Translationen 1. Grades sowie deren Junktion diskutiert haben, stellt sich die Frage, ob sich ähnliche Zusammenhänge für die adjektivischen, adverbialen und substantivischen Translationen 2. Grades, die "Nebensätze" formulieren lassen. Grundsätzlich scheint das Mengenverhältnis relativ ausgeglichen; eines unserer Beispiele (S. 171) zeigt jedoch deutlich Abweichungen: 14 substantivische Sätze stehen gegen 4 adjektivische (Relativ-)sätze; adverbiale Sätze kommen gar nicht vor. Es liegt nahe, zwischen der Häufigkeit der substantivischen und der Abwesenheit der adverbialen Nebensätze einen Zusammenhang zu vermuten; indirekt kann uns dieser Zusammenhang - wenn er sich formulieren läßt - vielleicht Aufschluß über das Verhältnis der drei Nebensatzarten geben. Das Stemma zeigt, daß das zugrundeliegende *motif* acht kurze *que*-Sätze an das einleitende *attendu* anschließt. Inhaltlich geht es um die Beschreibung des vorgeworfenen Tatbestands. Der gereihte Anschluß (*jonction*) durch 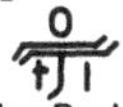 an das einleitende *attendu* erlaubt, die jeweils sachlich Beteiligten auch als grammatisches Subjekt eines "eigenen" Satzes einzubringen. Das bringt zwei Vorteile mit sich: 1. weitere Einzelheiten können (dank der Verbvalenz) problemlos angefügt werden, ohne daß 2. allzu komplizierte Einbettungsstrukturen nötig wären; insofern es sich um Objektsätze handelt, um Syntagmen also, die eine substantivische Funktion erfüllen, können wir auch hier eine gewisse Nominalisierung feststellen. Die zahlreichen Junktionen derselben Konstruktion auf dieser syntaktisch hohen Ebene helfen jedoch andere Translationen 2. Grades auf weiteren Einbettungsebenen einzusparen. D. h., es macht sich hier eine starke Emanzipationstendenz vom Integrationszwang der *phrase unique* bemerkbar, eine Neigung, die in diesem Beispiel in der, den syntaktischen Rahmen sprengenden Einschaltung der wörtlichen Rede ebenso zum Ausdruck kommt, wie in der absoluten Partizipialkonstruktion *les cars s'étant immobilisés, ...*

Die zahlreichen nebensatztragenden Verben eröffnen soviel Aktantenleerstellen, daß sich eine Zirkumstantentranslation  erübrigt. In diesem Sinn läßt sich die Reihung von Sätzen, die Junktion verbaler Knoten, als Gegenkraft zum Nominalstil verstehen (71). Wenn diese Betrachtung verallgemeinerungsfähig ist, können wir nun auch mit Blick auf das, was wir oben über die Reihung appositioneller Syntagmen gesagt haben, folgende Vermutung formulieren:

Wenn ein Satzgefüge gleichermaßen aus Translationen und Junktionen aufgebaut ist, wenn es also sehr komplex ist, so wird das

Mengenverhältnis der drei Nebensatzarten relativ ausgeglichen sein. Denn: eine umfangreiche Menge von Informationen und syntaktischer Integrationszwang lassen sich nur miteinander in Einklang bringen, wenn systematisch alle Mitspieler des Verbs durch Nebensätze "entfaltet" werden. Die hierarchischen Stufen zwischen 2. und 3. Aktanten und den Zirkumstanten können dabei durchaus eingeebnet werden. Ausnahme bleibt bei den hier untersuchten Texten stets der pragmatisch privilegierte 1. Aktant La Cour.

Das Ausgeführte ist zwar textsortentypisch, aber durchaus nichts originär Fachsprachliches. Im Gegenteil: Fachsprachen verhalten sich gewöhnlich "syntaktisch neutral" (72). Oft scheint es geradezu, als wollten sie ihre lexikalische Eigenständigkeit durch syntaktische Schlichtheit kompensieren. Das sogenannte "Adornodeutsch" der neueren Soziologie macht hier eine charakteristische Ausnahme: seine Schwerverständlichkeit ist nicht nur fachlich - d. h. terminologisch - bedingt, als vielmehr Ausdruck einer "Jargonisierung", die sich gerade auch in einem verkünstelten Satzbau niederschlägt.

Analoge Beispiele sehr komplexer Syntax dürfen wir also eher im literarischen als im fachsprachlichen Bereich erwarten. Hervorragender literarischer Stil schlägt sich in Perioden gerade in einem ausgeklügelten Verhältnis von Translationen und Junktionen nieder, wobie stets dem einen oder anderen Verfahren ein deutliches Übergewicht zukommt. Zum Kontrast sei deshalb eine bekannte Stelle aus Prousts "Du côté de chez Swann" gegeben und in ein Stemma übertragen.

> Et comme dans ce jeu où les Japonais s'amusent à tremper dans un bol de porcelaine rempli d'eau, de petits morceaux de papier jusque-là indistincts qui à peine y sont-ils plongés, s'étirent, se contournent, se colorent, se différencient, deviennent des fleurs, des maisons, des personnages consistants et reconnaissables, de même maintenant toutes les fleurs de notre jardin et celles du parc de M. Swann et les nymphéas de la Vivonne, et les bonnes gens du village et leurs petits logis et l'église et tout Combray et ses environs, tout cela qui prend forme et solidité, est sorti, ville et jardins, de ma tasse de thé. (Proust 1973, 61)

Das Stemma zeigt das vorstehende Proustzitat

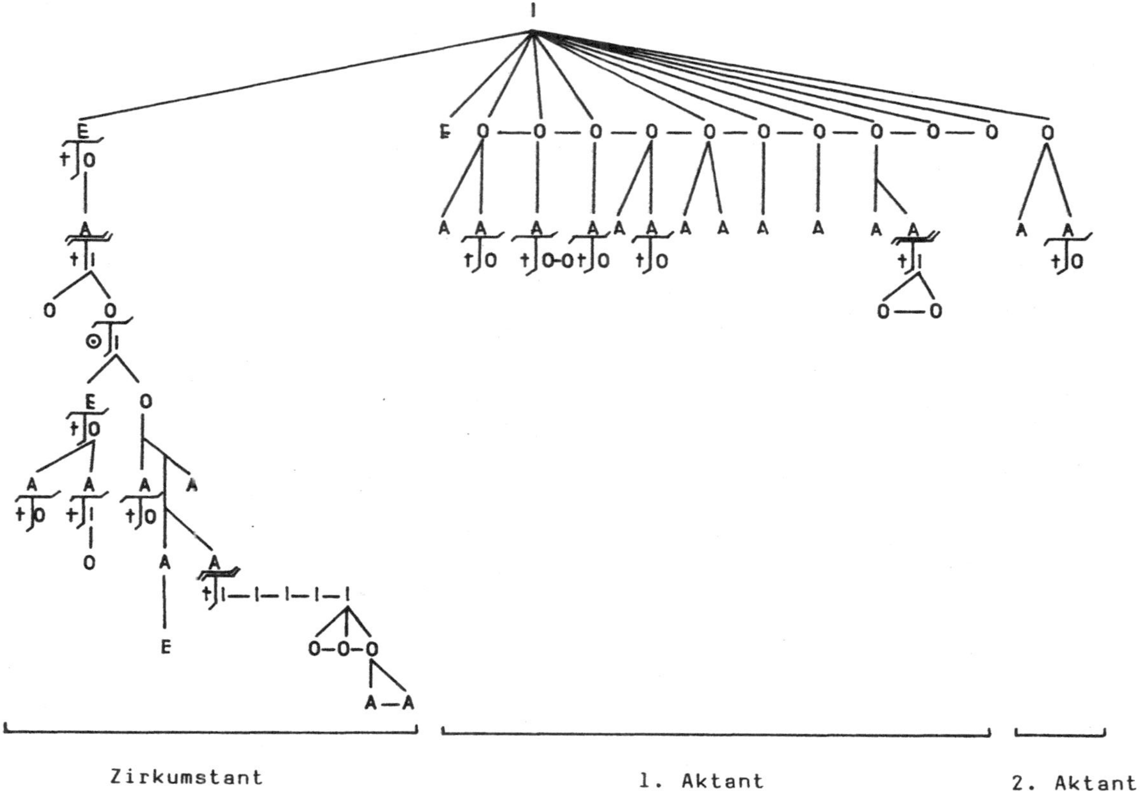

Translation und Junktion schließen sich hier auf ein- und derselben hierarchischen Ebene praktisch aus. Der komplizierte Zirkumstant, der den ersten Teil, die Protasis, der Periode ausmacht, wird durch die Translation geprägt; erst auf der untersten Ebene findet sich eine Junktion in Form einer Reihung von Vollverben, die vom ersten und letzten abgesehen, keinerlei Mitspieler haben. Sehr schön verdeutlicht das Stemma die Wiederholung dieses Prinzips: das letzte Verb regiert drei 2. Aktanten (wiederum Junktion), deren letzter noch durch zwei "junktierte" Adjektive determiniert wird. Die Apódosis der Periode wird dagegen eindeutig von der Junktion beherrscht: der erste Aktant besteht aus einer Reihung von neun substantivischen Knoten, die jeweils durch ein oder zwei Adjektive bzw. einfache adjektivische Translationen bestimmt werden. Wiederum das letzte Glied der Reihe wird etwas ausführlicher, durch einen einfachen Relativsatz ergänzt.

Die zitierte Periode hat übrigens eine ganz ähnliche Inhaltsstruktur wie unsere Urteile: extrem thematische Gliederung, wobei das kurze Rhema (ma tasse de thé) noch dadurch betont wird, daß es ein ganzes Kapitel schließt. Im Zusammenhang mit der thematischen Grundstellung und der Länge des thematischen Teils steht eine zweite Gemeinsamkeit: die zusammenfassende Aufnahme des bereits Gesagten unmittelbar vor dem Verb; strenggenommen handelt es sich sogar um eine doppelte Wiederaufnahme; dem leicht abstrakten tout cela, qui prend forme et solidité wird die gleichzeitig anschauliche und kürzest mögliche Angabe des Themas ville et jardins an die Seite gestellt. (Die zusammenfassende Wiederaufnahme entspricht dem dispositif-einleitenden par ces motifs eines Urteilssatzes.) Besonders rafiniert ist dabei die außergewöhnliche Stellung dieses letzten thematischen Elements: es steht zwischen Verb und Rhema. Thema und Rhema, Erinnerung und auslösender Effekt, Vergangenheit des Autors als Gegenstand des Schreibens und Gegenwart als dessen Bedingung werden in verbindungsloser Juxtaposition, ohne vermittelndes Verb nebeneinander gereiht.

2.4.4. Die Translation als semantische Entfaltung

> La translation est ainsi un des principaux mécanismes par lesquels se réalise l'indépendance du structural et du sémantique, ...
>
> Lucien Tesnière

In dem Kapitel "Der komplexe Satz" seiner umfassenden Darstellung der deutschen Sprache nennt Henning Brinkmann (1962) drei Verfahren, um den einfachen Satz zu erweitern: das reihende, das entfaltende und das beziehende. Die Dreiteilung als solche braucht uns hier nicht weiter zu beschäftigen; sie ist wohl auch nicht sehr glücklich, da sich formale und inhaltliche Definitionskriterien vermischen und die Einteilung bis zu einem gewissen Maß willkürlich werden lassen: das "reihende Verfahren" wird rein formal bestimmt (73); in Tesnièrescher Terminologie handelt es sich um die <u>jonction</u> verbaler Knoten. Die Bezeichnungen "beziehendes" und "entfaltendes" Verfahren sind inhaltlich gemeint: beiden entsprechen Translationen zweiten Grades. Die nach dem ersten Verfahren gebildeten Nebensätze sind lediglich semantisch selbständiger.

> Bei beziehendem Verfahren werden Sachverhalte, die unabhängig voneinander bestehen könnten, aufeinander bezogen. (Brinkmann 1962, 58o f)

Und doch ist die Definition der Entfaltung, die Brinkmann gibt eher formal.

> Bei entfaltendem Verfahren haben Satzglieder Satzgestalt. Statt der Repräsentation durch ein Substantiv oder dessen Stellvertreter wird das jeweilige Satzglied durch einen Satz dargestellt. Das so satzmäßig ausgeprägte Satzglied steht zu der Personalform des Rahmensatzes in demselben Verhältnis wie jedes andere Satzglied. (...) Signal für die semantische Einheit des Gliedsatzes kann eine Konjunktion wie <u>daß</u> sein.
>
> (ebd., 58o)

Aus Tesnièrescher Sicht gilt diese Definition auch für die Beziehung: er würde beide als I >> E, als adverbiale Nebensätze notieren. Bei Brinkmann rächt sich hier, daß er den Translationsbegriff nicht als solchen übernimmt, sondern nur punktuell einige Erscheinungsformen dieser fundamentalen syntaktischen Eigenschaft anerkennt.

Indes ist die Metapher "Entfaltung" gut gewählt: sie macht die inhaltliche Leistung der Translation anschaulich und verdeutlicht so ihren stilistischen Wert. Wir wollen sie übernehmen und jede okkasionell semantisch motivierte Translation so nennen - nicht nur wie Brinkmann solche 2. Grades. (74) Obligatorischen Translationen fehlt dieser stilistische Wert, da sie unumgänglich sind, und Stil immer schon Auswahl voraussetzt. Etwa in französisch *la femme de trente ans* läßt sich die adjektivische Funktion in Ermangelung eines Pendants zu deutsch *-jährig* nur durch eine Translation *de trente ans*

bzw. den Relativsatz *qui a trente ans* realisieren:

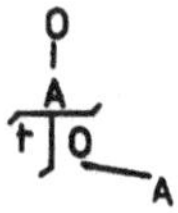

Um die semantische Leistung fakultativer Translationen zu erschließen, reicht es nicht aus, ihre Art und Frequenz zu konstatieren: es ist unumgänglich, auch den inhaltlichen Kontext zu beschreiben, in den sie Eingang finden.

Eine Translation verspricht semantisch unso ergiebiger zu sein, je komplexer das Syntagma ist, das sie einzubetten erlaubt. Wir wollen uns deshalb auf die deverbalen Translationen beschränken. Der Unterschied zwischen solchen ersten und zweiten Grades fällt hier nicht ins Gewicht; das Kriterium zu ihrer inhaltlichen Einteilung wollen wir vielmehr daraus ableiten, ob eine Translationsgruppe ein einfaches Wort im Rahmensatz vertritt, oder ob eine Translation ein im Rahmensatz enthaltenes einfaches Wort näher bestimmt.

Wir erhalten so zwei Gruppen von Entfaltungen:

1. Längere Syntagmen anstelle eines Einzelwortes; die Gruppe umfaßt:

    Subjektsätze incl. unpersönlicher Konstruktionen,
    bestimmte Infinitivkonstruktionen,
    bestimmte Objektsätze,

bestimmte adverbiale Nebensätze.

2. Längere Syntagmen entfalten ein im Satz vorhandenes Einzelwort; zu dieser Gruppe zählen:

   Objektsätze oder adverbiale Nebensätze in der Funktion eines Aktanten oder Zirkumstanten, die jedoch mit einem anderen Aktanten referenzidentisch sind,

   adjektivische Translationen, also Partizipien und Relativsätze,

   die Mehrzahl der Gerundien.

Die Fälle der ersten Gruppe werfen keine Probleme auf. Der semantische Vorteil, der sich daraus ergibt, den zweiten oder dritten Aktanten, bzw. einen Zirkumstanten durch einen Nebensatz zu ersetzen liegt auf der Hand; es läßt sich eine größere Zahl von Informationen einbringen. Komplizierte Sach- und Handlungszusammenhänge werden in eine syntaktische Funktion des Rahmensatzes gezwängt. Man vergleiche dazu etwa folgenden Objektsatz:

> Considérant qu'avec raison la société appellante fait valoir que les excuses alléguées par la société intimée, qui sont étrangères aux prix de revient de ses ouvrages, sont sans portée en la cause, puisque les seules justifications à la pratique des prix discriminatoire, admises par l'art. 37, sont tirées des différences dans le prix de revient; (D/S 1979, 59)

Der inhaltliche Unterschied zwischen <u>que</u>-Sätzen und Infinitivsätzen ist nur gradueller Art: Objektsätze eröffnen eine Leerstelle mehr.

Entsprechende Subjektsätze, d. h. Nebensätze, die den ersten Aktanten vertreten, sind recht selten. Von ihrer inhaltlichen Leistung her gesehen können wir jedoch die zahlreichen prädikativen Nebensätze, die in Verbindung mit unpersönlichen Konstruktionen gebraucht werden, den Subjektsätzen gleichstellen. Auch die unpersönliche Verwendung eines Verbs gestattet, ein umfangreiches Satzgefüge auf eine syntaktische Funktion - die des sog. Prädikatsnomens - zu konzentrieren. Wir geben ein beliebiges Beispiel:

> Attendu qu'il résulte des motifs et des qualités de l'arrêt attaqué que la société en nom collectif, fondé en 1925 pour l'exploitation du Moulin de Condetz entre Marcel Vignon et Charles Gatellier a été à la mort de ce dernier, transformée en commandite, Vignon restant seul gérant et les héritiers de Gatellier, sa veuve et son fils Roger, devenant commanditaire;
>
> (Gr. Arr. 815)

Die unpersönlichen Konstruktionen schaffen also - in gewisser Hinsicht - einen Ersatz für Nebensätze in Subjektsfunktion. Einen Ersatz, der umso notwendiger ist, als ein wirklicher Subjektsatz angeschlossen wird: das mit <u>que</u> eingeleitete Syntagma müßte, wenn es in Subjektfunktion gebraucht würde, und nicht als Prädikatsnomen, vor die Verbalgruppe gestellt werden. Diese Lösung ist hier schon deshalb unmöglich, da schon ein anderes <u>que</u>, das der Konjunktion <u>attendu que</u>, als Einleitungswort des Satzes feststeht. Bleibt noch die Möglichkeit, den <u>que</u>-Satz von einem Substantiv abhängig zu machen, das Subjektrolle und Spitzenstellung des Satzes einnähme: "<u>Attendu que le fait que ... résulte de...</u>" Diese Konstruktion birgt jedoch zwei große Nachteile. Sie ist syntaktisch noch komplizierter, insofern eine weitere Einbettungsebene (<u>le fait que...</u>) hinzukommt, und - was schwerer wiegt - sie ist semantisch viel weniger übersichtlich. (In ihrer schnelleren inhaltlichen Erfaßbarkeit trifft sich die unpersönliche Konstruktion mit einem anderen urteilstypischen Satzmuster, der Inversion komplexer Subjektgruppen. Die lineare Anordnung des Inhalts ist in beiden Typen nahezu identisch; vgl. 4. Kap. 3.1.). Die syntaktischen Einbettungszwänge des französischen Urteils machen somit unpersönliche Konstruktionen unvermeidlich. Freilich rechtfertigt das noch keine Treppenkonstruktion wie die folgende:

> <u>qu'il suit</u> de là, <u>qu'il convient</u>, en l'espèce, de prononcer le divorce aux torts exclusifs de ...
> (D/S 1979, 36; wir heben hervor)

Die inhaltliche Leistung der unpersönlichen Verben präzisieren wir als präsentativ und klassifizierend: sie funktionieren präsentativ indem sie ein längeres folgendes Syntagma zusammenfassend vorstellen, und sie funktionieren klassifizierend indem sie eben dieses Syntagma unter eine bestimmte inhaltliche Kategorie einordnen. Die erste Leistung ergibt sich aus der linearen Voranstellung des Verbs, die zweite ist von der Wortstellung unabhängig. Die inhaltlichen Kategorien sind zweierlei Art: entweder sie geben dem Folgenden ein resümierendes Etikett, was bei den Ausdrücken der Gruppe A der Fall ist, wie etwa il est loisible "es ist statthaft", il est fait grief "es ist der Anklagegrund vorgebracht worden"; oder sie bestimmen den rhetorischen Status des Folgenden im Textzusammenhang, was für die unpersönlichen Verben der Gruppe B zutrifft. Die Ausdrücke dieser zweiten Gruppe präsentieren das Folgende - unterschiedlich nuanciert - als Konsequenz aus dem vorhergehenden Textabschnitt; sie dienen der Textkohärenz in doppelter Hinsicht, insofern sie nicht nur eine kataphorische (wie die Ausdrücke der Gruppe A), sondern auch eine anaphorische Beziehung herstellen. Die Wiederaufnahme des Gesagten kann dabei lediglich eine semantisch-logische und textsortenspezifische Implikation sein, wie im Fall von il échet de "es ist notwendig", dem gleichbedeutenden il y a lieu de, sowie il convient "es ist angebracht"; sie kann ein lexikalischer Bestandteil der allgemeinsprachlichen Verbbedeutung sein, wie bei il appert "es geht daraus hervor" il résulte und il s'ensuit; schließlich kann sie verstärkend durch ein explizit anaphorisches Element ausgedrückt werden, wie in il suit de LÀ und D'OÙ il suit. Ein Sonderfall bleibt noch anzufügen: wird das Verb être unpersönlich gebraucht, kann ce als grammatisches Subjekt in Konkurrenz zu il treten (75). Der Gebrauch ist deshalb bemerkenswert, da ce in den Verbindungen c'est ... und c'est ... que ... seine anaphorische Funktion aufgibt und nur kataphorisch auf das Folgende verweist. Konstruktionen wie die folgende gehören daher in die Gruppe A:

> Considérant que c'est vainement que la société intimée prétend s'abriter derrière la liberté du commerce, ce principe ne pouvant en aucune manière l'exonérer de sa faute, si le retrait d'ores et déjà constant des avantages antérieurement consentis s'avère non justifié; (D/S 1979, 59)

Der Unterschied zur gemeinsprachlichen mise en relief durch c'est que besteht darin, daß nicht eine nominale (bzw. pronominale) Gruppe sondern die Verbalgruppe hervorgehoben wird.

Folgendes Schema gibt einen Überblick über das Programm der unpersönlichen Konstruktionen und ihre inhaltlich-textuellen Leistungen (vgl. 4. Kap. 2.1.):

A	nicht anaphorische unpersönliche Ausdrücke	
	il est loisible de	
	il est fait grief à	
	il est relevé appel	
	il y a	
	c'est vainement que	
	c'est à tort que	
B	anaphorische unpersönliche Ausdrücke	
	il échet de	
	il y a lieu de	implizit anaphorisch
	il convient de	
	il appert	
	il résulte	lexikalisiert anaphorisch
	il s'ensuit	
	d'où il suit	
	il suit de là	explizit anaphorisch
	il en est ainsi de	

In der Verbindung mit den Relativpronomina <u>qui</u> und <u>que</u> bietet <u>ce</u> zudem noch die Möglichkeit, einen unabhängigen Satz, ja ein ganzes Satzgefüge, anaphorisch zum Gegenstand eines folgenden Satzes zu machen. Zum Beispiel:

> Attendu que la tutelle des mineurs concerne à la fois (art. 45o c. civ.) la personne du mineur et les biens de ce dernier, ce qui est mis en évidence par l'art. 417 c. civ., qui permet de scinder ces deux tutelles, et le fait que le tuteur a sur le pupille des pouvoirs d'un parent exerçant l'autorité parentale, notamment le droit de garde; (D/S 198o, 624)

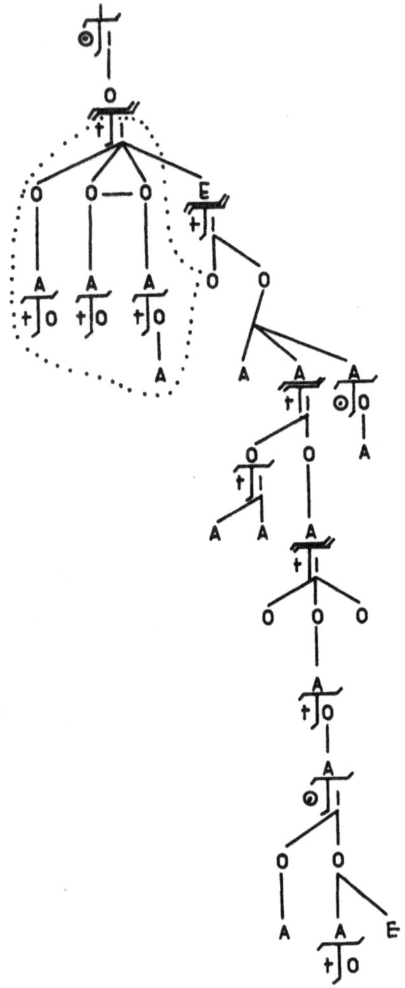

Den anaphorischen Anschluß haben ce qui und ce que mit den Relativpronomen gemeinsam. Tatsächlich ist die Gruppe der Sätze, die diese beiden Pronomina einleiten, jedoch nicht so einfach zu klassifizieren. Tesnière - und das ist bemerkenswert - geht nicht darauf ein. Die Larousse Grammatik führt die Partikel als "pronoms relatifs ... qui fonctionnent comme des substantifs" (Larousse

1964, § 238, 156); die Definition ist durchaus unpräzise, denn auch qui, que und dont funktionieren in ihren Sätzen als Substantive. Klein / Strohmeyer sprechen von einem "neutralen Relativ" (Klein / Strohmeyer 1971, § 282, 163). Indes ist nicht die substantivische Funktion von ce qui und ce que bzw. ihr Verhältnis zum Verb des "Relativsatzes" problematisch, sondern die Art des Anschlusses. Der antécedant, das, worauf der Relativsatz referiert ist ein unabhängiger, einfacher oder erweiterter Satz. Grevisse hilft sich, indem er beide Partikel (ce qui / que) nicht als Einheit auffaßt. Er erklärt ce als Apposition zum vorausgehenden Satz, an die ein herkömmlicher Relativsatz angeschlossen wird (Grevisse [10]1975, § 528, 5o9). Seine Deutung bleibt einigermassen unbefriedigend: sie ist historisierend, denn ce qui wird heute als Einheit empfunden, und sie erweitert stillschweigend den Begriff der Apposition auf eine fragwürdige Weise.

Man kann jedoch der Natur des ce qui / que Relativums näherkommen, wenn man Verwendungen wie im folgenden Satz berücksichtigt: J'ai très bien dormi, ce qui est étonnant parce que j'avais copieusement dîné. Das Beispiel zeigt, daß ce qui / que durchaus auf einzelne Wörter referieren können: auf Verben (76). Ein solcher ce qui / que Satz ist in Tesnièrescher Terminologie nicht als I >> A, sondern als I>> E zu notieren; d. h., er bezieht sich direkt auf das syntaktische Zentrum, auf das Wort, das die höchste Hierarchiestufe im Satz einnimmt. Es liegt nahe, daß mit dem Verb auch die von ihm direkt abhängigen Satzelemente semantisch mitaufgenommen werden können, umso eher, je unbedeutender die inhaltliche Funktion des Verbs selbst ist.

Wir können aus dem Gesagten schließen, daß das Etikett "Relativsatz", angewandt auf ce qui / que Sätze, einer vorschnellen Verallgemeinerung Vorschub leistet. Im Tesnièreschen Sinn haben wir es nicht mit einem Relativsatz, d. h. mit einer adjektivischen Translation 2. Grades (I >> A) zu tun, vielmehr mit einer proposition circonstancielle (I >> E). Gemeinhin beziehen sich auch die anderen Nebensätze dieses Typs auf einen ganzen Satz und nicht nur auf dessen Verb, dem sie funktional als Adverb zugeordnet sind. Anders formuliert: der syntaktischen Unterordnung des Adverbs unter das Verb entspricht durchaus nicht immer eine direkte semantische Abhängigkeit.

Abschließend bleiben uns noch die Entfaltungen der zweiten Gruppe (s. o. S. 189) zu besprechen: die Translationen, die mit einem anderen Aktanten desselben Satzes referenzidentisch sind und diesen inhaltlich "entfalten". Wir stellen folgendes Beispiel voran:

> Considérant que l'art. 42 de la loi du 27 déc. 1973 dispose: "Les infractions aux dispositions des art. 37, 38, lo et 11 sont assimilées à des pratiques de prix illicites et constatées, poursuivies et réprimées dans les conditions fixées par l'ordonnance n° 45-1484 du 3o juin 1945"; (D/S 1979, 58)

Wir haben auch hier einen Objektsatz in der Funktion des 2. Aktanten. (Die Tatsache, daß es sich um ein direktes Zitat und nicht um eine <u>que</u>-eingeleitete indirekte Rede handelt, ändert daran nichts: die Translation wird graphisch durch Doppelpunkt und Anführungszeichen symbolisiert.) Im Unterschied zu dem oben zitierten Objektsatz ist der 2. Aktant hier mit dem 1. identisch: während der 1. Aktant ("l'art. 42") nur symbolisch auf den Inhalt referiert, besteht die Aufgabe des 2. Aktanten ("les infractions ... sont assimilées à") darin, zu konkretisieren und zu präzisieren. 1. und 2. Aktant verhalten sich zueinander wie Namensnennung und Personenbeschreibung. Zwischen beiden Aktanten besteht eine direkte semantische Abhängigkeit: der 2. entfaltet die Bedeutung des 1. Das nächste Beispiel wird zeigen, daß 2. und 3. Aktant sich ebenso zueinander verhalten können.

Augenfälliger als in Objektsätzen ist die Entfaltung im Sinne einer semantischen Konkretisierung in adjektivischen Translationen, in Partizipien und Relativsätzen also. Ein extremes Beispiel gibt uns der in 2.4. zitierte Text (Anhang IX). Da der inhaltliche Aufbau zur Debatte steht, folgt dasselbe Stemma hier noch einmal mit Wörtern gefüllt.

Das Stemma zeigt attendu que (1o) des Textes Anhang IX

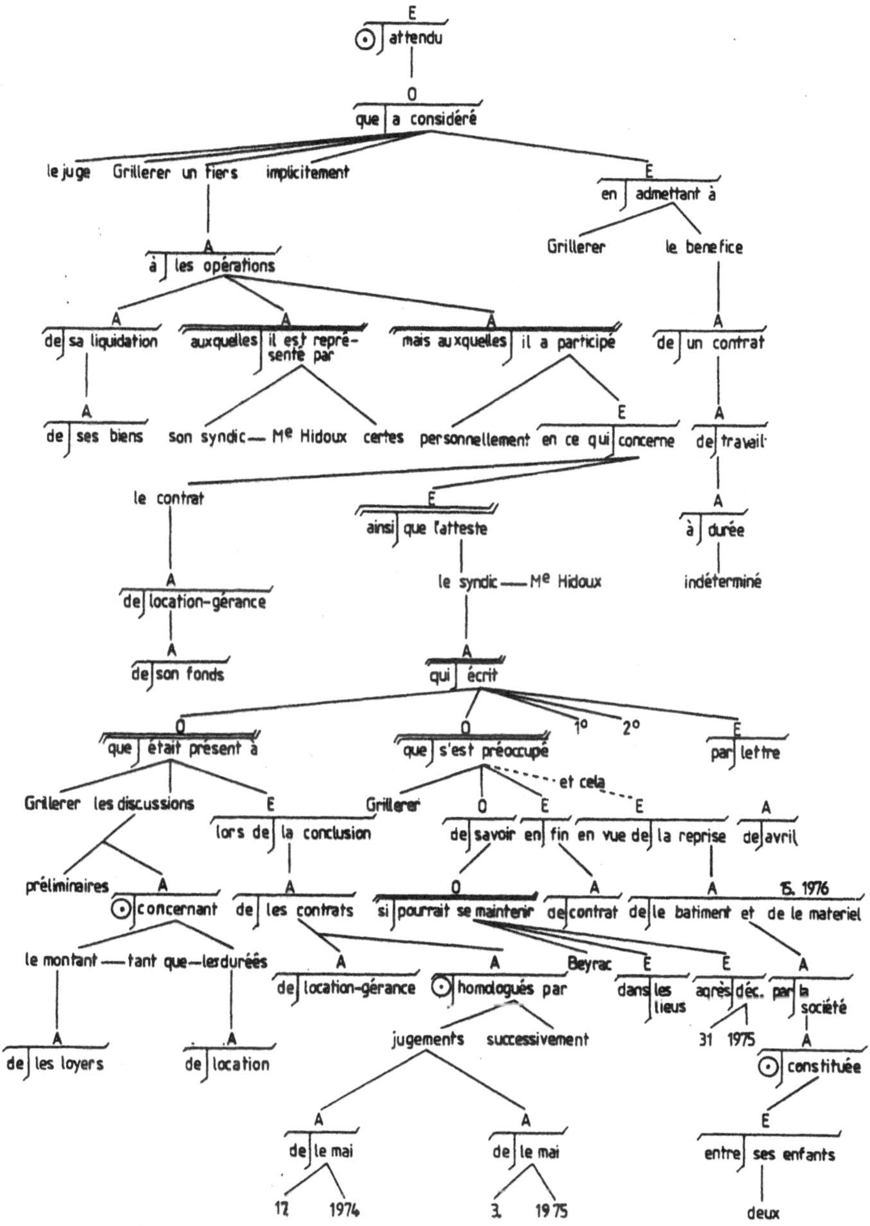

Wir wollen zunächst klarstellen, worum es geht: ein ergangenes Urteil wird in zweiter Instanz interpretiert. Den Ausgangspunkt bildet eine allgemeine zusammenfassende Feststellung, in der die Beteiligung der Beklagten und die Art des strittigen Rechtsgeschäfts begrifflich gemacht wird.

> Le juge a considéré Grillerer comme un tiers aux opérations de la liquidation des biens

1. und 2. Aktant sind dabei mit 1. und 2. Aktanten des Gesamturteils identisch; es handelt sich um den rechtsprechenden Richter (1.) und den Berufungsbeklagten Grillerer (2.). Die beiden sind vorgegeben, d. h. thematisch. Der dritte Aktant, der wesentlich enger als die beiden anderen mit dem Verb verbunden ist, trägt die Prädikation, ist also rhematisch. 2. und 3. Aktant stehen in demselben semantischen Verhältnis wie 1. und 2. Aktant des vorigen Beispiels: sie entsprechen ein- und derselben Person, und der Aktant mit der größeren Ordnungszahl (hier 3.) ist als inhaltliche Präzisierung des Aktanten mit der nächstkleineren Ordnungszahl (hier 2.) aufzufassen. In diesem Fall handelt es sich um die Entfaltung eines ganz bestimmten inhaltlichen Aspekts. Es ist zwar erforderlich, den Beteiligten als Person mit seinem bürgerlichen Namen einzuführen, es interessiert aber nicht die Person als solche, sondern nur deren juristisch relevantes Verhalten. Eben diese Aufgabe der semantischen Spezifizierung fällt dem nicht vorgegebenen Mitspieler des Verbs zu - in unserem Fall dem 3. Aktanten. Das Beispiel bestätigt, was wir über die Rollenverteilung der Aktanten des Gesamturteils gesagt haben (s. o. 2.2.): da alle Aktantenrollen des dispositif-Verbs fest besetzt sind, bleiben auf der Ebene des ganzen Urteils nur die Zirkumstanten, sprich: motifs, zur Entfaltung des zweiten Aktanten.

Freilich reicht zur inhaltlichen Präzisierung ein schlichtes juristisches Etikett gewöhnlich nicht aus. Weitere Bestimmungen müssen angeschlossen werden. Das heißt in unserem Beispiel: die persönliche Verwicklung des Berufungsbeklagten wird zunächst konkretisiert.

> ... auxquelles il est représenté par son syndic, Maître Hidoux, mais auxquelles il a participé personnellement en ce qui concerne le contrat de location - gérance de son fonds ...

In einem zweiten Schritt wird diese Bestimmung dann belegt: die entscheidenden Aussagen eines Zeugen werden beigebracht. Es entsteht so ein syntaktisches Gefüge von acht Nebensätzen und drei Partizipial- bzw. Infinitivgruppen auf 6 Einbettungsebenen (s. o. 2.4.). Das Ganze wird in adjektivischer Funktion an den zentralen Begriff un tiers aux opérations de la liquidation des biens angeschlossen. (Der Ausdruck "Entfaltung ist auch deshalb treffend, weil er die fächerartige Darstellung des syntaktischen Verfahrens im Stemma veranschaulicht.)

Mit zunehmender syntaktischer Abhängigkeit werden die gegebenen Informationen konkreter, so daß die wichtigsten oft auf der niedrigsten Hierarchiestufe stehen: im Beispiel etwa die Angabe von Daten, oder die Nennung eines Beteiligten im Nukleus la reprise des bâtiments et du matériel par la société constituée entre ses deux enfants. Tesnière bestätigt diese Beobachtung.

> Plus un mot est bas situé sur l'échelle structurale, plus il a des chances d'être essentiel pour le sens de la phrase. (Tesnière 43, § 8)

In der Reihenfolge und hierarchischen Schichtung von Abstraktem und Konkretem finden wir dasselbe Ordnungsprinzip wieder, das uns bei der Staffelung des Textes in Metaebenen begegnet ist (s. o. 1.2.2.2.).

VIERTES KAPITEL: Die sprachliche Norm des Urteils

> En général, les langues spéciales se développent sur le fonds commun d'une langue vivante. Mais il y en a qui sont aussi mortes que le latin peut l'être. Ainsi la langue des tribunaux. Chaque terme y a reçu une acception définitive; les magistrats doivent l'apprendre et s'y conformer sans y rien changer.
>
> Joseph Vendryes

Sowenig die starre, traditionelle Form des Urteils erforderlich wäre, sowenig stellt sich für das Gros der Richter die Frage ihrer Rechtfertigung. Als Leitfaden für das richterliche Selbstverständnis und dessen sprachliche Auswirkungen dient uns im folgenden das normative Standardwerk Pierre Mimins "Le style des jugements" (1).

In dieser Bauanleitung schlechthin für das Verfertigen von Gerichtsentscheidungen heißt es:

> Cette manière, qui fond le jugement en un seul bloc, ne manque pas d'allure. La comparaison avec les formes de juridictions étrangères et avec les tentatives ratées de quelques novateurs, nous a convaincu qu'il est sage de s'en tenir à la primitive observance. Par elle on peut sauver les plus humbles détails. Si on l'abandonne, on s'expose à des résultats sans prestiges. (Mimin ebd., 185)

Eine wirkliche Begründung ist damit keineswegs gegeben; die Begriffe <u>allure</u> und <u>prestige</u> sind jedoch programmatisch genug, um unmißverständlich die Richtung zu zeigen, in welcher wir die Rechtfertigung der Form zu suchen haben: das Urteil soll erstens in seiner Form den Ansprüchen einer puristischen Norm genügen; in dieser Form soll zweitens die gesellschaftlich-soziale Rolle der Rechtsprechung einen ihr angemessenen Ausdruck finden.

Die traditionelle Form der Rechtsprechung wird zur "règle évidente de notre stylistique judiciaire" (ebd., 133). Verstöße dagegen gelten als "attentats" (ebd.). Die Alternative eines schlichten, unprätentiös berichtenden Urteils, wie man es im anglo-amerikanischen Raum erfolgreich praktiziert (2), wird von Mimin nicht argumentativ abgewiesen, sondern ein entsprechendes französisches Beispiel - das er immerhin gefunden hat - wird lapidar abgetan; es scheint keine ernsthafte Auseinandersetzung wert:

> Ce n'est pas cette narration qui pourra nous induire à délaisser la construction classique en dépit de la lourdeur des "attendu ...; que ...; que ...;" (ebd., 186)

Denn:

> Il n'est pas besoin de soutenir longtemps ce genre pour produire quelque chose qui ne ressemble plus du tout à une décision de juge. (ebd., 195)

Die Bemerkung ist sicherlich in polemischer Absicht geschrieben; doch ist sie in ihrer argumentativen Dürftigkeit aufschlußreich: das Urteil ist ein Urteil, weil, wenn es so aussieht, wie ein Urteil immer ausgesehen hat. Die Form steht so fest, daß sie wie selbstverständlich mit ihrer Funktion identifiziert werden kann.

Konstitutiver Bestandteil der Textgestalt ist eine archaisierende Ausdrucksweise, in der sich Fachsprachliches und vorklassische Elemente des <u>français cultivé</u> zusammenfinden. Der Stil der oben zitierten Vollzugsformel (S. 101) prägt auch das Urteil selbst. Erscheinungen, die wir dort als abweichend empfinden, begegnen auch hier: Pleonasmen, abweichender Artikelgebrauch u. ä. Fachliche Gründe reichen hier zur Erklärung nicht aus; wir sehen uns auf das besondere Sprachbewußtsein der Richterschaft verwiesen. Um an die geschichtlichen Bedingungen der Verbindung von Formalisierung und spezifisch puristischem Sprachbewußtsein zu erinnern, wollen wir das wichtigste Ergebnis unseres historischen Überblicks (2. Kap.) resümieren. Wir hatten dort die heutige Gestalt des Urteils aus dem spannungsvollen Zusammenwirken der beiden divergierenden Gestaltungsprinzipien erklärt.

Der utopische Erneuerungswille der Revolution ging davon aus, daß die logische Anwendung klarer, jedermann einsichtiger Gesetze keiner Interpretation mehr bedürfe. Im nüchternen Syllogismus sah man die angemessene Form für eine angeblich logisch-mechanische Subsumtion des Falles unter die Gesetze, die als Gesetze einer universalen juristischen Vernunft verstanden wurden. Das lakonische motif-dispositif-Modell wurde geboren.

Die archaisch puristischen Bestrebungen waren zunächst gar nicht im Sinn der neuen Form oder auch des neu kodifizierten Rechts überhaupt. Doch nach der Wiedereinsetzung ihres Standes gelang es der Richterschaft die neue Form ihrem überkommenen Sprachideal gemäß zu gestalten und zu festigen, und so die rechtlich fortschrittlichen und nicht nur für Frankreich vorbildlichen Neuerungen der Revolution bzw. der napoleonischen Kodifizierungen auf - sprachlich gesehen - unheilvolle Weise zu konterkarieren.

1. Das Sprachbewußtsein der Richter oder die Frage nach der "Angemessenheit"

> Le style soutenu, qui est celui des jugements écrits, ne suit que de très loin le parler populaire.
>
> Pierre Mimin

Das richterliche Sprachbewußtsein geht keineswegs im zweifellos geschärften Bewußtsein auf, das Juristen Sprachlichem von Berufs wegen entgegen bringen (müssen). (3) Zu diesem "internen Sprachbewußtsein" (Gauger 1976, 47 f) kommt ein gruppenspezifisches "externes". Gauger bestimmt diese Einstellung des Sprechenden zu seinem Sprachbesitz - allerdings im Hinblick auf ethnische Minderheiten - folgendermaßen:

> Es geht um ihre sprachliche Selbsteinschätzung, die ihrerseits von der ihr zuteilwerdenden Fremdeinschätzung nicht unabhängig ist. Hier tritt - auch insofern paßt die Kennzeichnung "extern" - das differentielle Moment hervor: ich spreche diese Sprache und nicht jene.
>
> (ebd., 51)

Das "externe" Sprachbewußtsein ist also weniger ein sprachliches, als ein soziales Phänomen, das sprachliche Auswirkungen zeitigt. Gauger setzt hinzu, daß das externe Sprachbewußtsein "ein starkes Element des Ideologischen" enthält (ebd., 52).

Eine solche Einstellung zur Sprache dient wesentlich der Abgrenzung nach aussen und der Schaffung von Kohäsion nach innen; sie wird zu einem Faktor der "symbolischen Integration" (Fishman 1971, 44 f). In diesem Sinn gilt auch die Bemerkung Schlieben-Langes:

> Im Sprachbewußtsein definieren sich die Sprachgemeinschaften bzw. Subgruppen selbst. (1973, 96)

Um diese allgemeinen Bemerkungen für unseren Kontext zu konkretisieren, wollen wir die ideologische Komponente genauer beleuchten. Zunächst müssen wir festhalten, daß das Vorhandensein eines externen Sprachbewußtseins keineswegs selbstverständlich ist; es könnte durchaus fehlen (4), zumal da wir es soziologisch gesehen nicht mit einer Minorität, sondern mit einer Gruppe von Fachleuten zu tun haben. Fachsprachliche Eigenheiten aber rechtfertigen sich sachlich (vgl. 1. Kap. 1.2.1.). Dazu Hugo Moser:

> Die hier statuierten Normen dienen primär rein praktischen Kommunikationsbedürfnissen der Vertreter der betreffenden Fachgebiete, also eines begrenzten Kreises und nicht der ganzen Sprachgemeinschaft. (...) Die Wertungsmaßstäbe für solche reine Zwecksprachen sind Genauigkeit und Bequemlichkeit. (1967, 31 f)

Die in diesem Sinn fachsprachliche Schicht des Urteilsstils bleibt stets transparent genug, um die Ideologie des Französischen deutlich werden zu lassen, die den richterlichen Sprachgebrauch trägt. Aphoristisch pointiert: das von Berufs wegen geschärfte Sprachbewußtsein der Richter ist von Standes wegen noch zugespitzt.

Die Frage nach den Maßstäben, an denen sich die zugrundeliegende Norm orientiert, führt uns zu den Inhalten der Sprachideologie, an erster Stelle zu der Forderung, alles habe dem Urteil inhaltlich wie formal "angemessen" zu sein. Die inhaltliche Angemessenheit interessiert uns hier weniger; sie beschränkt sich im wesentlichen auf die Grundbedingung der <u>utilité</u>; nur was eine unmittelbare Relevanz für die Entscheidung hat, gehört in den Urteilstext - alles andere ist überflüssig.

Sprachideologisch interessant sind die Kriterien der formalen Angemessenheit. Der Begriff setzt eine doppelte Wertung voraus: eine Wertung der Prozeßsituation bzw. der abschließenden Urteilshandlung und eine normative Wertung des adäquaten Sprachniveaus das der "Würde des Gerichts" entspricht. Um die oberste Tugend zu benennen, der ein Stil gehorchen muß, damit er der dignité angemessen sein kann, greift Mimin auf den - aus der Ästhetik der französischen Klassik wohlbekannten - Begriff der "décence" ([4]1978, 233) zurück. Er spricht auch von "dignité du style" (232), "style pur" (62), ja sogar von "chasteté du style judiciaire" (86). Kurzum, eine "élémentaire noblesse de langage" (82) ist unverzichtbar.

Die im engeren Sinn fachsprachlichen und die gemeinsprachlichen Elemente werden so auf dieselbe idealisierte Norm des Französischen verpflichtet, die sich wie folgt umreissen läßt: sie ist zunächst unbedingt traditionsgebunden, und zwar an eine fachsprachliche Tradition, die durchaus vor die Normierung der Hochsprache zurückreicht. Die Unbedingtheit der Bindung äußert sich - wie wir sehen werden - in einer uneingeschränkten Bewahrung der historischen und archaischen Elemente. Historisch gesehen begegnen wir hier den Folgen der "reaktionären" Normierung der Rechtssprache im 17. Jhdt.; reaktionär insofern, als sie in direkter Reaktion auf die Aristokratisierung des Verhaltens- und Sprachideals des Absolutismus erfolgte (vgl. 2. Kap. 2.2.): der durch das sprachkritische Interesse der Zeit abrupt ins Bewußtsein tretende altertümliche Charakter des juristischen Sprachgebrauchs sollte um jeden Preis konserviert werden. (Im nächsten Punkt werden wir konkret darauf eingehen.)

Der Bruch zwischen Fachsprache und hochsprachlicher Norm zählt heute umso schwerer, als die klassische Norm inzwischen selbst den Anschluß an den usage der Sprecher zu verlieren droht und ihrerseits einen in weiten Teilen bereits historischen Sprach"zustand" zu erhalten und zu ästhetisieren sucht. Vieles, was die präskriptive Norm verlangt, gehört zu den diachronischen Elementen in der Bewußtseinskopräsenz der Sprecher (5).

Auf der Kehrseite von Purismus steht allemal Konservierung. Das richterliche Festhalten an der überkommenen Norm geschieht also weiterhin, zumindest teilweise, in sprachpflegerischer Absicht; schwindende und bereits geschwundene Wörter, Wendungen und Konstruktionen sollen dank der Urteilssprache dem Französischen erhalten bleiben. Der ideologische Anspruch tritt hier offen zutage: das skizzierte Sprachideal ist standestypisch, es entstammt einem fachlichen und fachsprachlichen Kontext, beansprucht jedoch für die Gemeinsprache gültig zu sein. Jeder Purismus verlangt Konservierung, andererseits kann aber auch eine Konservierungsabsicht oder -notwendigkeit sekundär zu Purismus führen. Über eine kausale Abhängigkeit der beiden Haltungen ist damit nichts gesagt.

Wir werden im folgenden zeigen, welche Auswirkungen das Nebeneinander von fachsprachlichen und sprachpuristischen Forderungen für die lexikalische und syntaktische Ebene der Urteile mit sich bringt. In den Begriffspaaren der folgenden Überschriften "mot propre und pureté", "clarté und phrase unique" wird die doppelte Orientierung stichwortartig und exemplarisch angedeutet.

2. Die lexikalische Seite: mot propre und pureté

Das erste Kapitel des zitierten Buchs von Pierre Mimin (^{4}1978) mit dem Titel "Vocabulaire" (15 - 128) ist in vier Abschnitte geteilt: A propriété des termes, B pureté des termes, C utilité des termes und D euphonie. Zwei davon, die Forderungen nach propriété und utilité sind fachlich, die beiden anderen resultieren aus dem normativen Sprachideal; doch nur propriété und pureté sind ausschließlich auf die Wortwahl bezogen, so daß wir uns in erster Linie mit diesen beiden befassen.

Beide Begriffe, sowohl die propriété als auch die pureté, gehören seit langem zum Instrumentarium der französischen Sprachkritik. Bezeichnend ist jedoch, daß sie aus zwei durchaus verschiedenen, wenn nicht einander entgegengesetzten Traditionen stammen. Die "Reinheit des Wortschatzes" ist eng mit dem Sprach- und Persönlichkeitsideal der französischen Klassik verbunden (6). Die propriété dagegen ist eher Ausdruck der aufklärerischen Sprachauffassung des 18. Jhdts.: die gewandelte Einstellung zum Fachlichen und Wissenschaftlichen bedingte eine tolerantere Haltung gegenüber Fachwörtern und termini technici. Gauger weist darauf hin, daß sich diese Tendenz schon in der Synonymik des Abbé Girard (1718) deutlich ankündigt (7). Die Enzyklopädisten, namentlich Diderot, spielen den Begriff der pureté offen gegen den der propriété aus (8). Man sieht, die Sprachideale, die hinter den beiden Konzeptionen stehen, schließen sich eigentlich aus, denn im Zweifelsfall entspricht das mot propre gerade nicht dem Reinheitsgebot.

Für eine Fachsprache, die in erster Linie präzis sein will, ist dieser Befund sicherlich befremdlich. Utilité und propriété meinen im übrigen etwas ganz Ähnliches. Der erste Begriff bedeutet für Mimin Präzision und Konzisität des Urteils.

> La langue du juge rejette les pléonasmes vicieux, la battologie, les mots surabondants, les conjonctions multiples, les épithètes qui prétendent sans nécessité orner un substantif ennemi, tous les parasites. (Mimin ebd., 99)

Das Bemühen um schlichte Prägnanz des Ausdrucks ist durchaus nicht urteilstypisch; als gerechtfertigte und sinnvolle stilistische Forderung gilt sie für alle Fachsprachen, in denen die Rhetorik keine beherrschende Rolle spielt. Doch handelt es sich nicht eigentlich um ein lexikalisches sondern eben um ein rhetorisches Prinzip. Das präzise Einzelwort ist eben das mot propre, dessen Verwendung in der Tat eine Grundbedingung der Rechtsprechung ist. Das genaue Wort einer Fachsprache ist gewöhnlich ein terminus technicus. Es ist jedoch charakteristisch, daß die Richter ihrem eigenen Fachvokabular mit einer gewissen Zurückhaltung begegnen, so daß Mimin auf seiner Verwendung ausdrücklich bestehen muß:

> Dans les décisions de prétoire, il faut nécessairement et hardiment introduire les termes juridiques créés pour des situations, des actes ou des buts que, seuls, ils peuvent représenter avec exactitude. (ebd., 32)

Er schließt eine Liste von exklusiv rechtssprachlichen Termini an, deren Gebrauch unabdingbar ist, da in der Gemeinsprache keine äquivalenten Ausdrücke zur Verfügung stehen. (Die vollständige Liste geben wir im Anhang XVII mitsamt deutschen Entsprechungen wieder.) Die wenigsten dieser Fachausdrücke sind auf die Verwendung im Urteil beschränkt; als Termini sind sie der Rechtssprache im allgemeinen eigen. Wir wollen uns hier darauf beschränken, die verschiedenen Schichten zu umreißen, aus denen sich das im engeren Sinn rechtliche Fachvokabular zusammensetzt.

Die älteste Schicht besteht aus ehemals volkssprachlichen Wörtern, die in der Gemeinsprache inzwischen ausgestorben sind und nur noch in fachlicher Verwendung weiterleben. Folgende Wörter der Liste lassen sich aufgrund ihrer Lautgestalt als alte Erbwörter einordnen:

l'affouage m. - Recht zum Einsammeln von Brennholz < vlat. *_affocare_ "heizen" zu lat. _focus_

débouter - "zurückweisen einer Klage" < fränk.*_botan_ "stoßen" (vgl. rhein. _bott_ "unhöflich")

le douaire - "Witwenrente" < mlat. _dotarium_ "Schenkung"

entériner - "bestätigen" < afrz. _enterin_ "vollständig" < lat. _integer_ (Dublette zu _entier_)

ester(en justice) - "vor Gericht stehen" < lat. _stare_

forclos - "durch Fristablauf ausgeschlossen" < afrz. _fors_ + _clore_

l'hoirie - "Erbschaft" < afrz. _oir_ "Erbe" < vlat. _herem_ (lat. _heredem_)

huis clos - "unter Ausschluß der Öffentlichkeit" < vlat. _ustium_ (lat. _ostium_ "Tür") l'oyant compte m. - "derjenige, der die Rechnungslegung entgegennimmt", Part. Präs. von afrz. ouir "hören"

la soulte - "Wertausgleich" afrz. soudre "bezahlen < lat. solvere "lösen"

Hinzu kommen allein drei Ausdrücke aus dem Bereich des Pfandrechts:

(saisie)brandon - "Pfändung auf dem Halm" < afrz. brandon "Fackel" < germ.*brant

(saisie) foraine - "Pfandrecht des Gastwirts" < vlat. foranus (lat. foris "fremd")

(saisie) gagerie - "Beschlagnahme zur Wahrung eines Einbehaltungsrechts" < afrz. gagerie "Verpflichtung" zu afrz. gage Pfand, Wette" < fränk.*waddi "Pfand" über die latinisierte Form vadium.

Schließlich noch das Adjektiv taisible in

société taisible - "stille Gesellschaft" < afrz. taisir "schweigen" < lat. tacere.

Aber auch unter den gelehrten Bildungen sind manche, die bis ins Mittelalter zurückreichen. (Wir entnehmen die Jahreszahlen der Erstbelege aus Dauzat/Dubois/Mitterand ^{4}1971 (= DDM), Greimas ^{2}1968 und Robert 1973.)

la cancellation - "Entkräftung" < afrz. canceler "streichen" < lat. cancellare; Erstbeleg 1293 (DDM, 129 a);

la contumace - "Abwesenheit vor Gericht" < afrz. contumace "obstination, révolte" <lat. contumax, -acis "stolz, eigensinnig"; Erstbeleg 126o, die juristische Bedeutung taucht zuerst in der Form contumacion 1372 auf (Greimas 139 a)

la dation	- "Schenkung" < gleichbed. lat. *datio*, Erstbeleg 1272 (Greimas, 158 a)
le part	- "neugeborenes Kind", in Ausdrücken wie:
la suppression de part	- "Verheimlichung eines Kindes"
la confusion de part	- "Unsicherheit der Vaterschaft" < lat. *partus, us* "Geburt, das Neugeborene"; Erstbeleg Mitte 12. Jhdt. (Greimas, 476 b)
recoler	- "verlesen" < lat. *recolere*, eigentlich "wieder anbauen, wiederherstellen"; Erstbeleg 1337 (DDM, 635 a)

In allen Phasen der französischen Rechtsgeschichte wurde das Fachvokabular durch mehr oder weniger stark französisierte Übernahmen aus dem Reservoir der lateinischen Rechtssprache aufgefüllt. Diesen Wörtern läßt sich ihr Entstehungsdatum ebenfalls nicht ansehen. Man vergleiche folgende Beispiele:

(testament) nuncupatif	- "mündliches Testament" < lat. *nuncupativus* zu lat. *nuncupare* aus *nomen* und *capere* "feierlich sagen"; Erstbeleg Anfang 14. Jhdt. (DDM, 5oo b)
le pignoratif	- "Pfandvertrag" < lat. *pignorativus* zu *pignorare* "pfänden"; Erstbeleg 1567 (DDM, 566 b)
supplétoire	- "der Vervollständigung der Beweismittel dienend" < mlat. *suppletorius*; Erstbeleg 22.4.179o (DDM, 722 a)

Das Suffix des letztgenannten Ausdrucks, bzw. dessen latinisierende Variante *-atoire* waren in der Rechtssprache außerordentlich produktiv. Meyer-Lübke weist darauf hin, daß es "im neulateinischen und infolgedessen im mitteleuropäischen wissenschaftlichen Jargon ziemlich verbreitet" ist (1921, § 134, 99).
Er zitiert selbst die juristischen Beispiele *accusatoire*, *abro-*

gatoire. Seine Bemerkung, die -atoire Bildungen seien alle wieder aufgegeben worden (vgl. ebd.), stimmt für die Rechtssprache nicht. Beide Suffixe, -oire und -atoire, haben sowohl Adjektive wie Substantive geformt, die merkwürdigerweise ausnahmslos Maskulina sind. Unsere Aufstellung gibt die Beispiele:

(sentence) absolutoire	- "freisprechend"
comminatoire	- "androhend, angedroht"
(clause) commissoire	- "Klausel der Nichterfüllung, die Ungültigkeit eines Vertrages herbeiführt"
compromissoire	- "sich vergleichend"
le compulsoire	- "Verfahren zur Erlangung einer gerichtlichen Anordnung zur Vorlegung einer Urkunde"
conservatoire	- "verwahrend"
(serment) décisoire	- "Entscheidungseid"
le délinatoire	- "Ablehnungserklärung"
l'exécutoire	- "Kostenfestsetzungsbeschluß"
exécutoire (Adj.)	- "vollstreckbar"
frustratoire	- "in täuschender Absicht"
l'interlocutoire m.	- "Zwischenurteil"
la caution juratoire	- "eidliche Versicherung"
le moratoire	- "Moratorium"
pétitoire	- "petitorisch"
le possessoire	- "Besitzklage"
provocatoire	- "zum Verbrechen herausfordernd"
action récursoire	- "zur Wiederaufnahme eines Verfahrens"
rémunératoire	- "belohnend"
le rescisoire	- "Verfahren zur Erlangung eines Urteils anstelle eines vorher aufgehobenen Urteils (requête civile)"
résolutoire	- "aufhebend, resolutiv"
révocatoire	- "widerrufend"
(formule) rogatoire	- "ersuchend"
(serment) supplétoire	- s. o.

Die griechischen Elemente unter den Fachtermini sind (mit Ausnahme von *synallagmatique* "gegenseitig") über den Umweg des Lateinischen in die französische Rechtssprache gekommen, wobei die justinianischen Kodifikationen die entscheidende Vermittlerrolle gespielt haben mögen. Beispiele griechisch-lateinischer Grundwörter sind:

anatocisme - "Zinseszins" < mlat. *anatocismus* zu gr. *ana* + *tokos* "Zins"; Erstbeleg 16o3 (Robert, 59 a)

antichrèse - "Nutzungspfandrecht" < gr. lat. *antichresis* "Gegengebrauch"; Erstbeleg 16o3 (Robert, 67 a)

chirographaire - "handschriftlich" < spätlat. *chirographarius* zu gr. *kheir* "Hand" und *graphein* "schreiben"; Erstbeleg 16. Jhdt., das Substantiv *chirographe* ist schon 119o belegt (DDM, 163 b)

(bien) paraphernal - "Paraphernalgut" zu gr. lat. *paraphernalis* aus gr. *para* + *pherné* "Schenkung"; Erstbeleg Mitte 14. Jhdt. (DDM, 533 a)

olographe - "eigenhändig" < spätlat. *holographus* zu gr. *holos* und *graphein*; Erstbeleg Anfang 17. Jhdt. (DDM, 5o8 b)

Manche wichtige Termini scheinen ohne erkennbaren lateinischen Einfluß direkt in der französischen Rechtssprache geprägt worden zu sein; so etwa:

casser - "ein Urteil aufheben" < lat. *quassare* "schütteln" (Intensivum zu *quatere*); Erstbeleg der juristischen Bedeutung im 13. Jhdt. (DDM, 141 a); das Substantiv ist schon 1413 belegt (Robert, 236 a)

Ähnlich verhält sich:

se pourvoir - "ein Rechtsmittel einlegen" < lat. *providere*, das keine juristische Bedeutung hat; Erstbeleg 168o (Robert 1365 a), das zugehörige Substantiv *le pourvoi* wurde im Code Napoléon geprägt (Robert ebd.).

Alle genannten Fachausdrücke gehören zu den lexikalisch nötigen Bestandteilen der Rechtssprache. Faktisch allerdings erstreckt sich die Terminologisierung der französischen Urteilssprache auch auf Bereiche, in denen sie keine sachliche Rechtfertigung mehr findet. Als Beispiel geben wir die im Urteil üblichen Anredeformen.

Grundsätzlich ist die Art der Anrede von der Rolle der angesprochenen Person im Prozeß abhängig. Zeugen und Drittpersonen sollen *le sieur*, *la dame*, *la demoiselle* tituliert werden (9). Die Parteien, die direkt Angesprochenen also, sind mit *le nommé*, *la femme*, *la fille* zu titulieren (Mimin ^{4}1978, 27). Das Beste sei, fügt Mimin hinzu, die Parteien einfach mit ihrem Namen anzusprechen:

> Monsieur, Madame, Mademoiselle, sont des appellations jamais accordées aux parties. Ces expressions "ne sont pas admises", dit une circulaire du premier président de la Cour de cassation du lo juin 1921, qui semble vouloir s'appuyer sur les décrets du 27 novembre 179o et du 6 juillet 181o. (ebd., 26 f)

Mimin selbst merkt dazu an, die beiden Dekrete würden überinterpretiert, denn ihr Zweck habe lediglich darin bestanden, eventuell vorhandene Adelsprädikate oder andere Titel des Ancien Régime zu unterdrücken (lo). Die Konsequenz freilich, die alltagssprachlichen und vollkommen neutralen Anredeformen zuzulassen, zieht Mimin nicht. Dagegen - und das zeigt, daß die Traditionsverbundenheit hier zu einer ganz und gar paradoxen Regelung führt - läßt er den Gebrauch der alltagssprachlich abschätzigen Ausdrücke *le nommé*, *la femme*, und *la fille* zu (11). Und er zeigt sich für den abwertenden Sinn dieser Bezeichnungen durchaus empfir lich, wenn er Dritte und Zeugen ausdrücklich davon ausnimmt.

> Les témoins sont assez mal récompensés de leur présence au Palais. N'allons pas, pour comble, dire en les désignant: le nommé, la femme, la fille. Rien n'empêche de les honorer d'une appellation mois dédaigneuse: le sieur, la dame, la demoiselle, ou de recourir à leur titre, si possible: le commandant A ..., le professeur B ..., la marquise de C ..., le docteur D ...
>
> (ebd., 31)

Auch Monsieur und Madame sind erlaubt; nach der Norm jedoch nur in sehr präziser Verwendung:

> Monsieur est réservé aux magistrats. (...) Pour les femmes magistrats, nous avons proposé l'appellation de Madame (...). Mais, si on désigne le magistrat par sa fonction, Monsieur disparaît dans tous les cas où le magistrat visé occupe un rang inférieur au rang du président de la juridiction qui statue.
>
> (ebd., 29 f)

Der Gebrauch von Monsieur und - viel seltener - Madame ist für die respektvolle Ehrenbezeichnung des Gerichtsvorsitzenden reserviert. Diese fachliche Bedeutung fehlt übrigens im "Petit Robert" ebenso wie im "Wörterbuch der deutschen und französischen Rechtssprache" von Michel Doucet (Doucet 1966).

Die subtile Scheidung der Anredeformen ist auch historisch völlig inkonsequent, aber nichtsdestoweniger symptomatisch. Einerseits bewahrt sie einen Rest revolutionären Sprachgebrauchs, insofern sie die allgemeine Verwendung von Monsieur, Madame, Mademoiselle vermeidet, andererseits führt sie aber gerade vorrevolutionären Gebrauch fort, indem sie die genannten Anreden als besondere Ehrenbezeichnungen terminologisiert und mit le sieur, la dame, la demoiselle eine gegenüber Monsieur, Madame und Mademoiselle noch ältere Stufe festhält.

Auffallend an der heutigen juristischen Verwendung der Anredeformen im Urteil ist also nicht nur - so können wir interpretierend schließen - das Bewahren historischer Formen, sondern die unterschwellig negative Konnotation der Bezeichnungen für die direkt angesprochenen Parteien (le nommé, la femme, la fille) (12).

Ironie der Geschichte, daß gerade diese Ausdrücke von der Rechtsprechung der französischen Revolution in der Absicht einer gerechten und neutralen Anrede eingeführt wurden.

Zwei andere Besonderheiten der Anrede seien noch genannt: die Verwendung von la veuve ist unterschiedlich, je nachdem es sich um einen Zivil- oder Strafprozeß handelt.

> La dame veuve Bernard én matière civile ne doit devenir la veuve Bernard que si elle est traduite devant la juridiction pénale.
>
> (Mimin ebd., 27)

Auch hier ist nicht einzusehen, warum man die zweifelsohne höflichere Anrede, die man der Beschuldigten eines Zivilverfahrens zubilligt, der Angeklagten eines Strafprozesses abspricht. Ferner gehört in diesen Zusammenhang das altertümliche Adjektiv feu, feue "verstorben".

> Aujourd'hui l'adj. fẹu est désuet, mais il garde des positions dans la langue littéraire et aussi dans la langue juridique et administrative.(13)

Das Wort kann absolut, unveränderlich und veränderlich konstruiert werden: sa feue mère oder feu sa mère.

Das Beispiel der Anredeformen zeigt, daß auch unter dem neutralen Etikett des mot propre schon normative Wertungen eingeschmuggelt werden.

Mit der pureté-Forderung unterwirft Mimin den Wortschatz des Urteils schließlich ganz explizit einer normativ "puristischen" Kategorie. Die puritas ist schon eine Stiltugend der antiken Rhetorik (14). Allerdings wird der Begriff von Mimin nicht im rhetorischen Sinn gebraucht; dort bedeutet er soviel wie "idiomatische Korrektheit" (Lausberg [17]1976, 44), sie fällt in Anwendung auf das Einzelwort mit dem verbum prorium zusammen. Mimin gebraucht ihn im Sinn stilistischer Angemessenheit, und zwar nicht in deskriptiver, sondern in präskriptiver Absicht. Er dient der Abgrenzung, ja eigentlich der Abschottung des empfohlenen Registers gegen "niedrigere" Sprachniveaus. Das geforderte stilistische Programm deckt sich im wesentlichen mit dem des sogenannten _français cultivé_ (15).

Der lexikalische Bestand dieses Registers - und damit nähern wir uns der Bedeutung des _pureté_-Begriffs - wird durch die Einstellung seiner Sprecher zu Neologismen, Alienismen, Regionalismen, Vulgarismen und Archaismen definiert.

Die Empfehlungen, die Mimin zur Neologismusfrage gibt, sind unsystematisch und in der Mehrzahl der Fälle willkürlich. Grundsätzlich scheint zu gelten: Neologismen sind nur dann berechtigt, wenn sie etwas sachlich Neues bezeichnen. Freilich ist das kein hinreichender Grund:

> Le mot _taxi_ reçu par l'Académie française n'a pas d'excuse. La plupart des décisions qui parlent des "autos" et des "taxis", auraient pu, sans nuire à l'exposé ni à l'argumentation, garder le mot "voiture". (17)

Ein anderes Prinzip besteht darin, den Gebrauch von Kurzformen zu vermeiden und anstatt von _typo_, _auto_, _moto_, _tram_, _sana_, _micro_, _sténo_ lieber _typographe_, _automobile_, _motocyclette_, _photographie_, _tramway_, _sanatorium_, _microphone_, _sténographie_ zu sagen. Daß viele dieser Kurzformen, wie z. B. _taxi_, Internationalismen sind, macht sie nicht akzeptabler. Lediglich in zwei Fällen ist, laut Mimin, die kürzere Form der ursprünglichen unbedingt vorzuziehen:

> ... au contraire, on peut aider à la consécration de _métro_ et de _cinéma_ qui remplacent heureusement des termes de cinq syllabes ou plus, mal inventés.
>
> (Mimin ebd., 63)

Das es diesen lexikalischen "Konsekrations-" und "Exsekrationshandlungen" an zwingender fachsprachlicher Notwendigkeit fehlt, bedarf keiner weiteren Erläuterung. Im übrigen strebt Mimin auch keine fachliche Normierung an. Gerade deshalb wäre es aber sinnvoller auf stilistische Prätentionen zu verzichten, und dem Sprachgefühl des einzelnen Richters zu vertrauen und so, indirekt, den alltagssprachlichen Gebrauch dieser schließlich alltagssprachlichen Bezeichnungen als Richtschnur zu nehmen. Denn am Gebrauch gemessen, wäre zwischen stilistisch neutralen Kurzformen wie photo, moto, micro, tram und solchen zu unterscheiden, die noch als ausschließlich sprechsprachlich empfunden werden wie sana, sténo, ganz abgesehen von den nicht genannten Bildungen auf -o wie mécano, apéro etc. (18). Verpönt sind weiterhin Übernahmen von Neologismen aus anderen Fachsprachen, etwa aus der Sprache der Versicherungsgesellschaften la voiture accidentée, le blessé consolidé, l'expertise- loi, la rente- accident, le sinistre- loi; Ausdrücke wie cadre, les ours travaillés "seront laissés aux syndicats (ebd., 64); solutionner und émotionner sollen den Parlamentariern vorbehalten bleiben. Bedauerlich erscheinen auch Übernahmen aus dem Jargon des Sports (stopper).

Ähnliches wie für die Neologismen gilt für die Fremdwörter: bisweilen lassen sie sich nicht vermeiden, dann, wenn sie in den Prozeßmaterialien eine Rolle spielen.

> ... il est possible que l'emprunt aux langues étrangères ait été fait par référence aux documents de la caus (copyright, pool, royalties, trust, striptease ...). Mais on écartera systématiquement best-seller, building, knock-out, leader ... et tous les anglicismes envahisseurs dont l'intérêt n'apparaît point. Traveller check est aussi déplacé que assigno circolare quand nous avons "chèque de voyage". (Mimin ebd., 66)

2.1. Die Archaismen

Eine besondere Rolle bei der Bestimmung dessen, was den Ansprüchen der pureté und propriété genügen kann, kommt den Archaismen zu. Die Einstellung zu Neologismen und Alienismen wird letztendlich durch die Haltung gegenüber den Archaismen geprägt, denn - so Bodo Müller -

> (ist) das auffallendste Merkmal des français cultivé (...) der konservativ-archaische Habitus. (1975, 21o)

In der Urteilssprache erhält dieser Habitus ein besonderes, vorklassisches Gepräge: in ihr halten sich zahlreiche sprachliche Reste des 16. Jhdts. (2o). Auf die Gründe sind wir schon eingegangen (s. o. 1. und 2. Kap. 2.2.): Die Fachsprache des französischen Rechts ist zum großen Teil älter als die hochsprachliche

Normierung. Soziale und politische Ursachen führten dazu, daß ihr Inventar als Reaktion auf die Normierung gleichsam eingefroren wurde und deshalb von einer sich verändernden Einstellung zum Fachlichen und den entsprechenden fachsprachlichen Konsequenzen, etwa der systematischen Terminologisierung und der Offenheit gegenüber Neologismen, relativ unbeeinflußt blieb. Weder die Aufklärung noch die sogenannte technische Revolution des 19. Jhdts. haben sich im Lexikon der Rechtssprache deutlich niedergeschlagen. Der nachdrücklich archaische Akzent wirft ein bezeichnendes Licht auf die Verwendung des pureté-Begriffs; von der Sprachpflege der französischen Klassik wurde der Ausdruck durchaus nicht in konservativer Absicht gebraucht, denn, Gauger weist darauf hin,

> das Ideal der "pureté du langage" wandte sich (in seinem Streben nach Homogeneität des Wortschatzes) namentlich gegen veraltete Wörter. (21)

Unter den gleichbleibenden Etiketten der Sprachästhetik verbergen sich sehr verschiedene Inhalte und Absichten.

Von Mimin - dem Sprachrohr der französischen Richterschaft in normativen Dingen - wird diese Affinität zum 16. Jhdt. verschiedentlich und nicht ohne Stolz hervorgehoben. Programmatisch sind folgende Ausführungen:

> Nous ne pouvons oublier que La Bruyère et Fénélon regrettaient bon nombre de vieux mots bien sonnants et bien français que la langue commune n'employait plus (...) mais qu'il faut aussi conserver, justement parce que la langue commune elle - même aurait dû le faire ...
> (Mimin 1947, 662)

Wir wollen einige Reste vorklassischen Sprachgebrauchs in der Rechtssprache aufzählen. So empfiehlt Mimin etwa die Verwendung des Demonstrativums icelui, icelle(s), iceux,

> toujours vivant dans le Code de procédure et qui représente mieux, surtout comme régime indirect, les nom d'objets. (ebd.)

In der Hochsprache gilt die i-Prothese seit dem 17. Jhdt. als veraltet (22). Tatsächlich werden die Formen - trotz Empfehlung

- in der Urteilssprache recht selten gebraucht. Grevisse weist auf ihre fachsprachliche Verwendung hin und schätzt ihre Frequenz richtig ein:

> ... icelui, iceux, icelle(s) se sont maintenus longtemps dans la langue de la jurisprudence (où ils se trouvent parfois encore même de nos jours). ([10]1975, § 435, 4o2)

Keinen Hinweis auf den Gebrauch des Pronomens in der Rechtssprache gibt der "Petit Robert" (23). Das Pronomen soll zwei Verwendungen finden: zum einen soll es grundsätzlich das substantivische Relativum celui-ci, celle-ci ersetzen (Mimin [4]1978, 92); ein kommunikativer Vorteil ist nicht gegeben, icelui und icelle sind lediglich "plus harmonieux que celle-ci à la fin des phrases" (ebd.). Zum anderen sollen sie die Personalpronomina lui und elle ersetzen, wenn diese in Verbindung mit Präpositionen gebraucht werden; durch diese Unterscheidung können in der Tat gelegentlich Mißverständnisse vermieden werden, da ihre Verwendung auf die Bezeichnung von Sachen beschränkt ist. Doch diese künstliche Normierung, die auf keinen historischen und gemeinsprachlichen Usus zurückgeht, wird von den Juristen praktisch nicht eingehalten. Die zugemutete Veränderung eines Pronomens mit hoher Frequenz steht in keinem Verhältnis zum kommunikativen Vorteil den sie mit sich bringt.

Es gibt jedoch auch vorklassische Elemente, die sich aufgrund ihres praktischen Nutzens gehalten haben. Der päfixale Gebrauch von sus- ist hier etwa zu nennen. Aus der Gemeinsprache ist diese Präposition seit dem 17. Jhdt. geschwunden (24). Auch als Präfix begegnet sie heute im français commun nur noch in der Familie suspendre, suspension etc. In der Urteilssprache dagegen ist sie durchaus noch produktiv: sie findet sich nicht nur in alten Verbindungen wie susdit, susrelaté, susmentionné, susnommé, susénoncé, sondern auch in relativ modernen Bildungen wie susanalysé und susvisé (25). Als Mittel der anaphorischen Wiederaufnahme bietet sich das einsilbige Präfix sus- tatsächlich eher an als seine komplizierteren und schwerfälligeren Konkurrenten, die zusammengesetzten Präpositionen ci-dessus oder plus haut.

Auch in der Verwendung anderer Präpositionen weist die Urteilssprache archaisierende Abweichungen auf. So läßt sich eine sehr ausgeprägte Vorliebe für en feststellen, die sich in einer Fülle von Ausdrücken dokumentiert. Die Präposition steht dabei in Konkurrenz zu à, de, devant, dans, je nach regierendem Verb bzw. Substantiv; sie vertritt à nach condamner:

... condamne la société n. n. en tous les dépens;

sie steht anstatt de nach dem Substantiv demande:

... déboute n. n. de sa demande en paiement;

sie steht anstatt dans + best. Artikel in der Formel en qualité:

... désigne en qualité d'experts: n. n.

Bisweilen erhält en dabei einen deutlich finalen Sinn, etwa in

une instance en divorce,

oder in conclusion en paiement,

ähnlich ist demander en appel.

In der Mehrzahl der Fälle wird die Präposition jedoch nicht bewußt eingesetzt, um eine bestimmte semantische Nuance auszudrükken; es handelt sich lediglich um stehende Wortverbindungen: Ein sprechendes Beispiel liefern uns Konstruktionen mit dem Verb assigner bzw. dem davon abgeleiteten Substantiv assignation; Hier stehen sich auf der einen Seite

assigner/assignation en nullité	-	"Aufhebungsklage"
assignation en déclaration de faillite	-	"Antrag auf Konkurseröffn."
assignation en validité	-	"Antrag auf Erlaß eines Pfändungs- und Überweisungsbeschlusses"

und auf der anderen Seite Verbindungen mit à und de gegenüber, ohne daß ein semantischer Unterschied erkennbar wäre (26):

assignation de paiement	-	"Zahlungsanweisung"
assignation à/de résidence	-	"Anweisung eines Aufenthaltsortes".

Ferner ist die Präposition en eine feste Verbindung mit dem Wort justice eingegangen, in der sie nicht ersetzbar ist, da sie eine alte Bedeutung signalisiert: en justice heißt soviel wie "vor Gericht", justice steht hier für die Institution und nicht für das Abstraktum "Gerechtigkeit"; folgende Ausdrücke sind zu nennen:

assigner en justice	-	"vor Gericht klagen"
ester en justice	-	"vor Gericht stehen" eine wörtliche Entsprechung des französischen Ausdrucks

Hinzu kommen mit alter Verbbedeutung (27):

traduire en justice	-	"vor Gericht bringen"
comparaître en justice	-	"vor Gericht erscheinen"

Ähnlich markiert en die fachsprachliche Bedeutung "Antrag", "Klage", wenn es dem Substantiv action nachgestellt wird; beide Verwendungen treffen sich im Ausdruck action en justice "vor Gericht klagen". Andere Beispiele sind:

action en détaxe	-	"Antrag auf Gebührenerhöhung"
action en diminution	-	"Minderungsklage"
action en dommages-intérêts	-	"Schadenersatzklage"
action en nullité	-	"Nichtigkeitsklage"
action en indemnité	-	"Entschädigungsklage"

Daß en tatsächlich eine bedeutungsdifferenzierende Funktion haben kann, zeigt das Begriffspaar

action en garantie	-	"Garantieklage"
action de garantie	-	"hinterlegte Aktie"

Der Kontext freilich wird eine Verwechslung in der Mehrzahl der Fälle ausschließen. Häufig steht en auch nach procès:

procès en divorce	-	"Scheidungsprozeß"
procès en filiation	-	"Abstammungsprozeß"
procès en instance	-	"anhängiger Prozeß"

Auch die Konstruktion der Präposition zeigt gelegentlich archaische Züge, wenn sie mit dem bestimmten Artikel verbunden wird. (28) Man vergleiche das zitierte en tous les dépens oder die stehende Formel en l'espèce "im vorliegenden Fall". Espèce ist also durchaus nicht synonym mit cas, das abstrakter ist und nicht unbedingt auf den vorliegenden Fall bezogen zu sein braucht: auch die Kombination le cas d'espéce ist eine feste Formel mit der Bedeutung "was im vorliegenden Fall gegeben ist". Den Ausdruck un cas d'espèce definiert der "Petit Robert" als "Sonderfall":

> qui ne rentre pas dans la règle générale, qui doit être étudié spécialement. (618 a)

Die kontraktierte Form ès (< en les) begegnet in der Verbindung ès qualités "in seiner Eigenschaft als, kraft Amtes". Gelegentlich erscheint das Substantiv dabei im Singular (29).

Zwei weitere, aus der Gemeinsprache geschwundene Präpositionen finden in der Rechtssprache noch Verwendung: ensemble in der Bedeutung "mit", "und":

> ... violation de l'article 4o8 du Code pénal, de l'art. 413 du Code de l'instruction criminelle, ensemble de l'article 7 de la loi du 2o avril 181o. (Mimin ⁴1978, 92)

Dieser Gebrauch wird von Mimin ausdrücklich empfohlen, denn:

> ... ensemble, ..., jusqu'au XVIIe siècle a rempli cette fonction de liaison avec une valeur plus pleine que et, avec. (ebd.)

Die Begründung ist nicht sehr einleuchtend; doch wollen wir immerhin festhalten, daß auch hier bewußt ein Gebrauch des 16. gegen den des folgenden Jahrhunderts bewahrt werden soll.

Schließlich bleibt noch die Präposition céans in der Verbindung la cour/le tribunal de céans als Selbstbezeichnung des urteilenden Gerichts (3o).

Eine ebenfalls archaisierende Tendenz zeigen Besonderheiten des Artikelgebrauchs. Der bestimmte - seltener der unbestimmte - fehlt in vielen Fällen, wo der gegenwärtige Sprachgebrauch ihn erwarten ließe. An erster Stelle sind einige Verbindungen von

Verb und direktem Objekt zu nennen, die dem Typ avoir raison, avoir tort entsprechen. Feste Formeln sind (31):

faire/relever appel	-	"Berufung einlegen"
porter plainte	-	"klagen"
se constituer partie civile	-	"als Nebenkläger auftreten"
contracter mariage	-	"gesetzlich heiraten"

Ähnlich, wenn auch nicht ganz formelhaft sind:

solliciter paiement	-	"zur Zahlung auffordern"
constituer qn. avocat	-	"jmdn. zum Anwalt bestimmen"
laisser dépens	-	"die Gerichtskosten überlassen"

Auch die Formel suivant acte gehört hierher, etwa in:

suivant acte dressé à l'état civil de Casablanca	-	"der vom Standesamt C. ausgestellten Urkunde zufolge"

Merkwürdig ist die Weglassung des Artikels in:

le tribunal n'a pas qualité	-	"das Gericht ist nicht zuständig"

Das Fehlen des Artikels nach den Pluralformen von tout, wie es gelegentlich vorkommt, war im 17. Jhdt. durchaus noch üblich (32); z. B.:

... dit inopérant ou mal fondé tous moyens, fins ou conclusions	-	"erklärt alle eingelegten Rechtsmittel für unwirksam".

Ferner - die Beschreibung von en hat uns schon darauf aufmerksam gemacht - zeigt die syntaktische Konstruktion mancher Präpositionen Abweichungen im Artikelgebrauch:

... sur les conditions de mise en oeuvre de la poursuite..

... en tout connaissance de cause ...

... condamne la soc. n. n. en tous les dépens de première instance ...

Hierher gehört weiter das bekannte:

à huis clos	-	"unter Ausschluß der Öff."
sous (-) seing privé	-	"privatschriftlich"

Ebenso fehlt der Artikel bisweilen nach dont:

... dont réparation lui était due ...

Seltener ist das Fehlen des unbestimmten Artikels (33):

... et cela même quand semblable situation est l'objet d'un litige ...

Altertümlich ist auch der Gebrauch des unbestimmten Artikels in Verbindung mit einer Anredeform:

... mariage contracté avec une dame Bernard ...

Deutlich vorklassisch ist das Weglassen des neutralen il, etwa in folgendem Beispiel:

... pour écarter la cause dont s'agit ...

Weder Grevisse noch Haase geben einen Hinweis darauf, daß diese Konstruktion seit dem 17. Jhdt. noch möglich ist. Ähnlich ist ferner die mangelnde Vorwegnahme einer nachgestellten komplexen Subjektgruppe mit Hilfe eines Personalpronomens:

... intervinrent dans l'instance: un créancier .., un ...

Darüber hinaus zeichnet sich die Urteilssprache durch einige feststehende archaisierende Wendungen aus. Mimin teilt sie in nützliche und überflüssige: ein in der Umgangssprache veralteter oder bereits untergegangener Ausdruck wird dem Richter dann empfohlen, wenn ihm entweder kein modernes Äquivalent entspricht oder wenn er gewissen sprachpflegerischen Absichten dient. Die erste Bedingung ist semiotisch gerechtfertigt. Die folgenden Archaismen gehören deshalb lexikalisch zu den Fachausdrücken, die wir im vorstehenden Abschnitt aufgeführt haben.

demandeur à l'action	-	"Antragsteller"
défendeur au pourvoi	-	"Beklagter des Rechtsmittels
ès qualités	-	"in seiner Eigenschaft als"
les consorts D	-	"die Streitgenossen D"
à la requête de	-	"auf Gesuch von"
à la diligence de	-	"auf Betreiben einer Klage von"
N ... aux droits duquel se trouve R.	-	"N..., der gegen R. Ansprüche geltend macht"
héritier du sang	-	"direkter Erbe"
décédé en l'état d'un testament	-	"unter Hinterlassung eines Testaments verstorben"

décédé intestat	- "ohne Testament verstorben"
en l'état de ces faits	- "bei diesem Stand der Dinge"
mettre à l'état du procès	- "auf den Stand des Prozesses bringen"
suivant acte reçu	- "gemäß vorliegender Urkunde"
discuter le débiteur principal	- "den Hauptschuldner bestimmen"
se mettre plus qu'à devoir	- "mehr als notwendig tun"
s'en rapporter à justice	- "mit etwas vor Gericht gehen"
moyen pris de ce que	- "das Rechtsmittel ist daraus abgeleitet, daß .."
le moyen manque en fait	- "das Rechtsmittel ist sachlich ungerechtfertigt"
jugement intervenu	- "ergangenes Urteil"
purger sa contumace	- "nach Abwesenheitsurteil seinen Fall wiederaufnehmen"
comparoir (comparant)	- "erscheinen"
donne défaut contre C.	- "stellt das Ausbleiben von C. fest"
avant faire droit	- "vor endgültigem Rechtsspruch"
par ces motifs	- "aus diesen Gründen"
infirme le jugement	- "hebt das Urteil auf"
règlant de juges	- "an den zuständigen Richter verweisen"
l'en déboute	- "weist .. von seiner Klage zur "
se rendre non recevable à	- "sich als nicht zulässig erweis "
en tant que de besoin	- "insofern es zur Unterstützung der Rechtssache notwendig ist"
interjeter appel	- "Berufung einlegen"
voir dire	- " einen Bericht/eine Aussage einsehen"
pour être statué ce qu'il appartiendra	- "damit der Form nach rechtens entschieden ist"

procédant sur et aux fins de	-	"auf ... klagen"
en cause d'appel	-	"in Sachen Berufung"
appel en cause	-	"Streitverkündung"
déclare les offres satisfactoires	-	"erklärt das Angebot für ausreichend"
quoi faisant, déchargé	-	"wodurch entlastet"
passé lequel délai il sera fait droit	-	"nach Ablauf welcher Frist entschieden werden wird"
réserve les dépens	-	"behält sich die Gerichtskosten vor"
fait masse des dépens	-	"schlägt die Gerichtskosten zur Masse"

Die französischen Ausdrücke entnehmen wir aus Mimin [4]1978, 9o f; die Übersetzungen sind vom Verfasser.

Hinzu kommen einige sprichwortartig gefaßte Rechtsregeln:

En fait de meubles possession vaut titre.
"Bei beweglichen Gütern begründet der Besitz Rechtsansprüche."

Donner et retenir ne vaut.
"Geben und zurücknehmen ist ungültig".

Le mort saisit le vif.
"Der Besitz geht auf den Erben direkt über."

Aliments n'arréragent point.
"Unterhaltszahlungen begründen keinen Zinsanspruch".

Le criminel tient le civil en état.
"Strafrechtliche Verfolgung ersetzt nicht zivilrechtliche".

Nul en France ne plaide par procureur.
"Niemand in Frankreich darf durch den Staatsanwalt vertreten werden".

Le juge de l'action est juge de l'exception.
"Der Richter, der über die Klage zu entscheiden hat, entscheidet auch über die Einwände dagegen".

Voies de nullité n'ont lieu en France.
"Nichtige Rechtsmittel werden in Frankreich nicht verhandelt".

Surenchère sur surenchére ne vaut.
"Zweimaliges Übergebot (bei Versteigerungen) ist ungültig".

Lettres passent témoins.

"Ein schriftliches Beweisstück geht über einen Zeugen".

Die Sprichtwörter gibt Mimin (ebd., 93 f). Mit derselben Begründung der lexikalischen Notwendigkeit gestattet Mimin auch die Verwendung einiger lateinischer Floskeln und Rechtsregeln (ebd., § 17, 58 ff).

Der sprachpflegerische Impetus der Urteilssprache, resp. deren präskriptiver Norm, schlägt sich zum Beispiel im Votum für Verben der zweiten, dritten und vierten Konjugation nieder. Dazu zählt eine Gruppe von Verben die in der Gemeinsprache nicht mehr üblich sind (34).

il échet	-	"es ist notwendig"
le cas échéant	-	"gegebenenfalls"
il appert	-	"es ist offensichtlich"
jugement entrepris	-	"erlassenes Urteil"
produire	-	"vorlegen"
défendre à	-	"plädieren auf"
ouï	-	"angehört"
impartir un délai	-	"eine Frist einräumen"
déguerpir	-	"räumen, aufgeben"
départir	-	"zuteilen"
ammeublir	-	"eine unbewegliche Sache wie eine bewegliche behandeln"

Für die Bedeutung des zuletzt zitierten Verbs gibt es tatsächlich kein Äquivalent: der "Petit Robert" (1973, 52 b) umschreibt:

> Faire entrer dans la communauté des immeubles propres à un des époux (ce qui conduit à traiter ces immeubles comme des meubles).

Der "Petit Robert", der rechtssprachliche Bedeutungen und Verwendungen mit erstaunlicher Vollständigkeit aufführt, erwähnt défendre à nicht. Bei den aufgezählten Verben handelt es sich um wirkliche Fachausdrücke, deren Gebrauch gerechtfertigt ist. Doch wird das Fachsprachliche hier durch die, dem richterlichen Sprachbewußtsein zugrundeliegende Norm deutlich überhöht.

> Ce n'est pas au hasard que nous indiquons ces verbes. Ils sont tous étrangers à la première conjugaison, alors que la langue commune se révèle aujourd'hui incapable de les créer et incapable souvent de les maintenir. (Mimin 1947, 662)

Das Gewicht, das der puristischen Wertung beigemessen wird, zeigt sich deutlich darin, daß Mimin sich nicht auf diese terminologisierten Verben beschränkt, sondern grundsätzlich erklärt, Zeitwörter anderer Konjugationen seien solchen der ersten Reihe vorzuziehen. Mimin gibt folgende Beispiele:

> Quand le contexte et la situation juridique le permettent, on aurait: *acquérir* pour *acheter*, *vendre* pour *céder*, *prescrire* pour *usucaper*, *commettre* pour *désigner*, *nuire* pour *préjudicier*, *recevoir* pour *receptionner*, *divertir* pour *détourner*, *résoudre* pour *résilier*, *faillir* pour *manquer*, *requérir* pour *demander*, *déduire* pour *inférer*, *contredire* pour *contester*, *méconnaître* pour *dénier*, *admettre* pour *supposer*, ... *clore une information*. (Mimin [4]1978, 118)

Mimin nimmt dabei selbst gewisse Einbußen an Eindeutigkeit in Kauf: die Verben der ersten Konjugation *acheter*, *usucaper* "ersitzen", *désigner*, *préjudicier*, *détourner*, *dénier* sind monosem und teilweise ausgesprochen fachsprachlich (*usucaper*, *préjudicier*). Die zu ihrem Ersatz vorgeschlagenen *acquérir*, *prescrire*, *commettre*, *nuire*, *divertir*, *méconnaître* erhalten dagegen ihre Eindeutigkeit erst im Textzusammenhang.

Abschließend bleiben noch die - am Kriterium der lexikalischen Notwendigkeit gemessenen - obsolet gewordenen Archaismen aufzuführen. (Eine vollständige Liste fügen wir im Anhang XIX bei.) Ein Blick auf die Ausdrücke und Wendungen, die Mimin zu dieser Gruppe rechnet, erlaubt uns das allgemeine Kriterium der "Notwendigkeit" zu konkretisieren. Eine erste auffallende Tendenz besteht in der Aufgabe von Synonymen zugunsten des Ausdrucks in einer Gruppe bedeutungsgleicher Wörter und Wendungen, der die höchste Frequenz aufweist. Etwa *morosif* und *morosité* sollen durch *négligeant* und *négligence* ("fahrlässig, Fahrlässigkeit") ersetzt werden, *prescrit* "verjährt" durch *périmé*. Besonders stark ist das, in fachsprachlicher Ökonomie begründete

Bestreben zu vereinheitlichen bei synonymen Bezeichnungen juristischer Sprechhandlungen. Die folgende Tabelle gibt einen Überblick:

Ausdruck		
obsolet	gebräuchlich	Bedeutung
abloque les dépens	réserve les dépens	behält sich die Gerichtskosten vor
eximer	exempter	von einem Gerichtsstand befreien
démet B. de son appel tranche l'appel	déboute B. de..	weist den Berufungsantrag von B. zurück
disant droit à l'appel	reçoit en appel	gibt dem Berufungsantrag statt
dit tort à l'action soutient non recevable	dit l'action non recevable	erklärt den Antrag für unzulässig

Eine besondere Gruppe von Verben, die sich dieser Erklärung entzieht, bilden folgende Termini:

<u>adirer</u> - "verlieren"
<u>colluder</u> - "im Einverständnis stehen"
<u>contumacer</u> - "abwesend sein"
<u>incidenter</u> - "Schwierigkeiten bereiten"
<u>interloquer</u> - "ein Zwischenurteil erlassen".

Die genannten Verben haben eine präzise technische Bedeutung; konkurrierende Synonyma gibt es nicht. Die Tatsache, daß sie ungebräuchlich geworden sind, ist noch umso überraschender, als sie auch keine anderen lexikalischen Gründe haben kann. Die Stammbedeutung der aufgeführten Verben ist keineswegs davon bedroht, in Vergessenheit zu geraten, denn ihr Stamm ist jeweils noch in einer anderen Wortart lexikalisiert. Und diese nicht verbalen Lexeme sind durchaus üblich: ungebräuchliche Realisierung eines Stammes im Verb und gebräuchliche Realisierung in einer anderen Wortart stehen sich gegenüber.

obsolet	gebräuchlich	
adirer	adiré	"verloren"
colluder	collusion	"Einverständnis"
contumacer	contumace	"Abwesenheit"
	contumax	"in Abw. Verurteilter"
incidenter	incident	"Zwischenfall"
interloquer	interlocutoire	"Zwischenurteil"

Ursache für ihr Verschwinden scheint die geringere Frequenz der Verben gegenüber den anderen Wortarten zu sein. Letztendlich stoßen wir also auch im lexikalisch-historischen Bereich auf Auswirkungen des juristischen Nominalstils (vgl. 3. Kap. 2.4.2. und 2.4.3.).

Die Liste der obsolet gewordenen Ausdrücke läßt noch eine zweite Tendenz erkennen. Wendungen, die eine rein rhetorische Funktion haben, die weder eine terminologische noch textgliedernde Bedeutung haben, werden schneller ungebräuchlich. So:

- au fruit de - "zugunsten von"
- d'abondant - "überdies"
- il conste de cela - "daraus erhellt"
- il ressort à suffire - "daraus folgt hinreichend".

Eine lexikalische Standardisierung entspricht natürlich durchaus fachsprachlichen Bedürfnissen. Eine einheitliche Bezeichnung juristischer Handlungen dient der Klarheit und Ökonomie; eine Notwendigkeit stets aus einem Programm synonymer Ausdrükke auswählen zu können, besteht nicht. Im Gegenteil: gleichwertige Bezeichnungen können der Eindeutigkeit insofern im Wege stehen, als sie in einem ansonsten von Fachterminologie geprägten Text nicht als synonym erkannt werden; besonders den Laienadressaten lassen sie unterschiedliche Bedeutungen vermuten.

Schließlich gehören noch die zahlreichen Hendiadyoin-Konstruktionen, die die Urteilssprache aufweist, unter den Oberbegriff "Archaismen". Die Gruppe ist für das Sprachbewußtsein der französischen Richterschaft aufschlußreich. Von Mimin werden sie im Namen der Konzisität verdammt; sie sind semantisch nutzlos und verstoßen gegen das utilité-Gebot. (Im Anhang fügen wir eine Liste solcher zu vermeidender pleonastischer Formeln bei, XX.) Indes ist die Neigung zu solchen Pleonasmen so groß, daß nicht nur erstarrte Floskeln wie ensemble et de concert, dit et juge, casse et annulle, häufig vorkommen, sondern daß auch zahlreiche ad hoc Prägungen begegnen:

> ... les devoirs et obligations de mariage ...
> ... assurer la subsistance et l'entretien de ses deux enfants..
> ... le demandeur a fait citer les défendeurs d'avoir à comparaître et se trouver à l'audience du tribunal ...

Die drei zitierten Beispiele stammen aus den Jahren 1979 und 198o.

3. Die syntaktische Seite: clarté und phrase unique

Dem mot propre als stilistischem Leitbegriff der Wortwahl entspricht die syntaktische Kardinaltugend der clarté. Ein besonders ausgeprägtes Klarheitsethos konnte sich in Frankreich herausbilden: seit dem 17. Jhdt. begann man die clarté mit der Subjekt-Prädikat-Objekt-Folge des französischen Satzes zu identifizieren; aus der Stiltugend konnte so eine vorgebliche Spracheigenschaft werden (35). Weinrich weist auf die Rolle der Jurisprudenz in diesem Zusammenhang hin. "Ein wichtiges Medium des Klarheitsethos ist auch das Rechtswesen ..." (1961, 543). Mimin bestätigt diesen Zusammenhang; er glaubt an den Mythos von der Klarheit des Französischen, der dem stilistischen Ethos zugrundeliegt.

> Langue analytique, le français favorise la subordination des idées. A celui qui dispose d'un tel instrument d' expression, on peut demander une phrase logiquement ordonée.
>
> (Mimin ^{4}1978, 185)

Die Stelle illustriert das von Weinrich beschriebene Mit- und Nebeneinander von "Mythos" und "Ethos" deutlich. Mimin stellt eine Behauptung über die französische Sprache auf, woraus er im zweiten Schritt eine stilistische Forderung ableitet. Die sprachwissenschaftliche Laienhaftigkeit der Behauptung wollen wir dem Juristen Mimin nicht vorwerfen, ihre Unverständlichkeit dagegen ist bedenklich. Er bezeichnet das Französische als "analytisch". Offensichtlich gebraucht er diesen Begriff nicht im typologischen Sinn der vergleichenden Sprachwissenschaft, vielmehr meint er die S - P - O Wortstellung des französischen Satzes. Ganz klar freilich ist das Adjektiv nicht. Sodann behauptet er, diese Eigenschaft begünstige die "Unterordnung der Ideen", womit er die Beschreibung der Sprache verläßt und zu den - angeblich mit ihrer Natur eng verbundenen - inhaltlich-logischen Qualitäten ihres richtigen Gebrauchs übergeht. Warum die eine Eigenschaft (subordination des idées) aus der anderen (Analytizität) hervorgehe, bleibt dunkel.

Um zu sehen, wie es mit der Klarheit des Urteilssatzes tatsächlich bestellt ist, wollen wir zwei Bereiche genauer untersuchen: die Wortstellung und die Pronominalisierung.

3.1. Zur Wortstellung

Der partizipien- und nebensatzreiche Bau des Urteils bringt es mit sich, daß Subjekt und Verb der einzelnen motifs oft weit voneinander getrennt sind. Ein typisches Beispiel soll zeigen, wie der Einschub von determinierenden Sätzen zwischen diese beiden Satzteile ein schnelles Erfassen des gesamten Inhalts erschweren kann.

> Mais attendu que la constitution par conversion d'un prix unique, stipulé conjointement au profit des deux époux, de deux rentes de montant identique successivement assises sur la tête du mari, puis de la femme et dont la distinction n'était qu'apparente équivalait juridiquement à la constitution d'une rente unique sur la tête du mari, réversible sur celle de la femme. (Gr. Arr., 95o)

Subjekt und Prädikat sind hervorgehoben.

Derselbe Effekt entsteht mittelbar, wenn einem Subjekt mehrere Verben zugeordnet sind, denen jeweils umfangreiche Objektgruppen folgen. Wird die Zugehörigkeit des Verbs nicht markiert, was durch eine Wiederholung des Subjekts ohne weiteres ermöglicht wird, ist der Bezug Verb - Subjekt nicht immer eindeutig. Man vgl. folgenden Einleitungsabschnitt eines Urteils (der vollständige Text befindet sich im Anhang X):

> Attendu que le 27 mai 1977, Bouriez a regulièrement relevé appel des dispositions pénales et civiles du jugement rendu, le 17 mai 1977, par le tribunal correctionel de Lille qui, du chef d'infraction à la loi d'orientation du commerce et de l'artisanat, constituée par la fourniture de prestations de service à titre gratuit sans contrepartie d'achat l'a condamné à une amende de 3o ooo F ainsi qu'à payer à la Confédération intersyndicale de défense et d'union nationale des travailleurs interdépendantes (C.I.D.U.N.A.T.I.) ainsi qu'au syndicat départemental du même organisme C.I.D.U.N.A.T.I., parties civiles, respectivement 1 ooo F et 4o ooo F de dommages-intérêts, enfin, ordonna la publication de sa décision;

Die beiden (im Zitat unterstrichenen) Verben l'a condamné und ordonna haben das (ebenfalls unterstrichene) Relativpronomen qui als Subjekt. Dieses wiederum nimmt das (durch eine gestrichelte Linie hervorgehobene) du jugement auf. Wenn schon der Bezug des ersten Verbs beim Lesen nicht ganz selbstverständlich ist, so bleibt der des zweiten Verbs erst recht schwierig zu entdecken.

Nun rechnet ein mit dieser Textsorte vertrauter Leser mit solchen Konstruktionen. Beginnt ein Abschnitt mit einer subjektverdächtigen Nominalgruppe, folgt man dem Text in ständiger Erwartung eines zugehörigen Verbs. Gerade dann jedoch läuft man Gefahr eine andere häufige und ebenso typische Konstruktion mißzuverstehen: die Einleitung eines längeren Abschnitts durch eine umfangreiche absolute Partizipialphrase (vgl. 3. Kap. 2.4.2.). Folgende Stelle illustriert wie schwer ein entsprechendes Satzgefüge durchschaubar sein kann:

> Mais attendu que les juges du fond, observant que la conduite de la camionette ayant produit le dommage ne rentrait pas dans les attributions d'Abos, lequel non titulaire d'un permis de conduire, avait utilisé ledit véhicule à des fins personnelles, au mépris des ordres et à l'insu de son commettant, la responsabilité de celui-ci ne pouvait résulter au seul fait, qu'Abos avait accès, en raison de son emploi, au hangar où se trouvait l'instrument du dommage; (Gr. Arr., 441; wir heben hervor)

Subjekt des Abschnitts ist la responsabilité, das umso schwerer zu identifizieren ist, als das einleitende Subjekt der vorangestellten absoluten Partizipialkonstruktion (les juges du fond) normalerweise ein typisches motif-Subjekt ist. Ausdrücke wie le jugement attaqué, les juges de première instance etc. sind geradezu Subjektstereotypen.

Doch können Subjekt und Prädikat auch dann unmißverständlich aufeinander verweisen, wenn sie linear weit voneinander getrennt stehen. Das Hauptverb des folgenden Beispiels etwa (a infirmé) impliziert semantisch sein Subjekt (l'arrêt attaqué). Aufgrund seiner Gebrauchsbeschränkungen kann sich das Verb nur auf ein Urteil beziehen; da im Vorhergehenden nur von einem die Rede ist, fällt es nicht schwer, das Subjekt regressiv zu identifizieren.

> Attendu que l'arrêt attaqué, statuant sur la demande de la dame Gaudras en réparation du préjudice résultant pour elle de la mort de son concubin Paillette, tué dans un accident de la circulation dont Dangereux avait été juge responsable, a infirmé le jugement de première instance qui avait donné droit à cette demande en retenant que ... (Gr. Arr., 395; wir heben hervor)

In bestimmten Fällen, dann wenn das Verb weder ein direktes Objekt noch ein umfangreiches präpositionales Objekt regiert, hilft eine Inversion des Subjektsyntagmas die, das Verständnis belastende Trennung von Prädikat und Subjekt zu vermeiden. Bevor wir auf entsprechende Stellen eingehen, wollen wir einige allgemeine Bemerkungen zur Inversion im Französischen vorausschicken. (36) Von Fragesätzen abgesehen schreibt Grevisse die Nachstellung des Subjekts in folgenden Fällen verbindlich vor:

> Dans certaines propositions au subjonctif marquant le souhait, l'hypothèse, le temps, non introduites par les conjonctions habituelles. Puissiez vous reussir!...
>
> Dans la plupart des propositions incises: ... reprit- il ...
>
> Dans les propositions où l'adjectif attribut est mis en inversion: Fière est cette forêt ..
>
> Dans les propositions exclamatives non introduites par un adverbe ou par un adjectif exclamatif, si le sujet est un pronom personnel ou ce, ou on: Est- il aimable! ... ([10]1975, 151)

Hinzu kommen die - laut Grevisse - fakultativen Inversionen nach Adverbien wie à peine, ainsi, aussi, encore etc. (vgl. ebd., § 187, 152). Subjektnachstellungen in Hauptsätzen, die nicht unter diese Bedingungen fallen, erklärt Grevisse als mise en vedette des Verbs (ebd., 154), z. B. cependant arriva le mois d'août (Flaubert). Wartburg/Zumthor sehen in derselben Konstruktion umgekehrt eine mise en relief des Subjekts (vgl. [2]1958, § 323, 175).

Die Rechts- und Verwaltungssprache zeigt eine ausgesprochene Vorliebe für diesen letzten Typus. Warburg/Zumthor behaupten, er stamme von da und breite sich zunehmend in der Literatur aus.

> En proposition indépendante ou principale, cette inversion se rencontre dans un tour issu de la langue administrative, mais qui tend à se répandre aujourd'hui dans l'usage littéraire. (ebd.)

In der Tat handelt es sich um eine ausgesprochen charakteristische Eigenheit der Gesetzessprache. Wir geben Beispiele aus dem Code Civil:

> Seront exécutées, sous le titre de Code de la nationali-

> té française, les dispositions dont la teneur suit: ...(ord. du 19 oct. 1945, art. 1)
>
> Sont et demeurent abrogées toutes les lois antérieures ... (ebd. art. 2)
>
> Seront publiés à la suite du Code ... les textes déterminés ci- après: ... (ebd. art. 13)
>
> Est français l'enfant, légitime ou naturel, dont l'un des parents au moins est français.
> (L. n°. 73-42 du 9 janv. 1973, art. 17)
>
> Perd la nationalité française, le Français qui exerce la faculté de répudier cette qualité dans les cas prévus aux art. 19 et 24.
> (ebd. art. 9o)
>
> Peuvent être dispensé de la tutelle, ..., ceux à qui ... (art. 428)

Ebenso im Code de procédure pénale:

> Sera puni d'un emprisonnement de un mois à un an et d'une amende de 5oo F à 8 ooo F ou de l'une de ces deux peines seulement, quiconque aura refusé de se soumettre aux vérifications prescrites par l'article l. 88.
> (art. L. 89)

Unsere Beispiele bestätigen die Beobachtung Warburg/Zumthors, daß ein derart nachgestelltes Subjekt beinahe immer sehr umfangreich ist, ja häufig in einer Aufzählung besteht (vgl. § 323, 175). Doch läßt sich dieser Sachverhalt nicht umkehren: eine komplexe Subjektsgruppe bedingt keineswegs automatisch eine Inversion. Die These Grevisse', es handle sich um eine mise en vedette des Verbs ist nicht von der Hand zu weisen, obwohl auch sie keine hinreichende Bedingung formuliert. Dafür spricht jedoch, daß in allen unseren Beispielen das Verb die semantisch tragende Rolle spielt: alle an Spitzenposition gesetzten Verben - und die Reihe der Belege ließe sich beliebig verlängern - bezeichnen juristische Sprechhandlungen; im übrigen könnte u. E. die semantische Nähe zum Imperativ, die in diesen Gesetzesvorschriften gegeben ist, zu einer analogischen Angleichung der Satzstellung an die Wortfolge in Imperativsätzen geführt haben. (Auch das Futur, das in manchen Beispielen gebraucht wird, hat hier imperativische Funktion.)

Hauptsätze freilich kommen, vom Rahmensatz abgesehen (37), im

Urteil nicht vor. Wir wollen uns deswegen auf die Wortstellung in Nebensätzen konzentrieren. Grundsätzlich ist die Subjektsinversion in untergeordneten Sätzen häufiger als in Hauptsätzen, doch auch in Nebensätzen bleibt sie ein nur selten und gezielt eingesetztes Stilmittel: "Ce sont des raisons de style ou d'harmonie qui décident." (Grevisse, § 187, 153) Voraussetzung ist, daß das Verb kein direktes Objekt regiert (38).

In Urteilstexten begegnet man entsprechenden Konstruktionen relativ häufig. Wir zitieren die Inversion jeweils im Kontext des ganzen (Neben)satzes:

1. Attendu que n'est rapportée, en l'espèce, la preuve qu'un pareil effort était consenti par les commerçants des localités intéressées ni d'avantage que l'activité artisanale ait eu, en fait, à souffrir de l'initiative critiquée ni même de l'implantation de la succursale des établ. Cora dans la zone rurale qui nous occupe;
   (Anhang X)

2. Attendu que n'est rapportée aucune démonstration de l'application de ces causes de critique;
   (ebd.)

3. Attendu qu'aux termes de ce texte font partie de la communauté des biens mobiliers qui appartenaient aux époux avant leur union ou qui leur sont advenus depuis et les revenus de ces biens, échus ou perçus pendant le mariage; (39)

Bisweilen findet man auch Inversion des Subjekts in Relativsätzen (4o):

4. ... il ne pouvait y avoir de lien direct de cause à effet entre l'accident dont a été victime Lamache et le versement d'une pension par l'État, à sa veuve et à son fils. (Gr. Arr. 4o2)

Wir konstatieren in den vier Beispielen ein und dieselbe syntaktische Erscheinung; dennoch lassen die Textstellen keine einheitliche Interpretation der Subjektumstellung zu. Im Beispiel 4 - um mit dem letzten zu beginnen - scheint die Inversion nur die Funktion einer stilistisch höher eingestuften Variante zu haben. Ähnlich versteht sich Beispiel 2. Allenfalls könnte man anführen, daß die Nachstellung des Subjekts hier eine Endstellung des Verbs vermeiden hilft, die im français cultivé als unharmonisch gilt (41). In den Beispielen 1 und 3 hängt die Inversion mit der äußerst komplexen Natur des Subjektsyntagmas zusammen; sie erleichtert in der Tat den Überblick über den Inhalt der jeweiligen Nebensätze: die Syntagmen, die das Subjekt bilden, sind ähnlich aufgebaut wie die Beispiele, die wir im Kapitel über die semantische Entfaltung (vgl. 3. Kap. 2.4.4.) diskutiert haben; die relevanten Informationen werden in einem abstrakten Oberbegriff (im Beispiel 1: la preuve und in Beispiel 2 des bien mobiliers) zusammengefaßt. Syntaktisch ausgedrückt: die Nominalgruppe besteht aus einem Substantiv und einem Gefüge aus mehreren Nebensätzen, das in adjektivischer Funktion zu eben diesem Substantiv steht. Die Inversion erlaubt, Verb und Substantiv linear unmittelbar miteinander zu verbinden, ohne daß das präzisierende Nebensatzgefüge zwischen beide eingeschoben werden müßte. Die semantisch zentralen Wörter stehen so in direkter Folge: ... n'est rapportée, en l'espèce, la preuve ..., bzw.: ... font partie de la communauté légale des biens mobiliers... Wir haben damit einen aus Verb und Subjekt bestehenden Satzkern, der gleichzeitig inhaltlicher Kern der Aussage ist, präzisierende Details werden auf untergeordneter syntaktischer Stufe an diesen Kern angeschlossen. Syntaktische und semantische Hierarchie spiegeln sich in der linearen Anordnung der Elemente wider. Tatsächlich läßt sich diese Art des Satzaufbaus treffend als "analytisch" bezeichnen. Die für das Französische kennzeichnende "logische" Subjekt-Prädikat-Objekt Wortstellung liegt indes gerade nicht zugrunde, und eben diese Normalstellung, bzw. die Seltenheit der Subjektinversion gilt seit dem 17. Jhdt. als Hauptargument für den "ordre logique" der französischen Wortstellung.

Subjektinversionen, so können wir zusammenfassend sagen, die nicht nur eine ästhetische, sondern auch eine kommunikative, inhaltsstrukturierende Funktion haben, resultieren demnach aus dem Integrationszwang des Urteilsstils. Anders gesagt: die Subjektinversion ist Ausdruck eines Konfliktes zwischen extrem komplexer Syntax, die sich dadurch auszeichnet, daß die funktionellen Satzteile durch umfangreiche Syntagmen gestellt werden und der "direkten" Subjekt-Prädikat-Objekt Satzstellung. Für die von der Normalstellung abweichende Position anderer Satzteile gilt prinzipiell dasselbe wie für die Inversion des Subjekts: bisweilen nichts anderes als eine sich literarischem Stil anpassende Variante, erleichtert sie in anderen Fällen das Erfassen des Satzinhalts. Zunächst einige Beispiele für die erste Verwendung:

A Qu'en le jugeant ainsi, l'arrêt attaqué, loin de contrevenir aux articles invoqués par le pourvoi, en a fait à la cause une exacte application; (Gr. Arr. 867; wir heben hervor)

B Attendu dès lors que le grief allégué par le demandeur est bien constitutif par le notaire rédacteur d'une faute; (D/S 1980, 361; wir heben hervor)

C ... qu'en 1953 la S.I.C.O.M.A. a chargé la société Cherencq d'assurer l'importation et le transport d'Hendaye à Paris de légumes frais en provenance d'Espagne, qu'à cette seconde fin, la société Cherencq ... (Gr. Arr. 341; wir heben hervor)

Im Beispiel A ist der Einschub des indirekten Objekts (à la cause) zwischen Verb und direktes Objekt für das inhaltliche Erfassen des relativ kurzen Satzes völlig irrelevant. Auch die überraschende Stellung der par-Ergänzung des Beispiels B läßt keinen Vorteil ersichtlich werden. Im Gegenteil: der Grad der Abweichung ist so groß, daß sie das Verständnis erschwert und den Leser zumindest stutzen läßt. Die Reihenfolge der beiden de-Ergänzungen (d'Hendaye à Paris und de légumes frais en provenance d'Espagne) des Beispiels C ist in ihrer Inkonsequenz eher verwirrend. In folgender Stelle (D) scheint die Vorwegnahme der de-Ergänzung dem anaphorischen Anschluß zu dienen.

D ... que de ces principes il résulte que... (Gr. Arr. 749; wir heben hervor)

Doch auch hier wird die Abweichung stärker empfunden als die minimale Gliederungshilfe, die sie vielleicht mit sich bringt. Im Beispiel E dagegen hat die Nachstellung des direkten Objekts (le terrain) hinter das de-Objekt einen deutlichen Vorteil:

E Attendu que cette décision préfectorale frappait

> d'inconstructibilité temporaire pour au moins deux ans le terrain dont s'agit, faisant peser sur lui une contrainte importante, fonction du P.O.S. à venir; (D/S 198o, 36)

Hinzu kommt, daß erst die de-Ergänzung (d'inconstructibilité...) dem semantisch schwachen Verb Inhalt verleiht. Im Beispiel F ist die Folge à-Ergänzung - direktes Objekt deutlich in der Gliederung des Inhalts begründet:

> F .. le Service national de l'Electricité de France, par application des textes susvisés de sécurité sociale, est fondé à demander au tiers responsable dans la limite du montant du préjudice subi par la victime et mis à la charge de ce tiers, le remboursement des prestations présentant un caractère indemnitaire qu'il a versées à l'occasion de l'accident; ... (Gr. Arr. 4o3)

Der Satz hat folgende lineare Anordnung: Subjekt - par-Agens - Verb - indirektes Objekt - dans-Ergänzung - direktes Objekt. Überraschend daran ist weniger die Voranstellung des indirekten Objekts vor das direkte, denn dieses (au tiers responsable) ist erheblich kürzer als jenes (le remboursement ...). Auffallend ist vielmehr die "appositionelle" Voranstellung des par-Agens vor das passivische Verb und der Einschub der dans-Ergänzung zwischen indirektes und direktes Objekt. Wenn wir uns die inhaltlichen Beziehungen der Satzteile zum Verb vergegenwärtigen, stellen wir fest, daß die drei Elemente, die dem Verb folgen, sich semantisch aus diesem ergeben: das Verb formuliert die Berechtigung einer Forderung, der Adressat (indirektes Objekt), die näheren Umstände (dans-Ergänzung) und der Gegenstand der Forderung werden an das Verb angeschlossen. Die Tatsache, daß der Adressat an erster Stelle der drei Ergänzungen genannt wird, ergibt sich nicht nur aus der Kürze des Syntagmas, sondern auch daraus, daß die beiden verbleibenden Ergänzungen die Bekanntheit des Adressaten voraussetzen. Sie können daher pronominal auf ihn verweisen (ce tiers), le remboursement des prestations (...) qu'il a versées.

Nachdem das "Nachfeld" des Satzes - um einen Ausdruck der deutschen Grammatik zu verwenden - sehr umfangreich ist und zudem inhaltlich recht geschlossen, insofern es semantisch eng mit dem Verb zusammenhängt, bleibt für den par-Agens nur die ungewöhnliche, den Satz segmentierende Voranstellung vor das Verb.

3.2. Zur Pronominalisierung

Nach der Wortstellung wollen wir noch auf einen zweiten Faktor eingehen, der die Klarheit erweiterter Sätze (und Texte) entscheidend beeinflussen kann: die Art und Weise der Pronominalisierung. Sie dient im wesentlichen der Ökonomie des Textes; ihre Bedeutung ist deshalb umso größer, je konziser ein Text sein will. Wir unterscheiden Pronomina, die einzelne Wörter, und solche, die ganze Textpassagen wiederaufnehmen. Im folgenden geben wir einige typische Beispiele zunächst zur Pronominalisierung einzelner Wörter.

Der zweifelsfrei richtige Bezug des Pronomens kann auf sehr verschiedene Art garantiert sein: das Pronomen selbst kann morphologisch (formal und inhaltlich) oder nur semantisch eindeutig sein der Bezug kann aber auch "nur" eine syntaktische Funktion sein. Die Möglichkeiten sollen am Beispiel pronominaler Subjekte illustriert werden. Als Textgrundlage dient dabei ein im Anhang X angefügtes Urteil. Das attendu que (2) zeigt uns ein eindeutiges Pronomen:

> Attendu que, le 31 mai 1977, les parties civiles C.I. D.U.N.A.T.I. national et départemental, qui ont relevé appel de cette décision, font grief au jugement déféré d'avoir sous-évalué leurs préjudices; qu'elles exposent que seules leurs campagnes menées sur le territoire national incitèrent les pouvoirs publics à permettre l'application de la loi; qu'elles portent leurs reclamations indemnitaires respectivement à loo ooo F et 5o ooo F;

Das Subjekt des attendu que - eingeleiteten Satzes (les parties civiles ...) wird in zwei, zum selben attendu gehörenden que-Sätzen mit elles wiederaufgenommen. Im ersten Fall (qu'elles exposent) ist der Bezug morphologisch eindeutig; das Subjekt des attendu que-Satzes ist das einzige infragekommende Feminum plurale. Beim zweiten que-Satz (qu'elles portent) könnte morphologisch auch (leurs campagnes) das Subjekt eines in den ersten que-Satz eingebetteten Objektsatzes als Referent infragekommen; dieser grammatisch mögliche Bezug ist semantisch ausgeschlossen.

Strukturell ähnlich, doch wegen der größeren Reichweite des Pronomens viel komplizierter, ist die Wiederaufnahme des Subjekts (Bouriez) in attendu que (1), das gleich in der ersten Zeile genannt wird. Es nennt den Beschuldigten des Verfahrens. Das attendu que (1) ist inhaltlich sehr geschlossen; es beschränkt sich darauf, die Rolle des Beschuldigten im zugrundeliegenden Fall festzustellen. Es ist daher so gut wie unmißverständlich, wenn er in den Zeilen 13 und 27 durch einfaches il wiederaufgenommen wird, obwohl es sich in Zeile 13 sogar um einen Relativsatz auf einer niedrigeren Einbettungsebene handelt. Der morphologisch mögliche Bezug der beiden il auf le jugement rendu ... (Zeile 2/3) ist semantisch ausgeschlossen.

Ein Pronomen kann aber auch deshalb semantisch eindeutig sein, weil seine Reichweite bei mehreren morphologisch und semantisch infragekommenden Bezugswörtern auf das ihm jeweils linear am nächsten stehende beschränkt wird. Dies ist der Fall des Subjekts celle-ci (attendu 15, Zeile 182). Der durch -ci ausgedrückte Nähegrad macht deutlich, daß das Pronomen sich auf keinen Fall auf das entfernte Subjekt des ersten que-Satzes (la preuve; Zeile 174), sondern auf das unmittelbar vorangehende l'atteinte ... (Zeile 181) beziehen muß, also auf das zweite von zwei gereihten direkten Objekten (la disparité ... et encore l'atteinte ...). Als Konkurrenten von celui-ci/celle(s)-ci/ceux-ci treten in dieser Funktion häufig die Ersatzformen ce/cette/ces + dernier auf (42).

Aus dem Bemühen um Eindeutigkeit der Pronomina erklärt sich eine bekannte andere Eigenart der Urteils- und Rechtssprache: die bevorzugte Verwendung des Relativums lequel gegenüber qui und dem (aufgrund seiner konjunktionalen Verwendung) extrem häufigen que.

Die genus- und numerusmarkierten Formen von lequel erleichtern die Identifikation des Bezugswortes. Besonders im relativischen Anschluß an eine umfangreiche Nominalphrase ist qui/que oft nicht eindeutig. Etwa in folgendem Beispiel ist laquelle durch qui nicht ersetzbar:

> ... que, cependant, le dommage subi par l'appellante ne trouve pas sa source dans la dissolution du mariage, laquelle n'est que la conséquence juridique tirée de fautes préexistantes et n'aggrave pas le préjudice antérieur découlant de l'adultère, et de l'abandon de foyer imputables à Robert ...; (D/S 1979, 37)

Die Verwendung von qui könnte hier einem grotesken, den Sinn umkehrenden Mißverständnis Vorschub leisten.

Doch nicht immer sind die Pronomina selbst in der Lage, zweifelsfrei auf ihr Bezugswort zu verweisen. Wir hatten unsere Bemerkungen zur Pronominalisierung mit einigen Beispielen begonnen, in denen das Subjekt des jeweils ersten an das einleitende attendu angeschlossenen que-Satzes in gereihten weiteren Objektsätzen wiederaufgenommen wird. Auch diese Pronominalisierung ist morphologisch oder semantisch bisweilen weniger eindeutig als in den besprochenen attendu (1) und (2) des zugrundegelegten Urteils.

Etwa im attendu (16) desselben Textes wird das Subjekt cette loi (Zeile 183) im zweiten que-Satz, der von diesem attendu abhängig ist, durch elle (Zeile 188) wiederaufgenommen; ebenso im attendu (18), wo dem Subjekt des ersten que-Satzes (pareille procédure; Zeile 2oo) im zweiten que-Satz ebenfalls ein elle (Zeile 2o6) entspricht. In beiden Fällen ist der Bezug des Pronomens zwar semantisch plausibel, doch keineswegs eindeutig: im ersten Fall könnte man auch an population (Zeile 187/188) im zweiten Beispiel auch an constatation (Zeile 2o3) als Bezugswörter denken. Die Unmißverständlichkeit der Pronominalisierung beruht somit auf der syntaktischen Konstruktion. Der Satz des Bezugswortes und der des Pronomens liegen auf derselben Hierarchiestufe (beide sind direkt von attendu abhängig) und Bezugswort wie Pronomen erfüllen dieselbe syntaktische Funktion (die des Subjekts).

Von ungleich größerer textökonomischer Bedeutung als die Pronominalisierung einzelner Wörter ist die Wiederaufnahme ganzer Textpassagen. Sie bildet in gewisser Hinsicht ein Gegengewicht zur Translation, bzw. der semantischen Entfaltugn einzelner Begriffe. Diese umfangreichen, erläuternden und präzisierenden Textpassagen können nur dann Eingang in nachfolgende Sätze finden, wenn sie wieder zu einzelnen Wörtern komprimiert werden: Entfaltung und Bündelung also. Pronominalisierungen sind hierzu unerläßlich. Zwei Konstruktionstypen sind zu unterscheiden: entweder ein Pronomen allein leistet diese anaphorische Funktion, oder es wird mit Substantiven bzw. Verben kombiniert, die das Zusammengefaßte etikettieren. Hier interessiert uns ausschließlich die inhaltliche Leistung der Rückverweisung; wir behalten deshalb die Bezeichnung "Pronomen" bei, ohne den umstrittenen Wortartbegriff zu problematisieren.

Die nachstehende Tabelle soll einen Überblick über die verwandten Anaphora geben:

Anaphorische Pronominalisierungen von Wortgruppen und längeren Textpassagen:	
alleinstehende Pronomina	pronominale Fügungen
en	ce + Substantiv
ce	pareil + Substantiv
cela	tel + Substantiv
ce qui/que	ledit + Eigenname
de là	sus- + Par. Perf.
d'où	ci-dessus + Part. Perf.
sur ce	ainsi + Verb

Die Tabelle ist nicht sehr überraschend, das Programm der Anaphora stimmt im wesentlichen mit dem der Gemeinsprache überein. Auf die Unterschiede und typischen Verwendungen gehen wir näher ein: zunächst zu den Pronomina der linken Spalte. Alle neigen insofern dazu unpräzise zu sein, als sie den Textabschnitt, auf den sie verweisen, nicht klar umgrenzen: bisweilen ist nur der unmittelbar vorhergehende Satz oder Teilsatz gemeint, bisweilen der gesamte vorhergehende Teil des Textes. Insbesondere die motif-schließende Formel d'où il suit que ..., deren sich Kassationsurteile oft bedienen, ist nicht immer eindeutig. Einen entsprechenden Kontext haben wir oben (3. Kap. 1.2.3.2.) analysiert. Ähnliches wie für d'où il suit gilt für die Floskel de ce qui précède, il ... (vgl. 3. Kap. 2.4.4.).

Auf einen Unterschied in der Frequenz der zitierten Anaphora müssen wir noch hinweisen: das in der Gemeinsprache sehr häufige cela ist selten. Dafür begegnet noch das altertümliche substantivische ce in der Formel sur ce, die bisweilen dazu gebraucht wird, die Argumentation des entscheidenden Gerichts an eine einleitende Tatbestandsbeschreibung anzuschließen (vgl. Anhang XI). (Für sprechsprachliches ça haben wir - erwartungsgemäß - keinen Beleg gefunden.)

Die pronominalen Fügungen (der rechten Spalte unserer Tabelle) leisten einen wichtigen Beitrag zur inhaltlichen Verknüpfung der einzelnen Textabschnitte. Stellvertretend für diese Gruppe wollen wir die Verwendung des sog. "Demonstrativpronomens" ce an einem Beispiel erläutern (43). Als Grundlage dient das in Anhang XI wiedergegebene Urteil. Der Text ist so gegliedert, daß jeweils in einem attendu que ein bestimmter Aspekt des Falles präzisiert wird. Dabei kann es sich um Fakten des Sachverhalts (z. B. attendu 5), um die Bestimmungen des Gesetzes (z. B. attendu que 11) oder um den bisherigen Gang des Rechtsstreits handeln (z. B. attendu 1, 2). Eine Pronominalisierung durch ein unselbständiges anaphorisches Element (Typ ce + Substantiv) ist jeweils dann unumgänglich, wenn das nachfolgende attendu que sich nicht inhaltlich an das vorhergehende anschließt, sondern wenn es eben das im vorhergehenden attendu que Thematisierte direkt wieder aufnimmt. Die Realisierung läßt mehreren Varianten Raum:

> Bsp. I Attendu (11) qu'aux termes des dispositions, d'ordre public, de l'art. 26, al. 2, de la loi du 13 juillet 1967, en cas de liquidation des biens, le débiteur ne peut être employé pour faciliter la gestion de l'exploitation qu'avec l'autorisation du tribunal et dans les conditions prévues par celui-ci;
> - Attendu (12) qu'en se faisant engager par Beyrac au mépris de ces dispositions légales...
> (Anhang IX; wir heben hervor)

Die anaphorische Fügung des attendu (12) setzt sich aus zwei Komponenten zusammen: der die Fakten des vorhergehenden attendu (11) oberflächlich klassifizierende Begriff dispositions wird wiederholt, und auf die Fakten selbst, wodurch er inhaltlich gefüllt wird, verweist das Demonstrativpronomen ces.

Im folgenden Beispiel wird dieses Schema leicht variiert.

> Bsp. II Attendu (5) que, par lettre du 6 nov. 1975, le syndic annonçait à Beyrac que le contrat de location-gérance prendrait fin irrévocablement le 31 déc. 1975 et exigeant la libre disposition des locaux pour cette date, le bâtiment et le matériel devant être repris dans le cadre d'un contrat de crédit-bail à compter du 1er. janvier 1976 par une société constituée entre les deux enfants du débiteur Grillerer; Attendu (6) que, par lettre recommandée du 15 nov. 1975, Beyrac informait Grillerer, que, en suite de cette décision du syndic ...
> (Anhang IX; wir heben hervor)

Da die inhaltlich neuen Informationen des vorhergehenden attendu (5) nicht von einem Abstraktum abhängig sind, sondern in einem que-Satz aufgezählt werden, müssen diese im nachhinein bei der Wiederaufnahme mit einem Etikett versehen werden; wir erhalten so die anaphorische Fügung cette décision. Die Leistung des Demonstrativpronomens ist in den Beispielen I und II identisch.
Um noch einmal das Instrumentarium der funktionalen Satzperspektive anzuwenden: das Rhema des jeweils vorhergehenden attendu wird mit Hilfe eines komprimierenden Pronomens und eines abstrak-

ten Etiketts zu einem thematischen Element des nachfolgenden Textabschnitts. Über die syntaktische Funktion der anaphorischen Fügung ist damit nichts gesagt; sie kann ebensogut die Rolle eines Aktanten, eines Zirkumstanten, wie auch eines Verbs übernehmen (auf den letzten Fall werden wir noch eingehen).

Diese Verwendung von ce ist dabei keineswegs auf die Verknüpfung mehr oder weniger kurzer Textabschnitte beschränkt, denn auch die Floskel par ces motifs erklärt sich als anaphorische Fügung aus ce und einem rückverweisenden nachträglichen Etikett. Diese, auf einer Metaebene liegende Formel (vgl. 3. Kap. 1.2.2.2.) hat eine fundamentale, textgliedernde Funktion, insofern sie den begründenden Teil (motifs) abschließt und als Einleitungssignal der eigentlichen Entscheidung fungiert.

Als Variante für das Demonstrativum ce (außer in der letztgenannten feststehenden Verwendung) werden seltener auch tel und pareil gebraucht. Dazu folgende Beispiele:

> Attendu (11), par contre, qu'une volumineuse correspondance, régulièrement versée aux débats établit que les transports gratuits en cause, sollicités par un contingent de personnes aux faibles ressources, tenues de calculer pour les moindres achats, sont en étroite union avec des achats réalisé par elles; que l'existence d'un tel lien est ... (Anhang X)

Auch hier wird der Inhalt des eingebetteten que-Satzes (que les transports ...) nachträglich durch lien etikettiert und in diesem Fall durch tel aktualisiert und auf das Vorhergehende bezogen.

Dasselbe gilt für die Fügung pareille procédure im nächsten Beispiel (das demselben Urteil entstammt):

> Attendu (17), encore, qu'aucun élément du dossier ne permet de dire que la mesure prise par la succursale des Établ. Cora à Wattignies portait atteinte aux principes de liberté d'entreprendre et à l'exercice d'une concurrence claire et légale consacrés par la loi;
> Attendu (18), en effet, qu'une pareille procédure ne pouvait ... (ebd.; wir heben hervor)

Eine textuell und anaphorisch ähnliche Funktion wie die beschriebenen Fügungen leistet die Verbindung des Adverbs ainsi mit einem Verb, weshalb wir sie zu den Pronominalisierungen gezählt haben. Die Unterschiede sind rein syntaktischer Art: während ce, pareil etc. adjektivisch gebrauchte Anaphora sind, die mit einem klassifizierenden Substantiv kombiniert werden, ist ainsi eine adverbiale Anapher in Verbindung mit einem klassifizierenden Verb. Dem bedeutungslosen nominalen Etikett fait in der anaphorischen Fügung ce fait entspricht das Verb être in der Formel il en est ainsi.

Zum Gebrauch von ainsi geben wir folgendes Beispiel:

> ... que, sur l'assignation en dommages-intérêts de B ... (13 avr. 1951), la cour d'appel, comme les premiers juges a rejeté le chef de responsabilité tiré de l'erreur de diagnostic; mais que, par infirmation du jugement, elle (la cour d'appel; Th. K.) a retenu la responsabilité du Dr. Y ... et a condamné ses héritiers à 60 000 F de dommages-intérêts; qu'il en a été ainsi décidé au motif que le chirurgien est responsable de son intervention; que c'est à lui de s'assurer du consentement du patient; que la preuve que B ... a consenti à l'amputation n'est ni rapportée, ni même offerte; que le Dr. Y ... doit donc "réparer le préjudice résultant du défaut de consentement"; mais attendu qu'en rattachant ainsi, dans les circonstances par lui relevées, la responsabilité du chirurgien à l'inexécution, non établie, d'une obligation à la fois professionelle et contractuelle, l'arrêt attaqué a méconnu les règles de la preuve ... (Anhang XIV; wir heben hervor)

Der erste uns interessierende Ausdruck des Textes, il en a été décidé ainsi, gibt ein Beispiel für eine komplexe anaphorische Fügung. Grundsätzlich entspricht er dem oben besprochenen nominalen Typ (vgl. cette disposition). Das Verb a été décidé nimmt die vorhergenannten Verben a rejeté, a retenu und a condamné auf, deren Subjekt la cour d'appel es übrigens impliziert und so die passivische Form und die Einsparung des Subjekts erlaubt. Die Funktion von ainsi besteht nun darin, auf die semantische Spezifikationen der Verben, die Art der jeweiligen Entscheidung, die beim Ersatz durch das neutrale décider verlorengeht, zurückzuweisen. Zusätzlich wird das Adverb ainsi hier noch mit einem zweiten anaphorischen Element (en) verschränkt, das die Entscheidungsursache, den strittigen Punkt (la responsabilité) aufnimmt.

Wegen der mangelnden morphologischen Kongruenz zwischen dem Adverb ainsi und den Wörtern, auf die es verweist, läßt sich diese anaphorische Beziehung nur semantisch verstehen. Hier ist es die gemeinsame Grundbedeutung der drei wiederaufgenommenen Verben, die in der fachlichen Bedeutung von décider lexikalisiert ist. Mit anderen Worten: das Verb dieser anaphorischen Fügung ist das Archilexem zu den Verben, auf die es zurückverweist.

Die zweite ainsi-Fügung des Beispiels (en rattachant ainsi) läßt sich nicht so systematisch beschreiben. Das tragende Verb (rattacher) stellt interpretierend eine Verbindung zwischen den aufgezählten Fakten her, es greift also keine einzelnen Wörter auf. Entsprechend vage bleibt das Adverb ainsi.

Die bisher besprochenen anaphorischen Verbindungen werden zwar in Urteilen häufig verwandt, doch sind sie nicht im engeren Sinn fachsprachlich - im Unterschied zum Pronomen ledit und dem Präfix sus-. Die Präposition und ihren präfixalen Gebrauch haben wir bereits oben besprochen; auf ledit gehen wir im folgenden ein. Aus diachronischer Sicht ist der heutige Gebrauch von ledit nur ein Rest seiner ehemals generalisierten Verwendung. In den mittelalterlichen Urteilstexten (44) dient es zur Wiederaufnahme der Personen und Umstände des Sachverhalts, die in der einleitenden Exposition der Entscheidung vorgestellt wurden.

Heute unterscheidet sich ledit durch zwei Verwendungen vom funktionsähnlichen Konkurrenten ce: zunächst vertritt es das Demonstrativum in Verbindugn mit Eigennamen.

> ... un enfant prénommé Jean, Paul, Noël, Antoine est né le 25 déc. 1944 et a été déclaré et reconnu par le sieur Pradère Paul, sans indication du nom de la mère; Attendu que le sieur Reber a exercé une action contre ledit Pradère ...
> (Gr. Arr. 136; wir heben hervor)

Hier läßt sich ledit nicht durch ce ersetzen. In Verbindung mit anderen Substantiven können beide durchaus in Konkurrenz zueinander treten, wie etwa in folgendem Beispiel, wo der Gebrauch von ledit sicherlich euphonische Gründe hat.

> ... l'arrêt confirmatif attaqué décide que les éléments corporels du cabinet dentaire seront seul compris dans l'actif commun, au motif que jamais le practicien n'a promis de céder ledit cabinet ... (Gr. Arr. 761; wir heben hervor)

Die zweite Funktion, die ledit nicht oder nur bedingt vom modernen Konkurennten ce abgenommen werden kann, ist der Rückverweis über eine längere Textpassage hinweg.

> Attendu que la cour d'appel énonce que dame Colliat, qui, à l'époque de son divorce, assurait sa propre existence, avait été quatre années plus tard atteinte d'une grave maladie lui interdisant le travail, qu'elle a été privée, pour une cause qui ne lui est pas imputable, de l'aide dont elle aurait bénéficié si elle était demeurée en l'état de mariage; - Attendu que ladite cour a déduit, à bon droit de ces constatations que le dommage ainsi causé à dame Colliat était ... (Gr. Arr. 1o7)

Das zweite attendu des zitierten Beispiels steht in dreifacher anaphorischer Beziehung zum vorhergehenden. Das Nebeneinander von ledit und ce wird hier - okkasionnell - differenziert eingesetzt: ladite cour verweist auf den weiterzurückliegenden thematischen Ausgangspunkt des ersten attendu, ces constatations (und dommage ainsi causé) nehmen in direktem Anschluß das Rhema des vorhergehenden Satzes auf.

Unsere Beobachtungen zur Pronominalisierung lassen sich in zwei Feststellungen zusammenfassen:

1. Die Verwendung anaphorischer Elemente ist ein unerläßliches und konstitutives Merkmal der Textsorte "Urteil". Es läßt sich deshalb ein umfangreiches Programm anaphorischer Mittel zusammenstellen. Die Formalisierung des Textes hat ferner dazu geführt, daß dieses Programm eine Reihe stehender Wendungen beinhaltet (par ces motifs, d'où il suit, il en est ainsi etc.).

2. Die zahlreichen Pronominalisierungen sind auch wegen des komplexen Satzbaus nicht immer eindeutig. Das gilt besonders für die Wiederaufnahme verschiedener "Referenten" durch Pronomina gleicher Form (il, elle etc.) sowie für die Pronominalisierung längerer

Textpassagen durch selbständige Partikel (en, ce qui/que, d'où). Die Klarheit des Textes erfordert deshalb ein möglichst differenziertes Programm, das auch Pronomina enthält, die in der Gemeinsprache obsolet werden (lequel, laquelle) oder bereits geworden sind (ledit, sus-). (Genauso versteht sich die Empfehlung, die i-Prothese vor celui und celle neuzubeleben; s. o. 3.3.2.1.).

Methodologische Schlußbemerkung

> ... es wird überhaupt in unseren Erörterungen das nur zu häufig, das auch zu selten gebraucht
>
> Hugo Schuchardt

Unsere Absicht war, Gestalt und Leistung des französischen Gerichtsurteils aus sprachwissenschaftlicher Sicht darzustellen. Allein aus dieser Intention erklärt sich die Auswahl der linguistischen Modelle: auf derartig komplexe syntaktische Strukturen angewandt, hat die Dependenzgrammatik Tesnières einen höheren Beschreibungs- und, wenn auch in geringerem Maße, Erklärungswert als die traditionelle Grammatik oder die generative Transformationsgrammatik, um nur die beiden wichtigsten Konkurrenten zu nennen. Eine Beschreibung nach traditionellem Muster würde bedeuten, auf die linguistische Erklärung der beschriebenen Verfahren völlig zu verzichten; eine formalisierte Darstellung auf dem hohen Abstraktionsniveau der gTG wäre, von ihren umstrittenen sprachtheoretischen Grundannahmen ganz abgesehen, mit der Länge der beschriebenen Sätze unvereinbar gewesen. Die dependenzielle Darstellung ist andererseits für eine semantische Interpretation nur bedingt geeignet. Um die inhaltliche Gliederung des Textes zu erfassen, haben wir deshalb das Instrumentarium der funktionalen Satzperspektive zu Hilfe genommen.

Gelegentlich war es nötig, einzelne Begriffe (z. B. "Rhema") für unseren Gebrauch zu präzisieren; wir konnten jedoch darauf verzichten, die linguistischen Modelle als solche zu thematisieren. Mit anderen Worten: die Modelle, die der Untersuchung zugrundegelegt wurden, rechtfertigen sich heuristisch durch ihre Anwendbarkeit in der Darstellung. Wobei ihre Brauchbarkeit freilich als positiver Wert hervorgehoben zu werden verdient: sie ist nicht selbstverständlich und durchaus nicht allen linguistischen Konstrukten eigen.

Jeder Sprachgebrauch läßt sich sprachwissenschaftlich beschreiben; aber die Sprachwissenschaft ist nicht in der Lage, jeden Gebrauch hinreichend, geschweige denn notwendig, zu begründen. Konkret gesprochen: zahlreiche sprachliche Eigenheiten des Urteils entziehen sich einer linguistischen Erklärung: diejenigen, die sich nicht aus seiner vorgegebenen syntaktisch-textuellen Struktur ergeben und diejenigen, die keine fachsprachliche Funktion im definierten Sinn erfüllen. (Der umgangssprachliche Gebrauch des Ausdrucks "Fachsprache", der sie mitumfaßt, ist nur etikettierend, nicht eigentlich erklärend.) Eine umfassende Begründung richterlichen Sprachgebrauchs übersteigt so die linguistischen Erklärungsmöglichkeiten. Darum ist es notwendig, und hier nicht mehr nur heuristisch empfehlenswert, den Sprachgebrauch in den Rahmen eines fundamentalen Kommunikationsmodells zu stellen, so daß die Abhängigkeit des Urteils von seiner gesellschaftlich-juristischen Aufgabe und von der Richterschaft bzw. von der Fachwelt, sowie die Abhängigkeit der Prozeßbeteiligten vom Urteil thematisiert und für die Erklärung seiner sprachlichen Gestaltung fruchtbar gemacht werden kann: die linguistische Untersuchung wird in eine semiotische Fragestellung integriert.

Das klassische Organon-Modell Karl Bühlers erfüllt - durch einige unwesentliche Präzisierungen dem Untersuchungsgegenstand angepaßt - alle Bedingungen, um die Funktionen des Zeichens "Gerichtsurteil" in seiner komplexen gesellschaftlichen Kommunikationssituation zu erklären. Schließlich finden die diachronischen und synchronischen Analysen im Bezug auf dasselbe semiotische Modell so eine gemeinsame Interpretationsgrundlage.

Unsere Arbeit versteht sich deshalb nicht nur als Beitrag zur Kenntnis einer besonderen Verwendung der juristischen Fachsprache, sondern auch als Versuch, "klassische" Entwürfe der Sprachwissenschaft in der Darstellung auf einen Ausschnitt der Sprachwirklichkeit zu bewähren, ihre Kompatibilität zu beweisen.

Anmerkungen

Anmerkungen zum ERSTEN KAPITEL

(1) Die Ansicht, das Soziale gehe dem Individuellen ontogenetisch voraus, ist zu einer opinio communis der Humanwissenschaften geworden. Anthropologen, Psychologen und Philosophen verschiedenster Couleur stimmen hier überein. Man vgl. Mead, Gehlen, Plessner, Heidegger sowie für den Spracherwerb Wygotski.

(2) Vgl. zu diesem Begriff: Plessner 1976, loo - llo.

(3) Vgl. dazu Eco 1977, 186: "Die Semiotik wird so zur wissenschaftlichen Form der Kulturanthropologie". Sowie ebda., 14, 17.

(4) Vgl. Gehlen ^{12}1978, 38: "Die Kultur ist also die 'zweite Natur'. (...) An genau der Stelle, wo beim Tier die 'Umwelt' steht, steht daher beim Menschen die Kulturwelt, d. h. der Ausschnitt der von ihm bewältigten und zu Lebenshilfen umgeschaffenen Natur."

(5) Wir gebrauchen den Begriff im Sinne Plessners und Gehlens.

(6) Wittgenstein 1977, 359; andererseits ist damit noch nichts über die konkrete Realisierung der kulturellen Normen gesagt. Barthes beschreibt den Prozeß ihrer "Naturalisierung" deshalb als Mythologisierung, in deren Verlauf die historischen und sozialen Entstehungsbedingungen bestimmter Normen unverständlich und vergessen werden: "Ces formes normalisées appellent peu l'attention, à proportion même de leur étendue; leur origine peut s'y prendre à l'aise; elles jouissent d'une position intermédiaire: n'étant ni directement politique, ni directement idéologique, elles vivent paisiblement entre l'action des militants et le contentieux des intellectuels; plus ou moins abandonnées des uns des autres, elles rejoignent la masse énorme de l'indifférencié, de l'insignifiant, bref de la nature." (Barthes 197o, 227)

(7) Vgl. Kant ^{4}1975 a, 244; vgl. auch ebda.: "Wenn ich von aller Materie des öffentlichen Rechts (nach den verschiedenen empirisch-gegebenen Verhältnissen der Menschen im Staat oder auch der Staaten untereinander), so wie es sich die Rechtslehrer gewöhnlich denken, abstrahiere, so bleibt mir doch die Form der Publizität übrig, deren Möglichkeit ein jeder Rechtsanspruch in sich enthält, weil ohne jene es keine Gerechtigkeit (die nur als öffentlich kundbar gedacht werden kann), mithin auch kein Recht, das nur von ihr erteilt wird, geben würde."

(8) Vgl. dazu Busse 1975.

(9) Jakobson 1963, 28; vgl. auch Saussure 1979, 33.

(1o) Vgl. Gauger 1976, 26.

(11) Vgl. auch Schuchardt 1976, 2o2: "In der Tiefe decken sich Sprachgeschichte und Geschichte der Sprechenden, ohne daß sich an der Oberfläche Parallelismus zu zeigen braucht."

(12) Vgl. Apels Einleitung zu Morris 1973, 16, Anm. 19.

(13) Vgl. H. Paul [9]1975, 4o4: "Die Gemeinsprache ist natürlich erst recht eine Abstraktion. Sie ist nicht ein Komplex von realen Tatsachen, realen Kräften, sondern nichts als eine ideale Norm, die angibt, wie gesprochen werden soll. Sie verhält sich zu der wirklichen Sprechtätigkeit etwa wie ein Gesetzbuch zu der Gesamtheit des Rechtslebens in den Gebieten, für welches das Rechtsbuch gilt, ..."

(14) Vgl. H. Paul [9]1975, 4o4: "Als eine solche Norm ist die Gemeinsprache wie ein Gesetzbuch oder ein Dogma an sich unveränderlich." Die Nähe zu Saussure ist frappierend: allerdings versteht sich die Paulsche "Gemeinsprache an sich" eher als Abstraktion in der Tradition des deutschen Idealismus, denn als soziologisch gefärbte Hypostasierung im Sinne Durkheims.

(15) Vgl. dazu Bally [4]1965, 18: "Tout d'abord les langues changent sans cesse et ne peuvent fonctionner qu'en ne changeant pas."

(16) Zum Begriff der Kreativität vgl. Oesterreicher 1979, Kap. 4.6., 2o5 - 21o sowie ebda. 246 f.

(17) Zur Rolle der Fachsprache s. u. 1.2.1.

(18) Vgl. dazu insgesamt Apel 1973, I, 216 - 221.

(19) Zur Rolle, die der Moral dabei zukommt, vgl. 1.2.2.

(2o) Es geht hier nicht darum, diese Dichotomien in ihrer ganzen Paradoxie darzustellen; wir verweisen auf die beiden Analogiekapitel des CLG, wo der Widerspruch u. E. evident zutage tritt. Keineswegs zufällig übrigens, denn in analogischen Phänomenen sind systematisch-synchrone Verfahren und diachrone aufs Engste verquickt. Vgl. Saussure 1979, 221 - 23o.

(21) Vgl. dazu Durkheim 1976, 1o8.

(22) Saussure ebda., 31; eine ganz andere Einstellung Saussures zur Berechtigung des contrat-Begriffes spricht freilich aus folgender Manuskriptstelle, die de Mauro 1969, 151 zitiert: "Quand on reconnaît qu'il faut considérer le signe (dans sa valeur et son existence sociale) on est tenté de ne prendre d'abord que ce qui semble dépendre le plus de nos volontés; et on se borne à cet aspect en croyant avoir pris l'essentiel: c'est ce qui fait qu'on parlera de la langue comme d'un contrat, d'un accord. (C'est négliger le plus caractéristique. Le signe, dans son es-

sence, ne dépend pas de notre volonté.)" Saussure 19o8 - 9, 21.

(23) Vgl. etwa die programmatische Gegenüberstellung der beiden Begriffe, die Rousseau im ersten Kapitel seines "contrat social" vornimmt: "Mais l'ordre social est un droit sacré, qui sert de base à tous les autres. Cependant ce droit ne vient point de la nature; il est donc fondé sur des conventions." (Rousseau 1966, 41; wir heben hervor)

(24) Vgl. Oesterreicher 1979, 242 f.

(25) Zur "genetischen" Verwandtschaft von Sprache und Recht vgl. Gabelentz 1969, 17: "Man redet von Organismus der Sprache mit vollem Rechte, mindestens ohne Schaden, solange man im Sinne behält, dass die Sprache nicht ein eigenlebendiges Wesen, sondern eine Fähigkeit und Function ist der geistleiblichen Natur des Menschen. Erkennt man dies, so werden ganz andere Verwandtschaften auftauchen, ächte, genetisch begründete, nicht blosse Analogien. Die Religionen, das Recht, die Sitten, kurz das ganze Culturleben der Völker ist von denselben Mächten bestimmt, wie ihre Sprachen, sie können von keinen anderen Mächten bestimmt sein. Damit erwachsen ganz andere Räthsel und wir schauen in Tiefen, die lange noch der Ergründung harren werden. Einzelne matte Lichtstrahlen meint man wohl schon jetzt wahrzunehmen, und es dünkt mir wahrscheinlicher, das man dereinst begreifen lerne, wie aus derselben Wurzel das römische Recht und die lateinische Sprache emporgewachsen ist, als dass der grösste Anatom in dem Hirne des besten Lateiners einen Accusativus cum infinitivo entdecke."

(26) Zur instrumentalistischen Verkürzung, die diese Konzeption in der "reduktionistischen" Sprachtheorie des Strukturalismus erfahren hat, vgl. Oesterreicher 1979, Kap. 4.5., 199 - 2o5. Oesterreicher nimmt die Prager Schule bis zu einem gewissen Grad von seinem Vorwurf aus (ebda. 2o5); für Bühler "der die Prager Schule stark beeinflusst hat, aber doch nur am Rande zu ihr gehörte" (Gauger in: Gauger/Oesterreicher/Windisch 1981, 6o), gilt er u. E. nicht.

(27) Einen Hinweis auf die soziolinguistische Relevanz des Organonmodells gibt Schlieben-Lange 1973, 18 ff.

(28) Vgl. Schütz/Luckmann 1979, 113; die Zuordnung der Typen auf die Prozeßparteien ist vom Verfasser.

(29) Vgl. dazu Betti ^{2}1967, 627, der sich hier auf die von Ph. Heck begründete, sogenannte "Interessenjurisprudenz" beruft: "Da ja die Rechtsnormen - zum Unterschied von theoretischen Urteilen, die bloß eine Einsicht ausdrücken und auf vermeintliche Erkenntnis der Wahrheit abzielen - nicht als Selbstzweck für sich da sind, sondern als Geräte zum Zweck des sozialen Zusammenlebens, und da insbesondere

Privatrechtsnormen regelmäßig als Lösung typischer Interessenkonflikte auftreten, so muß derjenige, der zu ihrer Anwendung berufen ist, wie etwa der Richter, zu erkennen versuchen, welche im Spiel stehenden Interessentypen bewertet, einander gegenübergestellt und in ihrer typischen Wesenheit abgewogen werden; weiter, welche in ihnen die Beilegung des Konfliktes im festgesetzten Sinn bestimmt haben."

(3o) Vgl. auch Kap. 1.3.: die Etymologie von engl. answer.

(31) Sehr allgemein bleiben die Ausführungen von Visser't Hooft 1974 zum Verhältnis Rechtssprache - Gemeinsprache. Seine rein funktionelle Bestimmung der Rechtssprache greift u. E. zu kurz. Vgl. etwa seine Definition: "Le langage du droit est un usage spécialisé du langage ordinaire: sa spécialisation, on l'a vu, se fonde tout simplement sur une spécialité de "sens": le sens de ce que veut le droit. Cette spécialisation, pourrait-on dire, traverse le langage ordinaire et le conforme aux besoins du droit." (22)
Es ist die Frage, ob eine solche Ausklammerung des Handelnden ("ce que veut le droit (?)") im Sinne der "ordinary language philosophy" ist, auf die der Verfasser sich beruft.

(32) Die Unterscheidung zwischen Sachverhalt und Tatbestand bietet sich an, da die deutsche Rechtssprache beide Ausdrücke bereithält. Sie wird jedoch von den Juristen nicht streng terminologisch eingehalten. Eine Terminologisierung der Dichotomie analog zum Begriffspaar Sachverhalt/Tatsache in der analytischen Philosophie wäre wünschenswert; Vgl. Patzig 197o.

(33) Vgl. Barthes 197o, 2o8: "Le concept, à la lettre, déforme mais n'abolie pas le sens: un mot rendra compte de cette contradiction: il l'aliène."

(34) Wenn man gelegentlich einzelne Namen für bestimmte Kodifikationen setzt, etwa Drakon oder in moderner Zeit Napoleon, geschieht dies immer verkürzend. Sie stehen in erster Linie für die Tatsache der Kodifikation und weniger für deren substanzielle Bestimmungen.

(35) Vgl. Hegel 1976, § 226.

(36) Vgl. Ammann 1974, 279 - 286.

(37) Insofern bleibt die Alltagssprache stets die "pragmatisch letzte" Metasprache; vgl. dazu die Einleitung von Apel zu Apel 1963.

(38) Vgl. Hahn ^{2}198o, 391 f.

(39) Zu den Funktionen s. o.; vgl. auch 1.2.2.

(4o) Vgl. Code civil, Art. 1457 ff.

(41) Vgl. dazu Ellul [4]1972, 234 ff; s. u. 1.3.

(42) Zur Bedeutung des Eides im röm. Recht vgl. Ellul [4]1972, 261; allgemein auch Coing [3]1976, 138 ff.

(43) Vgl. allgemein zum Verhältnis von Recht und Moral Schopenhauer 1977 a, § 62 und 1977 b, § 17.

(44) (Apel 1973, II, 375); ein indirektes Indiz für die Richtigkeit der Apelschen These bietet uns aber gerade das Rechtsleben totalitärer Staaten, wo der Gesetzesbegriff aufgrund seiner Abkoppelung von moralischen Werten oft so diskreditiert ist, daß die Bürger auch darauf verzichten, den Schutz nicht repressiver, nützlicher Gesetze für sich in Anspruch zu nehmen. Die Beschäftigung mit dem Gesetz wird als suspekt betrachtet.

(45) Wir halten es schon deshalb nicht für sinnvoll, Recht und Rechtssprechung im Rahmen einer Systemtheorie der Gesellschaft radikal zu funktionalisieren und von ihrem ethischen Hintergrund abzulösen, wie es etwa Luhmann vorschlägt: "Die wichtigsten, die klassischen Reduktionsleistungen (das Recht zählt er ausdrücklich dazu; Th. K.), die dem Verhalten in der Gesellschaft Struktur geben, werden heute nicht mehr als Natur der Gesellschaft und damit als ethisches Gebot, sondern als Leistung gesellschaftlicher Teilsysteme institutionalisiert." (Luhmann 1971, 17)

(46) Wir zitieren Dewey nach Morris 1977, 257.

(47) Wir entlehnen den Ausdruck "chorisch" aus Ammann 1974, 17o ff; wir wollen jedoch präzisieren, daß wir ihn hier ausschließlich politisch meinen. Die "Gemeinsamkeit des Erlebnisses" (172), die dem chorischen Sprechen zugrundeliegt, kann nichts als eine ideologische Fiktion zum Zweck der Rechtfertigung sein.

(48) Vgl. Hahn [2]198o, 392.

(49) Bally [2]1921; merkwürdig in diesem Zusammenhang erscheint Morris' Diskurstypeneinteilung; er spricht sehr global von einem "Rechtsdiskurs", den er nicht weiter differenziert, und aus dem er dennoch alle präskriptiven, moralischen und wertenden Elemente eliminieren zu können glaubt, indem er dafür jeweils eigene Diskurstypen etabliert.

(5o) Vgl. Apel 1973, II, 39o.

(51) Ein schönes naives Beispiel, wie direkt früher die Ersatzinteraktion auf die Lebenswelt bisweilen auch bei belanglosen Fällen zurückwirkte, bietet uns die alte französische Praxis bei Beleidigungsklagen. Das Gericht arbeite-

te eine Entschuldigungsformel aus, durch die der Beschuldigte seine Verzeihung beim Geschädigten erbitten mußte. Etwa folgender Parlamentsbeschluß vom Sept. 1378: "Jehan comme mal advisez, à tort, contre vérité, je vous ay dit les dictes paroles et m'en repens et vous prie que vous le me vueilliez pardonner". Zit. in Aubert 1894, I, 148; dort auch noch modifizierte Formeln.

(52) Vgl. 1.3., rum. rău < lat. reus.

(53) Wohlgemerkt, es geht hier nicht um den existentiell gemeinten "überanstrengten Entscheidungsbegriff des Dezionismus". (Lübbe 1971, 131)

(54) Vgl. dazu Mittelstraß 1974, 2o1: "Es ist die Prädikation als sprachlich fundamentalste Handlung, die im strengen Sinne unhintergehbar ist, weil jede Reflexion über die Prädikation bereits von der Prädikation selbst Gebrauch machen muß. Das heißt, die Prädikation ist tatsächlich ein Anfang im strengen Sinne, sie läßt sich nicht begründen."

(55) Peirce zit. in Morris 1973, 221.

(56) Vgl. etwa den frühen Wittgenstein, in neuerer Zeit den subtilen Lösungsversuch in Patzig 197o.

(57) Vgl. Streitberg 1943, 141.

(58) Vgl. Streitberg ebda.

(59) Vgl. Schwarz 1967, 56; Stroh 1952, 695.

(6o) Vgl. Kluge 1883, 312 b; Duden Bd. VII 1963, 632 a.

(61) Vgl. DuCange II, 1883, 214 b f.

(62) Furetière führt die Bedeutung "plaudern" schon auf; der etwa gleichzeitige DuCange nicht; vgl. Furetière 1978 zuerst 169o, Bd. A - D, ohne Seitenangabe, Lemma causer; vgl. DuCange ebda.

(63) Der einzige, freilich sehr alte Beleg, findet sich im "Muspilli" (entstanden ca. 83o):
"Khenfun sind so kreftîc,
diu kôsa ist so mihhil."
(Braune [1o]1942, 77, Vers 4o)

(64) Für Kluge war die eigenständige Verbbedeutung Grund genug, in der ersten Ausgabe seines etymologischen Wörterbuchs (1883, 178 a) eine von lat. causa/causare und ahd. kôsa unabhängige germanische Verbwurzel got. *kausôn zu erschließen. In den von Mitzka bearbeiteten späteren Ausgaben wird ahd. chôsôn als Derivat von kôsa aufgefaßt. (Vgl. [2o]1967, 396, b); ebenso im Duden Bd. VII. Auch die

Tatsache, daß das Verb in den anderen germanischen Sprachen nicht belegt ist (mit Ausnahme von ndl. koozen "sprechen") würde sich so erklären.

(65) Zu den ins Französische eingedrungenen Wörtern der ahd. Rechtssprache vgl. Gamillscheg 1934, 159 - 167. Zahlreiche Beispiele für Bedeutungsentlehnungen der mittellateinischen nach dem Vorbild der ahd.-germ. Rechtssprache bringt K. v. Armira (1876): Über Zweck und Mittel der germanischen Rechtsgeschichte, 21, zit. in: Stroh 1952, 693 f. Vgl. auch P. H. Heck (1931): Übersetzungsprobleme im frühen Mittelalter, Tübingen.

(66) Unsere Schlußfolgerungen stehen allerdings im Gegensatz zu dem, was das FEW unter dem Lemma causari anführt (Wartburg 1949, II 1, 544). Wartburg nimmt zwei verschiedene Bedeutungen an, eine ursprüngliche "einen Grund vorbringen" und eine andere Bedeutung "widersprechen, entgegenhalten; zanken, streiten" (seit dem 2. Jhdt. v. Chr.). Er behauptet, das ahd. kôsôn "sprechen, plaudern" habe sich aus der "ursprünglichen" Bedeutung entwickelt. Auf die semantische Sonderstellung des franz. causer geht er nicht ein, ebensowenig berücksichtigt er, daß ahd. kôsôn eben nicht direkt auf das lateinische Verb zurückgeht, sondern eine desubstantivische Bildung von ahd. kôsa ist; vgl. Anmerkung 63.

(67) Vgl. Benveniste 1969, 133 - 142.

(68) Vgl. Schwarz 1967, 27 nimmt eine Grundform ahd. *tuom irteilen an. Die Verallgemeinerung von irteil, irteilen ist auch Ausdruck der fränkischen Vormachtstellung: das fränkische Rechtswort setzt sich gegen den bairischen (suona, suonen) und gemeingerm. Konkurrenten (ahd. tuom, tuomen) durch. Ähnlich ist die Ausbreitung von fränkisch urkund; vgl. dazu König 1978, 68 f.

(69) Meyer-Lübke 1911 zählt folgende Reflexe auf: vegl. kausa, ital. cosa, alog. casa, engad. k'oza, friaul. k'oze, frz. chose, prov. kauza, span. cosa, portg. cousa.

(7o) Vgl. Kluge 1883, 279 b.

(71) Vgl. Hornby/Gatenby/Wakefield ^{2}1963, 875 a.

(72) Zu den französischen (und romanischen) Wörtern, die auf fränk.*sakjan zurückgehen vgl. Gamillscheg 1934, 162 f.

(73) Vgl. dazu die nhd. Reste Widersacher und Sachwalter

(74) Beide Wortfamilien sind verwandt; zur idg. Wurzel *reĝ- gehören auch die lateinischen rex, regere, regio und ihre Derivate sowie ahd. rehhi, got. reiks, die wahrscheinlich

auf keltisches *ri "König" zurückgehen; vgl. dazu Benveniste 1969, 9 - 15; sowie die interessante Interpretation in Devoto 197o, 34.

Anmerkungen zum ZWEITEN KAPITEL

(1) Zit. in Brunot [3]1947, 3o; vgl. zum Art. 11o die Absicht Friedrich Wilhelms II., die er bei Erlaß des Corpus juris Fridericianum äußerte: "das Landrecht in deutscher Sprache verfertigen zu lassen, damit ein jeder, der einen Prozeß hat, solches selbst nachsehen und, ob er Recht oder Unrecht habe, daraus lernen könne." Zit. in: Dölle 1949, 38.

(2) Text in Décrusy/Isambart/Jourdan Bd. XII, 6oo - 64o

(3) Vgl. Declareuil 1925, 596.

(4) Ordonnanz von 1629, Art. 27, zit. in : Picot 1888, Bd. 3, 494

(5) Vgl. Schill 1961, 112

(6) Zit. in François 1918, 2o9; vgl. auch Brunot 19o7, 677 ff.

(7) Brunot 19o7, 678; François 1918, 2o7.

(8) Estienne, Dialogues, éd. Ristelhuber, II, 195; zit. in François 1918, 2o9.

(9) Zit. in François 1918, 2o8 ohne weitere Angaben.

(1o) Todorov 1975, 85; dasselbe Phänomen konstatiert schon E. R. Curtius: "Aber wir sehen, daß die beiden wichtigsten Arten der Rede, Staats- und Gerichtsrede, mit dem Untergang der gr. Stadtstaaten und der römischen Republik aus der politischen Wirklichkeit verschwanden und in die Rhetorenschule flüchteten; daß die Lobrede zu einer Lobtechnik wurde, die sich auf jeden Gegenstand anwenden ließ; daß auch die Poesie rhetorisiert wurde. Das bedeutet nichts anderes, als daß die Rhetorik ihren ursprünglichen Sinn und Daseinszweck verlor. Dafür drang sie in alle Literaturgattungen ein. Ihr kunstvoll ausgebautes System wurde Generalnenner, Formenlehre und Formenschatz aller Literatur überhaupt. Das ist die folgenreichste Entwicklung innerhalb der Geschichte der antiken Rhetorik." (Curtius 1963, 79)

(11) Vgl. Schill 1961, 88.

(12) Eschmann 1943, erwähnt in Schill 1961, 89.

(13) Siehe unten 1.2. und 2.2.

(14) Vgl. Brunot 19o7, 687 ff.

(15) Vgl. Schill 1961, 18; vgl. ebda. 12 - 47.

(16) Miquel 1976, 83.

(17) Ebda. 1o2.

(18) Die letzten unabhängigen Gebiete des Südens fielen 1249, fünf Jahre nach dem Fall von Montségur, an die Krone, als die Tochter Raymonds VII. von Toulouse, Jeanne, kinderlos starb und ihre Stammlande durch den König eingezogen wurden. (Miquel 1976, 99)

(19) Vgl. dazu allgemein Picot 1888.

(2o) Vgl. Picot 1888, I, 3o8 ff.

(21) Generalstände zu Tours, März 1483; Verweis in Picot 1888, I, 471.

(22) Karten I und II nach Chénon 1929, 2.1., 579; Karte III nach ebda., 577.

(23) Karte IV aus Guiraud 1968, 29.

(24) Ordonnanz von 1296, Art. 27; zit in Declareuil 1925, 6oo.

(25) Chénon 1926, 2.1., 333; neben dem Sprachlichen wird auch die Uneinheitlichkeit und ständig wachsende Undurchsichtigkeit des Rechtswesens, ein "état de véritable anarchie juridique dans lequel la France a vécu pendant des siècles" (Sauvel 1961, 28/9), von Molière kritisiert. Der Notar Bonnefoy antwortet Argon auf die Frage, warum er kein Testament aufsetzen könne: "La Coutume y résiste. Si vous étiez en pays de droit écrit, cela se pouvait faire; mais, à Paris, et dans les pays coutumiers, au moins dans la plupart, c'est ce qui ne se peut, et la disposition serait nulle. Tout l'avantage qu'homme et femme conjoint par mariage se peuvent faire l'un à l'autre, c'est un don mutuel entre vifs; encore faut-il qu'i n'y ait enfants, soit des deux conjoints, ou de l'un d'eux lors du décès du premier mourant." (Molière 1965, Le malade imginaire, in: Oeuvres complètes Bd. 4, 4o1).

(26) Lemarignier 1976, 359.

(27) Aubert 1894, I, 5.

(28) Zit. in Declareuil 1925, 6oo.

(29) Vgl. Picot 1888, I, 46o.

(3o) Brunot 1965, 31; Übrigens gibt es auch juristische Indizien dafür, daß es mit den Bemühungen Franz'I. um größere Klarheit und Durchsichtigkeit nicht sehr weit her gewesen sein kann. Denn eben die Ordonnanz von 1539 nimmt dem Angeklagten das Recht auf einen Anwalt, sowie die Möglichkeit, die Zeugenaussagen einzusehen. (Declareuil 1925, 598) (s. u. 1.2.)

(31) Ramus 1572, Grammaire, 49/5o; zit. in Brunot 1965, 31, n.1.

(32) Darmesteter/Hatzfeld [12]1919, 14/15.

(33) Vgl. Bourdon 1941, 447.

(34) Vgl. ebda., 447 ff.

(35) Vgl. Sauvel 1955, II, 13.

(36) Vgl. ebda., 12.

(37) Vgl. Schill 1961, 47.

(38) Vgl. zum Geschichtlichen allgemein: Schill 1961, 48 - 81.

(39) Vgl. ebda. 37.

(4o) Vgl. ebda. 58 - 72.

(41) Vgl. ebda. 85.

(42) Zit. in Picot 1888, II, 158.

(43) Vgl. Sauvel 1955, 31.

(44) Vgl. zu Voltaires juristischem Engagement: Strauß 19o7, 8o - 83.

(45) Condorcet 1786/18o4 Réflexion d'un citoyen non gradué sur un procès bien commun. Oe. C., Bd. XI, 214; zit. in Sauvel 1955, 39.

(46) Urteil vom 12 prairial an lo. Entnommen aus: Recueil Sirey An X, 297.

(47) Zit. in Sauvel 1955, 47; (wir heben hervor; Th. K.)

(48) Von Savigny [3]184o, zuerst 1815: Vom Beruf unserer Zeit für Gesetzgebung und Rechtswissenschaft.

(49) Im deutschen Grundgesetz wird das Prinzip der grundsätzlichen Offenheit der Gesetze für richterliche Rechtsfortbildung durch die Formel von der Bindung der Rechtsprechung an "Recht und Gesetz" ausgedrückt (Art. 2o, Abs. 3); vgl. dazu auch Maihofer 196o, der "Gesetz" als positives Recht, sei es schriftlich oder gewohnheitsrechtlich fixiert, und "Recht" als ungesetztes Rechtsempfinden versteht.

(5o) Dawson 1968, 41o/1. Man vergleiche dagegen die erstaunliche Fehleinschätzung Dölles: "Freilich handelt es sich hier um die Sprache des französischen Rechts, die, (...) eine glücklichere Entwicklung nehmen konnte, als sie uns beschieden war. Dort, im romanischen Westen, ist die Ausdrucksweise der Gesetze weniger technisch als im deutschen Sprachgebiet, eine merkliche Kluft zwischen der Sprache der gebildeten Bourgeoisie und der Ausdrucksweise der Behörden wie der rechtswissenschaftlichen Schriftsteller hat sich nicht aufgetan." (Dölle 1949, 73)

Anmerkungen zum DRITTEN KAPITEL

(1) Man vgl. etwa Georg von der Gabelentz: "Sprache ist Rede, ist Ausdruck des Gedankens, ist Satz." (19ol, 317) Oder Hermann Ammann: "Der Satz erscheint in solchem Ausmaße als Normalform der Rede, daß man ihn geradezu als 'die' Form der Rede bezeichnen kann: sofern eben alle nicht satzmäßigen Gebilde neben ihm als ungeformt oder auf einer niedrigeren Stufe der Formung stehengeblieben betrachtet werden können." (1974, 189) Auch Wandruszka 1971 bleibt hier traditionell: "Universalen Charakter hat offenbar auch das entscheidende geistige Bildungsgesetz unserer Sprache, das Ineinandergreifen des Nennens und Sagens. Das Nennen ist den Wörtern anvertraut, das Sagen den Sätzen." (ebda., 11) Das hohe Prestige des Satzbegriffes erklärt auch, daß er in der positivistischen Philosophie des frühen Wittgenstein eine zentrale Rolle einnehmen konnte: "Im Satz drückt sich der Gedanke sinnlich wahrnehmbar aus." (1978, 3.1.) "Der Satz ist ein Bild der Wirklichkeit. Der Satz ist ein Modell der Wirklichkeit, so wie wir sie uns denken." (ebda., 4.ol.)

(2) Vgl. etwa Paul ebda., § 5: "Die Kulturwissenschaft ist immer Gesellschaftswissenschaft."

(3) Ebda.; indirekt zeigt sich auch bei Gauger dieselbe Tendenz, die Rolle des Satzbegriffs zu relativieren. Ältere Autoren, etwa Ammann, definierten gerade den Satz durch die zugrundeliegende einheitliche Intention des Sprechens. ([4]1974, 231 ff) Auch Brinkmann spricht noch von Satzintentionen (1962, 481 ff und öfter).

(4) Wenngleich natürlich auch einzelsprachliche Verfahren dazu beitragen, die Einheit des jeweiligen Textes zu festigen. Coseriu trennt die Textlinguistik, die sich die Beschreibung dieser Verfahren zum Ziel setzt ("Textgrammatik") streng von der "eigentlichen Textlinguistik" (1981, 26), deren Gegenstand "die Texte auf einer autonomen Ebene des Sprachlichen vor jeder Unterscheidung bestimmter Sprachen" (ebda., 25) sind.

(5) Vgl. dazu Gauger ebda., 164.

(6) Dies wird in der Dalloz-Ausgabe des "Code proc. civ." durch eine Anmerkung eigens betont. Vgl. ebda., 113.

(7) Im folgenden bezieht sich "Formalisierung" stets auf die Ausdrucksseite. Der Begriff sagt nichts über die Möglichkeit einer inhaltlichen Formalisierung, die den Einsatz kybernetischer Verfahren bei der Subsumtion und Rekonstruktion des Tatbestandes erlauben würde; vgl. dazu Betti [2]1967, 617 f: "Wenn man bedenkt, daß die aufzufindenden Entscheidungsmaximen, weit entfernt davon, in verein-

zelte Worte aufzugehen, normative Sollenssätze bilden, die keineswegs aus ihrem Sinnzusammenhang mit den entschiedenen Tatbeständen herausgerissen zu verstehen sind, so sieht man gleich ein, daß hierbei kybernetische Verfahren keine Verwendung finden könnten, die nicht Gefahr liefen, die fragliche Maxime zu verdrehen." Ähnlich äußert sich Sanchez-Mazas (1974) zu einer möglichen datentechnischen "Arithmetisierung" der Rechtssprache; mit Blick auf die Rechtsprechung im besonderen schließt der Autor: "D'autre part, des aspects essentiels de la vie juridique, comme la preuve de la qualification des faits ou l'interprétation de la loi, resteront, c'est indéniable, à l'extérieur de la machine." (ebda., 313)
Der Begriff der "Normierung" steht für den untersten Formalisierungsgrad.

(8) Vgl. Coing [3]1976, 138: "... der Vertrag ist der Willkür der Parteien entzogen; man kann mit ihm rechnen. Das gleiche gilt vom verkündeten Rechtssatz; er bindet auch den rechtsetzenden Herrscher selbst."

(9) Prononcé heißt das Urteil, wie es mündlich vom Richter verkündet wird; mit minute bezeichnet man das Protokoll des verkündeten Urteils; die Redaktion der Endfassung (grosse) erfolgt durch den sog. greffier "Gerichtsschreiber".

(1o) Vgl. dazu Mimin [4]1978, 357, Anm. 1: "La jurisprudence impose rigoureusement le texte littéral de la formule exécutoire."

(11) Vgl. Gülich/Raible 1977, 6o - 89; sowie Daneš u. a. in ders. Hrsg. 1974, 217 - 222.

(12) Die beiden Begriffe sind für ihn geradezu Funktionen der Kommunikationssituation; die Situation selbst kann sogar psychologisches Subjekt oder Prädikat einer Äußerung werden, wobei das, was für den Sprecher psychologisches Prädikat ist, für den Hörer auch psychologisches Subjekt sein kann; vgl. Paul [9]1975, § 9o, 129.

(13) Vgl. Gülich/Raible 1977, 61, 63 - 66, 75 - 8o; Raible 1971 weist darauf hin, daß psychologische und psychologisierende Erklärungen "im Grunde auch in der originären Konzeption von Thema und Thema steckten." (ebda., 222)

(14) Das gilt zumindest für Firbas und Daneš; vgl. Gülich/Raible 1977, 64, 75.

(15) Vgl. Daneš u. a. 1974, 221.

(16) Daneš u. a. 1974, 218 nennen Kuttner.

(17) Eine vollständige Liste der vorkommenden Sprechhandlungsverben geben wir im 3. Kap. 2.1.

(18) Vgl. Firbas 1965, 17o - 174.

(19) In dem von Ulifova 1974 analysierten tschechischen Korpus sind 9o % der finiten Verben als "transition" einzustufen; ebda., 21o.

(2o) Vgl. Staiger ^{6}1963, 176 ff.

(21) Vgl. Staiger ^{3}1957, 1oo - 117.

(22) In der "Nouvelle revue historique du droit frç. et étranger" 37, 758 - 8o4.

(23) Aus dem Artikel vu der großen französischen "Encyclopédie" geht hervor, daß sich vu im Recht des Ancien Régime tatsächlich nur auf schriftliche Beweisstücke beziehen konnte. "Vu ou Vue, (Jurisprud.) est un terme usité dans les jugemens, pour indiquer que les juges ont vu & examiné telles & telles pieces. Les jugemens d'audience n'ont que deux parties, les qualités & le dispositif. Les jugemens sur procès par écrit ou sur pieces vues, ont trois parties, les qualités, le vu & le dispositif. La seconde partie que l'on appelle le vu, a été ainsi nommée, parce qu'elle commence par les mots, vu par la cour, & c. ou vu par nous si ce ne sont pas de juges souverains." (Encyclopédie t XVII, 564 b)

(24) Vgl. Grevisse ^{10}1975 § 1o22, 1167; Grammaire de l'Académie, 229; Wartburg/Zumthor ^{3}1973, § 144, 94 f.

(25) So Grevisse ^{10}1975, § 296, 27o und Petit Robert 1973, 113 a.

(26) Bisweilen können auch en bzw. à diese Funktionen übernehmen, so etwa in den Formeln en la forme "der Form nach" und au fond "der Sache nach".

(27) Die Staatsanwaltschaft tritt hier als Nebenintervenient auf; vgl. dazu Constantinesco/Hübner 1974, 243.

(28) Vgl. Wartburg/Zumthor ^{3}1973, § 23o.

(29) Fillmore 197o klammert juristische Fachsprachen aus. Wir brauchen ihn daher hier nicht weiter zu berücksichtigen.

(3o) Die Formel dire et juger kommt so dem Etymon von frz. juger < lat. ius dicere wieder sehr nah; vgl. 1. Kap. 1.3. Kalinowski bemerkt dazu sehr richtig: "Le langage du juge est quelquefois métalinguistique de la même manière que le langage du législateur." (1974, 66)

(31) Zur Etymologie vgl. 4. Kap. 2.

(32) Vgl. Raible 1972, 155.

(33) Das Kassationsurteil aus dem Jahre 1813 (Anhang, XVII) zeigt, daß es durchaus Ansätze zu dieser weniger formalisierten Variante gab, die sich jedoch nicht durchsetzen konnte.

(34) Vgl. Tesnière 161, § 3.

(35) Vgl. Tesnière ^{2}1966, 125, § 4: "Le nombre des circonstants n'est pas défini comme celui des actants. Il peut n'y en avoir aucun, tout comme il peut y en avoir un nombre illimité."

(36) Vgl. Urteil aus dem Jahr 14o9 in Martin 1913, 773

(37) Die Präpositionen *pour* und *par*, die altfranzösisch durchaus synonym gebraucht werden konnten, haben sich divergierend entwickelt. Während sich *pour* in der Bedeutung "wegen" als Präposition durchgesetzt hat, ist die Konjunktion *pour ce que* durch *parce que* ersetzt worden; vgl. Darmesteter/Hatzfeld ^{12}1919, § 237 f.

(38) Vgl. Brinkmann 1962, 48o f.

(39) Vgl. Tesnière, 47o, § 7.

(4o) Vgl. Tesnière, 3. Teil, 361 - 665.

(41) Vgl. Bally ^{4}1965, besonders 116 - 127, §§ 179 - 196; "Un signe linguistique peut, tout en conservant sa valeur sémantique, changer de valeur grammaticale en prenant la fonction d'une catégorie lexicale (substantif, verbe, adjectif, adverbe) à laquelle il n'appartient pas." (ebda., 116, § 179)

(42) Gauger/Oesterreicher/Windisch 1981, 235 weisen darauf hin.

(43) Auch Arens ^{2}1969, der Tesnière nur sehr summarisch würdigt (ebda., 685), nennt diesen Begriff nicht.

(44) Vgl. Tesnière, 324, § 11.

(45) Vgl. ebda., § 1o.

(46) Vgl. dazu Tesnière, 2. Teil, 323 - 36o.

(47) Vgl. 3. Kap. 1.2.1. sowie die älteren Beispiele des Anhangs.

(48) Vgl. ebda.

(49) Vgl. 3. Kap. 1.2.3.1.

(5o) Vgl. die Stufen 2 und 6 des folgenden Stemmas.

(51) Vgl. Brinkmann 1962, 588 ff.

(52) Zur inhaltlichen Interpretation vgl. 3. Kap. 2.4.4.

(53) Vgl. dazu Grevisse [1o]1975, § 953, 2.

(54) Vgl. Tesnière 625, §§ 9 ff.

(55) Vgl. dazu Brinkmann 1962, 591 ff; Paul [3]1957, 128; ders. § 422, 438, 448, 491.

(56) Vgl. dazu Tesnière, 384, §§ 3 - 7.

(57) Vgl. ders., 545 f, Kap. 24o.

(58) Mit dem Unterschied, daß das Verb wie in der Alltagssprache vorgezogen wird, folgt auch diese Konstruktion dem Bauplan des Gesamturteils: das Verb gibt die Art des Sprechakts, bzw. seine Rolle in der juristischen Kommunikation an (in diesem Fall die erhobene Klage), und die begründenden Fakten werden als Zirkumstanten angeschlossen. *Alors que* hat durchaus eine kausale Bedeutung (vgl. Grevisse [1o]1975, § 1o22, Rem. 6), ist also auch in dieser Funktion dem *attendu que* des Gesamttextes zu vergleichen. Grevisse fügt hinzu, daß die Konjunktion gleichzeitig meistens eine adversative Nuance beinhaltet, eine Beobachtung, die unser Fall bestätigt.

(59) Zur Rolle des Nominalstils im Französischen vgl. allgemein Bally [4]1965, § 591, 356 f.

(6o) Zum Standes- und Sprachbewußtsein vgl. 1. Kap. 1.2.2. und 4. Kap. 1.

(61) Zum Unterschied von Sprachkritik und Sprachwissenschaft vgl. Polenz 1968.

(62) Auch das Beispiel für eine *de*-Treppe, das Bally [4]1965, 357 gibt, stammt bezeichnenderweise aus der Rechtssprache.

(63) Vgl. dazu Tesnière, 452, §§ 8 ff.

(64) Tesnière, 452, § 7; vgl. dazu auch Bally [4]1965, 118, §§ 8 ff. Den zutreffenden etymologischen Hinweis, das Partizip habe seinen Namen von der antiken Sprachwissenschaft deshalb, weil es an verschiedenen Wortklassen "partizipiere", relativiert Tesnière durch die Bemerkung, dies gelte für alle transferierten Wörter, die sowohl die syntaktischen Eigenheiten der Grundwortarten behalten als auch diejenigen der Zielwortart annehmen. Vgl. dazu Tesnière, 451 f, §§ 5 f.

(65) Tesnière, 419 § 2o. Vgl. auch Bally [4]1965, 296, § 483: "L'infinitif est, comme on sait, une transposition du verbe qui permet à celui-ci de jouer le rôle de substantif."

(66) Derartige und ähnliche geistige Wandlungen hinter sprachlichen Formen aufzuspüren, ist das Anliegen einer Sprachkritik, wie sie etwa Sternberger/Storz/Süskind 197o exemplarisch versucht haben.

(67) Grevisse [10]1975, § 8o3, 818 spricht von "proposition participe absolue, qui équivaut à une proposition circonstancielle et qui reste grammaticalement indépendante de la proposition principale."

(68) Vgl. Tesnière, 327 - 33o.

(69) Vgl. ebda., Kap. 69, 163 - 166.

(7o) Urteil vom 8.1.1399; der vollständige Text befindet sich im Anhang IV.

(71) Auch Bally [4]1965 sieht - in einem anderen Zusammenhang - einen Gegensatz zwischen "style substantif" und der Verwendung von qui- bzw. que-Sätzen: "C'est la prédilection pour le substantif qui cherche à bannir, les qui et les que de la langue écrite d'aujourd'hui, alors que le style classique ne les redoutait nullement. C'est que ces mots introduisent des propositions, et celles-ci contiennent nécessairement un verbe." (ebda., 357)

(72) Deshalb gibt es, trotz des verstärkten Interesses, das die Sprachwissenschaft in letzter Zeit der Fachsprache entgegenbringt, kaum syntaktische Untersuchungen zu diesem Gegenstand; vgl. jedoch neuerdings die Studie von Blumenthal 1983, die auch Beispiele juristischer Syntax anhand zweier verwaltungsrechtlicher Texte analysiert.

(73) Vgl. Brinkmann 1962, 58o.

(74) Unsere Bezeichnung deckt sich zum Teil mit dem von Blumenthal 1983 verwandten Begriff der "Determination". Blumenthal (ebda., 62 ff) stellt fest, daß schon die nicht formalisierte Fachsprache diese Art der Satzgliederung favorisiert, was der Autor auf die "Natur des Gegenstandsbereichs (...) einer vorwiegend hierarchisch und additiv aufgebauten Wirklichkeit." (ebda., 67) zurückführt.

(75) Vgl. dazu Wartburg/Zumthor [3]1973, 333.

(76) Ebenso interpretiert Dubois 1965, der übrigens ce que auch als Einheit auffaßt: "Grâce à la formule ce que, la construction de l'expansion du verbe est parallèle à l'expansion du substantif. Cela a été rendu possible parce que [ske] forme un ensemble cohésif." (ebda., 165)

Anmerkungen zum VIERTEN KAPITEL

(1) Wir zitieren nach [4]1978; der Ausdruck style bedarf eines Hinweises: Mimin scheint hier den philologischen Begriff mit einem alten französischen Rechtswort zu kreuzen, das früher auch im Sinn von "Prozeßordnung, Verfahrenstechnik" gebraucht wurde.

(2) Vgl. Coing [3]1976, 3o8: "Hier tritt nun ein anderes Element in Erscheinung, das den kontinentalen Juristen am anglo-amerikanischen Rechtsdenken und an Urteilen des Common-Law-Richters auffällt: die ungezwungene, freie und persönliche Art, mit denen die praktischen, politischen und ethischen Gesichtspunkte diskutiert werden, welche bei der Fallentscheidung eine Rolle spielen."

(3) Jeder Gegenstandsbereich läßt sich ins Juristische übertragen und muß bei Bedarf übertragbar sein; zur konstitutiven Rolle der Sprache bei der Herstellung des Tatbestandes siehe 1. Kap. 1.2.1.

(4) Vgl. Gauger 1976, 51.

(5) Vgl. Gauger ebda., 36 f.

(6) Vgl. Brunot [4]1932, Bd. III, 95 - loo; Bd. IV, 227 - 278.

(7) Vgl. Gauger 1973, 25 f: "Die gelegentliche Berücksichtigung des "terme propre" durch Girard ist also keine Inkonsequenz, man kann sie als ein - freilich sehr vorsichtiges und zurückhaltendes - Eingehen auf diesen bedeutsamen Wandel verstehen. (...) Girard versäumt es selten, die fachliche Herkunft und Zugehörigkeit solcher Wörter zu kennzeichnen."

(8) Vgl. dazu Diderot 1973, zuerst 1772?, 261: "Vilains hypocrites, laissez-moi, laissez-moi en repos. F....tez comme des ânes débatés; mais permettez-moi que je dise f...tre; je vous passe l'action, passez-moi le mot. Vous prononcez hardiment tuer, voler, trahir, et l'autre vous ne l'oseriez qu'entre les dents! Est-ce moins vous exhalez de ces prétendues impuretés en paroles plus il vous en reste dans la pensée?" und Diderot 1875, zuerst 1751, 388: "Les Grecs, les Latins qui ne connaissent quère cette fausse délicatesse, disaient en leur langue ce qu'ils voulaient. Pour nous à force de raffiner, nous avons appauvri la nôtre, et n'ayant souvent qu'un terme propre à rendre une idée, nous aimons mieux affaiblir l'idée que de ne pas employer un terme noble."

(9) Vgl. Mimin ebda., 27; der "Petit Robert" (1973) vermerkt den rechtlichen Gebrauch von le sieur (1648 b), den der beiden anderen Formen nicht.

(1o) Vgl. Mimin [4]1978, 27 Anm. 1. Das Dekret von 181o ließ nur napoleonische Adelsprädikate zu, doch schon Art. 71 der

Charta von 1812 sowie Art. 62 der Charta von 183o führten zur Wiederanerkennung vorrevolutionärer Titel sowie faktisch zu deren Nennung im Urteil; vgl. ebda., 364.

(11) Der "Petit Robert" (1973) klassifiziert *le nommé* als *dr.* und *péj.* (1158 a); auf den juristischen Gebrauch von *la femme* verweist er (693 b, 694 f), auf den von *la fille* nicht (7o7 a).

(12) Vgl. dazu 1. Kap. 1.3.: rum *rău* < lat. *reus*.

(13) Grevisse [10]1975, § 389; der "Petit Robert" (1973), 7oo markiert es: "dr., littér. ou plaisant."

(14) Vgl. Lausberg [5]1976, 44 - 49.

(15) Wir gebrauchen den Begriff so, wie er von Bodo Müller 1975, 2o9 - 215 skizziert wird: "Unter dem Begriff des *français cultivé* wird subsumiert, was in der noch offenen Terminologie der Register ebenso gut *français soigné*, *français choisi*, *langue recherchée*, *langue tenue*, *langage soutenu* oder - mit weitem Verständnis des Wortes "style" - *style noble* heißt: Ein Register, das alle Sprachformen und -verwendungen umgreift, die sich gegenüber der Norm (präskriptiver Norm und Gebrauchsnorm) durch ein qualitatives Plus auszeichnen, also Übernorm bilden."

(16) In der unsystematischen Darstellungsart sieht Christoph Schwarze einen durchgehenden Zug der französischen Sprachpflege seit Vaugelas bis zu den *chroniques de langage* der Gegenwartspresse (1977, 8 ff)

(17) Mimin [4]1978, 63; die nostalgische Anmerkung, mit der der Autor sein Verdikt versieht, entbehrt nicht der Lächerlichkeit: "Du temps des voitures à chevaux, pour désigner une voiture à place, on disait, dans les jugements, "une voiture de place" ou "une voiture de la Compagnie centrale". On ne cherchait pas à qualifier autrement ce moyen de transport. On ne disait même pas 'fiacre'. A quoi bon taxi?" (ebda., Anm. 1)

(18) Der "Petit Robert" (1973) verzeichnet alle aufgeführten Kurzformen als selbständige Substantive, *sana* markiert er als *fam.* (16o1 b); die langen Formen *photographie* und *motocyclette* werden als ungebräuchlicher eingestuft, letzteres ausdrücklich als *vx.* bzw. *littér.* (1117 b).

(19) ebda., 66; auch: Mimin (1961): L'anglicisme au Palais, in: Défense de la langue française, 1o, 44.

(2o) Bei der Aufzählung der Anwendungsbereiche, die dem *français cultivé* im 2o. Jhdt. geblieben sind, unterschlägt Müller erstaunlicherweise das Recht: "Domänen des *français cultivé* in schriftlicher Form sind Aufsätze, Dissertationen,

Artikel, "Werke", speziell der literarischen und geisteswissenschaftlichen Richtungen; Domänen der mündlichen Übernorm der Vertrag, die Ansprache, die feierliche Rede, die Predigt, die Rezitation ... " (1975, 21o)

(21) Gauger 1973, 25, Anm. 1o7 beruft sich dabei auf Brunot [4]1932, Bd. III, 95 - 1oo; Bd. IV, 227 - 278 und Vossler (1929) Frankreichs Sprache und Kultur, A 2, 334.

(22) Vgl. Berschin/Felixberger/Goebl 1978, 128; ähnlich Darmesteter/Hatzfeld [12]1919, § 1oo, 231: "Les formes avec i se rencontrent encore au seizième siècle." (Wir heben hervor)

(23) Der "Petit Robert" (1973) markiert nur vx. (863 a); interessant ist die Bemerkung in Haase [6]1969, § 23 b, 44, daß das Demonstrativum auch in medizinischer Fachsprache gelegentlich noch gebraucht würde. Ein genauerer Vergleich stieße vielleicht auf ähnliche soziale Bedingungen für die Verwendung beider Fachsprachen.

(24) Gamillscheg 1957, 289 ff. weist darauf hin, daß das 16. Jhdt. sus gegenüber sur den Vorzug gegeben hat; zum heutigen Gebrauch vgl. Grevisse [1o]1975, § 869 Rem. 2, 919: "Sus (du lat. pop. susum, lat. class. sursum, en haut, dessus) n'est plus usité que dans courir sus à qqn., et dans les expressions sus, sus donc, or sus, qui se disent familièrement pour exciter, exhorter. Il entre dans les locutions en sus, en sus de."

(25) Der "Petit Robert" (1973) führt susdit, sus mentionné, und susnommé (1726 b) sowie susvisé (1728 a) auf. Als Erstbelege gibt er für susdit das Jahr 1318, für susmentionné das 15. Jhdt., für susnommé 1514 an. Susvisé dagegen scheint eine Bildung unseres Jahrhunderts zu sein.

(26) Wir entnehmen Beispiele und deutsche Entsprechungen aus Doucet 1966, 33 a.

(27) Der "Petit Robert" (1973) führt alle genannten Wendungen unter dem jeweiligen Verb auf; vgl. 1o3 a, 623 a, 181 a. 312 a/b.

(28) Paul Robert faßt den Gebrauch und die Geschichte der Präposition gut zusammen (Robert 1969, II, 47o b): "En ... prép. (In, 842; en X[e]s. Sainte Eulalie; lat. in, dans, sur). Préposition exprimant la relation d'une chose avec ce qui la contient avec le milieu d'une autre ... Rem. Très usité en anc. frçs., en se contractait avec l'article: el, on, ou (en le), es (en les). V. Es. Il a perdu au XVIe s. nombre de ses emplois au profit de dans. V. DANS. De nos jours dans introduit généralement un nom déterminé par l'article défini, en un nom indéterminé (sans article, ou précédé de l'article indéfini ou partitif ou de l'ad-

jectif démonstratif); ex.: dans le bateau, en bateau, en un moment, en des temps meilleurs. Cependant: en la très vivant au XVIIe s., se rencontre encore quelquefois; en l' subsiste dans quelques locutions (en l'air, en l'honneur ...); en le, en les sont utilisés par certains écrivains modernes." Brunot ^{3}1936, 425: "Dans la langue littéraire contemporaine, en est de mode. On a été jusqu'à l'employer avec la et les: en les poèmes. Cet affreux barbarisme, contraire à la fois à l'usage et à la tradition, se rêncontre fréquemment." Ähnlich urteilt Grevisse ^{1o}1975, § 933 b, 1o3o: "En s'emploie rarement avec l'article défini: en l' et en la se trouvent soit devant des noms masculins à initiale vocalique soit devant des noms féminins, à peu près uniquement dans quelques locutions toutes faites." Ebenso Wartburg/Zumthor ^{2}1958, §§ 781 f, 369 f; sie geben auch einen Hinweis auf die Vorliebe der literarischen Sprache für en (ebda., § 782, 37o). Besonders zum letzten Punkt vgl. man die ausführliche Darstellung in Lerch 193o, der unseres Erachtens Tragweite und damals mutmaßliche Ausdehnung von en + best. Artikel im Gefolge des Symbolismus und mancher Prosaautoren wie Flaubert überschätzt bzw. philologisch überinterpretiert. Lerch sieht den bestimmten Artikel im Französischen nicht als völlig grammatikalisiert an und schließt auf eine veränderte Bedeutung des Gebrauchs mit bestimmten Artikel gegenüber artikelloser Konstruktion. (vgl. ebda., 242 f)

(29) Vgl. D/S 79, 68; Mimin ^{4}1978, 91, Anm. 2. fordert den Plural; ebenso Grevisse ^{1o}1975, § 311: "ès exige le pluriel." Nyrop 193o, V, 61 erlaubt mangels der Durchsichtigkeit den Singular.

(3o) Vgl. jur. class. 56, 9332 sowie Mimin ^{4}1978, 174.

(31) Zur Auslassung des Artikels in festen Formeln vgl. Grevisse ^{1o}1975, § 336, 6, 3o6; sowie die Belege des 17. Jhdts., die heute zum Teil mit bestimmtem Artikel gebraucht werden, in Haase ^{6}1969, § 28, D. 54. Die Erklärung von Haase, Substantiv und Verb seien in diesen Verbindungen so eng miteinander verbunden, "que cette omission devient toute naturelle" ist nicht ganz stichhaltig, da sie die heutige Verwendung mit Artikel nicht begründet. Vgl. etwa heutiges dire la vérité, avoir la permission, envoyer l'ordre etc. gegen den Sprachgebrauch des 17. Jhdts., der den Artikel hier nicht kannte.

(32) Vgl. Haase ^{6}1969, § 28 c, 53.

(33) Haase ^{6}1969, § 57, 12o ff weist nach, daß der unbestimmte Artikel noch im 17. Jhdt. häufig fehlen konnte; ähnlich Grevisse ^{1o}1975, § 323 Hist. 293.

(34) Wir zitieren die Verben nach Mimin ^{4}1978, § 29 bis, 92.

(35) Vgl. dazu allgemein Weinrich 1961.

(36) Zur Inversion allgemein vgl. Lerch 1972.

(37) Zur außergewöhnlichen zentripetalen Anordnung des Rahmensatzes vgl. 3. Kap. 2.3.

(38) Vgl. Wartburg/Zumthor [2]1958, § 323, 175.

(39) Gr. Arr. 749; vgl. dazu Grevisse [10]1975: "Dans des propositions commencant par certaines conjonctions, et notamment par certaines conjonctions de temps ou de comparaison". (ebda., § 187, 2o6, 153) Attendu que erwähnt er in diesem Zusammenhang nicht. Wartburg/Zumthor merken allgemein an: "En causale, l'inversion est plus rare." ([2]1958, § 299, 164)

(4o) Vgl. dazu Grevisse ebda.

(41) Wartburg/Zumthor [2]1958, § 299, 164 lassen diese ästhetische Rücksicht jedoch nur für Verben in Personalform gelten, wogegen wir ein Partizip Perfekt vorliegen haben.

(42) Vgl. dazu allgemein: Wartburg/Zumthor [2]1958, § 589, 297.

(43) Zur Mißlichkeit des Terminus "Demonstrativpronomen" vgl. Dubois 1965, lo2 f, der die Enge dieser semantischen Einordnung zu Recht kritisiert.

(44) Vgl. dazu die mittelalterlichen Beispiele des Anhangs, besonders das vom 6.6. 1396 (VIII).

ANHANG

Die mittelalterlichen Urteile I - VIII sind entnommen aus Martin (1913).

I (23 décembre 1398)

Veues et leues en notre presence les lectres de reverend pere en Dieu monseigneur l'evesque de Paris, lesqueles seront incorporées en ces presentes, a la requeste de honorable homme et saige sire Miles Baillet, tresorier de France, disant que ledit monseigneur l'evesque de Paris avait donné congié et licence a Jehannete dez Essars, fille de feu Adam des Essars et feu Jehanne des Nefs, sa femme, faire et traitier ses besongnes et negoces; et il feust ainsi ja pieça, c'est assavoir dez le cinquiesme jour de fevrier l'an mil CCC IIII^{xx} et XVI dernier passé, ledit sire Miles eust par auctorité de justice charge de la garde et gouvernement de ladite Jehannete, purveu que il ne la peust marier ne convenancier a aucun senz le congié et licence des amis de ladite fille a peine de v^{c} m. d'argent; que eue consideracion a ce que dit est, et aussi que ladite fille de son bon gré, de son propre mouvement et certaine science estoit alée demourer chiez sire A Boucher, son cousin, après ledit congié par elle obtenu par ledit monseigneur l'evesque si comme ce que dit est nous a esté raporté par notre amé Fontenay, examinateur a ce commis de nous, qui sur ce avoit interrogué ladite Jehannete, nous le voulsissions descharger de ladite garde; savoir faisons que nous, veu et sceu que dit est, ledit sire Miles avons deschargé et deschargons par ces presentes de la charge devant dite [y 5221, f° 56].

II (2o février 1399)

Oye la relacion a nous faite par notre amé maistre Nicolas Chaon de la male versacion de Engeran Hebert, tuteur et curateur avec feu Robert Poncet de Perrin et Robin, enfans de feu Yvon le Blanc et Ysabeu, sa femme, nous avons donné curateur aux causes desdiz enfans J. Brien pour intenter teles actions contre ledit Engeran et autres comme bon lui semblera et lui avons fait faire le serment [y 5221, f°11o v°].

III (4 février 14o7)

Pour ce que par Macée la Desrée, jadiz femme de feu Nicolas le Desroie, a present femme Thomas Spoar, mere, Jehan le Desrée frere, Adam le Desrée, frere, agé de XXIII ans, par Oudin Gasse et Jehan Beaucousin, tuteurs et curateurs de Guillaume le Desrée, frere des dessusdiz Desrées, Gilet Malarsie et Guillaume Boschet, amis et voisins dudit mineur, nous a esté tesmoingné que la vente qu'ont faicte lesdiz tuteurs a Gervaise du Plesseiz et sa femme de la quarte partie d'une maison appartenant audit mineur, assise en la Mortelerie a Paris, plus a plain declerée ez lectres de vente par lesqueles deux mots illisibles seront annexées, eue consideracion a la grant rente qu'elle doit, a ce que ledit Jehan le Desrée a qui compétant les III pars de ladite maison vend aussi ycelles troiz pars audit Gervaise et sa femme, et que ladite maison ne se peut bonnement partir, et au pris d'icelle vente, qui est de cent escus, estoit et est bonne et prouffitable pour ledit mineur, pour les causes devant dites, ce considéré nous ycelle vente au regart dudit mineur avons auctorisé et auctorisons et a ycelle inqueste nous interposons notre décret [y 5225, f° 36 v°].

IV (8 janvier 1399)

Aprez la requeste aujourdui faite par Jehan Blanchart, tanturier, demourant a Paris, a l'encontre de frere Pierre Lendormi, religieux en l'eglise des Augustins a Paris, et Jehan Maale, comme curateurs donnez par auctorité de justice a Nicolas Lendormi, changeur, sur ce convenuz; disant ycellui Blanchart que comme depuis demi an en ça, ledit Nicolas lui eust baillié a rente a tousjours et promis garantir etc. une maison, court et appartenances, assises a Paris en la rue de Champfleury, ou pendoit l'enseigne (?) de la Croix blanche, plus a plain declerées au brevet de l'ascensement sur ce fait, comme aussy ledit Nicolas lui eust depuis ce baillié une autre maison, court, jardin et appartenances assises a Paris en la rue de Beauvais, plus a plain declerées ou brevet d'ascensement sur ce fait, tout a croix de cens ou rente, et pour certain pris que ledit Blanchart en avoit promis paier chacun an de rente, dont il povoit racheter cinquante deux solz p. pour le pris de soixante I. tournois, et sur quoy il avoit desja baillié audit Nicolas trente livres tournois et du résidu, montant a trente livres, s'est obligé envers ycellui Nicolas a paier dedens Noel dernier passé; depuis lesqueles choses ainsy faictes, il estoit venuz a sa congnoissance que, par avant lesdiz ascensement et vente, les dessus nommez frere (1) Pierre et Jehan Maale, pour certain accident de maladie et furieuseté intervenue audit Nicolas, et toute alyenacion interdite et defendue audit Nicolas de ses biens et besongnes, comme plus a plain est contenu et decleré es lectres de curacion a eulx sur ce faictes, qui sont incorporées en ces presentes; de toutes lesqueles choses ledit Blanchart au temps desdites lectres, excripts et contracts estoit ygnorant, et doubtoit que ce ne lui feust ou peust estre imputé par lesdiz curateurs ou temps avenir et que yceulx bail et ascensement, vente et alyenacion feussent ou peussent estre diz nulz, ou cas ou ilz ne seroient agreables a yceulx curateurs et qu'ilz ne les greroient et ratifieroient; et aussy doubtoit que se il baillast audit Nicolas ladite somme de trente I., en quoy il estoit tenuz et obligez envers lui pour les causes dessus declerées, qu'il n'en feust souffisamment deschargé pour les causes que dessus; et pour ce concluoit et requeroit ledit Blanchart que, de et sur les choses dessus dites, les dessus nommez curateurs deissent et declerassent leurs voulenté de et sur ce que dit est, et se les bail, vente et ascensement dessuz diz estoient prouffitables pour ledit Nicolas ou non; en leur offrant de par ledit Blanchart que, ou cas ou ilz n'auroient ce que dit est agreable, de renoncer ausdiz contracts et marchiez par lui rendant et refondant les deniers par lui paiez pour cause de ce, avecques les loyaulx frais, mises et coustemens par lui paiez pour cause de ce. Yceulx curateurs ont dit et respondu que dès le temps desdiz bail, ascensement et alienacion dès par avant ilz estoient curateurs dudit Nicolas et par ce ne povoit ledit Blanchart faire aucun contrat avec lui, mais ce non obstant ilz ne vouloient ne entendoient aucunement impugner ou debattre yceulx contracts ne imputer ce que dit est audit Blanchart, pour ce qu'il leur sembloit en leurs consciences yceulx estre bons, prouffitables et bien et deuement faiz pour ledit Nicolas, en offrant oultre ratifier, loer, greer et approuver yceulx en tant que mestier en seroit, recevoir ladite somme, en bailler bonne descharge audit Blanchart et l'en promectre garantir, se mestier estoit, et lui rendre aussy les lectres obligatoires sur ce faictes; par ce faisant et de fait ont yceuls bail, prinse, ascensement, vente et alienacion loez, greez, ratifiez, approuvez, en tant que mestier en estoit ou seroit comme bien et deuement faiz et yceulx ont juré et promis avoir agreables etc, senz jamais venir encontre. Et ce fait ledit Blanchart leur a paié, baillé, compté et nombré en notre presence ladite somme de XXX I. qu'ilz ont eue et receue et s'en sont tenuz pour contens et ont promis garantir et rendre ladite obligacion etc.; voulans oultre et consentans estre par nous condempnez a ce que dit et dessus faire tenir etc. Et pour ce, a ce faire tenir et enteriner par la maniere que dit est les avons condempnez, present Colin Berthe, changeur et bourgeois de Paris, ami et affin dudit Nicolas, et qui autresfoiz avoit esté donné son curateur lequel nous a affermé le bail, contracts et autres choses dessus dites estre bonnes et prouffitables pour ycellui Nicolas etc. [y 5221, f° 67 v°].

V (17 mai 1396)

Veue certaine informacion faicte de notre commandement et a la requeste de Jehan Herson, peletier, sur ce que il disoit qu'il estoit revenu en bonne convalescence et sancté de certaine maladie et foleur qu'il avoit eue, par le moien de laquele l'en lui avoit donné curateur, a ce que ses biens et gouvernement lui feussent par nous renduz et restituez et son dit curateur deschargé, par laquele nous est apparu que de present il estoit en bonne santé, sens et convalescence pour soy et ses biens gouverner, mais qu'il se gardast de trop boire; prinz sur ce d'abondant les sermens Jehan de Gouvieux, Jehan Clique (?), Jehan Meignen, Jehan le Maire, Robin de Gouvieux et Jehannin de Gouvieux le jeune, tous peletiers, amis et voisins dudit Herson, qui tous concordablement et chacun par soy nous ont affermé par leurs sermens que ycelui Herson est en bonne sancté et convalescence, sage et discrete pour soy et ses biens gouverner; ce consideré nous (1) audit Herson avons rendu et restitué son gouvernement et biens, sauf et reservé de lui repourveoir de curateur s'il rencheoit etc, et partant du fait de ladite curacion avons deschargé ledit Jehan de Gouvieux son curateur, lequel nous condempnons a rendre compte audit Herson de l'administracion qu'il a eue dudit Herson et ses biens, pour lequel oir nous commettons Haye ou Bar [y 522o, f° 2o9 v°].

VI (17 novembre 1399)

Pour ce que par Jehan du Boys, Thibaut de Maule, Colinet de Vin, Pierre le Cheron, Thomas des Vedins, Jehan des Vedins, Jehan Cochet et Thomas le Gooiz, tous amis et voisins de Tassin Guerart, gendre dudit Thomas, nous a esté tesmoigné et affermé par leurs sermens, pour ce par eulx et chacun d'eulx faict aux sains evangiles de Dieu, que ledit Tassin, combien qu'il soit marié, est homme de si fol et petit gouvernement que senz doubte, se l'administration de ses biens lui est delaissée, il est en aventure de perdre, dissipier et gaster tout le sien et celui de sa femme, tant par son non sens et jeunesse comme autrement. Pour ce aussi que, veue de nous certaine informacion faicte sur ce que dit est, nous est apparu de ce que dit est, a ycelui Tassin avons interdit et interdisons le gouvernement de ses biens quelconques, tant lez siens comme de sa femme, le contracter a aucun, sur peine a ceulx qui contracteront avec lui de perdre les deniers desditz contractz et de l'adnullacion d'iceulx, pourveu toutes foiz que signification deue soit faicte audit Tassin de ceste presente interdiction; et pour gouverner sa personne et ses biens commectons lesdiz J. du Bois et Thomas le Gooiz, ses tuteurs et curateurs a lui et a ses biens [y 5222, f° 148 v°].

VII (5 octobre 1430)

En la presence du procureur du roy notre sire ou Chastellet de Paris, et au nom dudit seigneur d'une part, et de Laurens de Lutin, escuier, ou nom et comme aiant le bail et garde, gouvernement et administracion des enfans mineurs de feu Jehan Chartain, escuier, d'autre part, lesquelles parties estoient en debat et question devant nous pour raison de l'arrest, empeschement et main du roy notre sire fais, mis et apposez a la requeste dudit procureur du roy en et sur le fief de Saint Francbourt, assis en la ville d'Ivry, tenu et mouvant dudit seigneur, dont ledit Laurens oudit nom estoit et est detenteur, par deffault d'omme, foy, hommage et autres devoirs non fais et paiez audit seigneur; et après ce que ledit Laurens Lutin oudit nom, qui pretendoit avoir fais tous devoirs, a exhibé et s'est aidé de certains adveuz ou denombremens; et quant des devoirs et paiemens qu'il disoit avoir fais, debatus par ledit procureur du roy, disant entre autres choses que les arrieresfiefs declarez par ledit Laurens oudit nom estoient tenus et devoient estre relevez du roy notre sire et non dudit Lutin, et si estoit l'un desdiz enfans de nouvel marié, et si devoit relever d'icelui seigneur et faire les devoirs acoustumez. Nous, pour eschever plus grans frais et depens, attendu que le debat desdites parties est en adventure de prendre long traict et delay, par maniere de provision de justice et sans prejudice des drois des parties, avons ordonné et ordonnons que lesdiz fiefz arrestez, ensemble les fruis, prouffis, revenus et emolumens d'iceux, seront gouvernez et administrez, prins, receuz, cueillez, levez et perseuz par ledit Laurens Lutin que nous commectons et establissons a ce faire, tout comme par et soubz la main du roy notre dit seigneur, jusques a ce etc. dont ledit Laurens de Lutin sera tenu et a promis rendre compte et religua, present et a qui il appartendra [y 523o, f° 84 v°].

VIII (6 juin 1396)

Considerant que Abery le Briant, contre lequel Jehan Salmon, procureur frere Jehan Bouart, prieur d'Aupet, escollier a Paris, faisant demande personele pour raison de XI d. de chief cens paiez chacun an; le jour des octaves Sainte Denis, en la ville de Monval sur peine de V solz d'amende sur un arpent de vigne assise ou terrouer de Monval ... item de quatre solz parisis pour prainte paiez chacun an le jour de Saint Martin d'iver, a cause de ladite vigne, en l'ostel dudit prieur a Aupet sur peine de LX s. d'amende, que ledit prieur a droit de prendre par chacun an, aux termes et sur les paines que dessus, sur ladite vigne, par la maniere que dit est, et pour raison aussi d'une année d'arrerages avecques lesdites amendes, escheues pour cause de ce, après aucuns delaiz, a confessé estre tenant et proprietaire de ladite piece de vigne, ladite rente y estre constituée et assise, et lesdiz arrerages et amende en estre deubz; nous ycellui Bryant avons condempné a paier doresnavant les chief-cens et prainte, dont dessus est faicte mencion tant etc. avecques lesdiz arrerages et amendes et ès depens, la tauxacion reservée. Et ce fait, ledit Salmon se tint pour content desdiz arrerages et partant le quitta d'iceulx, ensemble desdites amendes [y 522o, f° 223].

Zeitgenössische Urteile

IX Text aus D/S 79, 61 f.

COUR D'APPEL DE GRENOBLE

31 mai 1978

(Beyrac C. Grillerer.) - Arrêt

LA COUR: - (1) Attendu que par jugement du lo avr. 1973, le tribunal de commerce de Gap a admis au règlement judiciaire Grillerer Robert, commerçant en pâtisserie industrielle au Poet, et a désigné pour syndic maître Hidoux; - (2) Attendu qu'en 1973 ce règlement a été converti en liquidation des biens, et par jugement du 17 mai 1974, le tribunal a accepté la mise en location-gérance du fonds de commerce au bénéfice de Beyrac Albert, ancien chef de fabrication d'une biscuiterie industrielle de Lyon, pour une période de trois mois, renouvelable pour deux périodes de deux mois; - (3) Attendu que par jugement du 3 janv. 1975, cette location-gérance a été renouvellée pour une période de trois mois, renouvelable par trimestre par tacite reconduction, le contrat pouvant être dénoncé avec préavis donné par le syndic au locataire un mois auparavant; - (4) Attendu que, par convention verbale, Beyrac a nommé dès le début de la location-gérance, le 1er juillet 1974, le débiteur Grillerer en qualité de directeur commercial avec un salaire mensuel de 511o F; - (5) Attendu que, par lettre du 6 nov. 1975, le syndic annonçait à Beyrác que le contrat de location-gérance prendrait fin irrévocablement le 31 déc. 1975 et exigeait la libre disposition des locaux pour cette date, le bâtiment et le matériel devant être repris dans le cadre d'un crédit-bail à compter du 1er janv. 1976 par une société constituée entre les deux enfants du débiteur Grillerer; - (6) Attendu que, par lettre recommandée du 15 nov. 1975, Beyrac informait Grillerer, que, en suite de cette décision du syndic de reprise des bâtiments, ses fonctions au sein de l'entreprise cesseraient à la date du 31 déc. 1975; - (7) Attendu que, prétendant bénéficier d'un contrat de travail à durée indéterminée et invoquant la convention collective des biscuiteries, Grillerer saisissait le juge d'instance de Gap, statuant en matière prud'homale, qui par jugement contradictoire du 21 sept. 1976 a admis sa thèse et a condamné Beyrac à lui payer, sous déduction de 7 762.38 F d'acomptes ou de trop-perçu les sommes: de 5 o61.93 F de salaire de décembre 1975; de 11 281.59 F d'indemnité de préavis de trois mois; d'indemnité compensatrice de congés payés du 1er juin 1975 au 6 mars 1976; - (8) Attendu que faute d'ancienneté de deux ans, Grillerer était débouté de sa demande d'indemnité de licenciement de l'art. 2o de la convention collective; - (9) Attendu qu'à bon droit Beyrac, qui conclut au débouté de tous les chefs de demande de Grillerer, a relevé appel de ce jugement, dont Grillerer demande la confirmation, outre la condamnation de son ancien employeur à la délivrance d'un certificat de travial mentionnant comme date de sortie le 6 mars 1976 et non le 31 déc. 1975, date figurant sur le certificat de travail à lui remis le lo janv. 1976; - (lo) Attendu qu'en admettant Grillerer au bénéfice d'un contrat de travail à durée indéterminée, le premier juge a implicitement considéré Grillerer comme un tiers aux opérations de sa liquidation des biens, auxquelles il est représenté certes par son syndic maître Hidoux, mais auxquelles il a participé personellement, en ce qui concerne le contrat de location-gérance de son fonds, ainsi que l'atteste le syndic, maître Hidoux qui, par lettre du 15 avr. 1976, écrit que: 1° lors de la conclusion des contrats de location-gérance homologués par jugements successivement du 17 mai 1974 et du 3 janv. 1975, Grillerer Robert était présent aux discussions préliminaires concernant tant le montant des loyers que des durées de location: 2° qu'en fin de contrat, Grillerer s'est préoccupé de savoir si Beyrac pourrait se maintenir dans les lieux après le 31 déc. 1975 et cela en vue de la reprise du bâtiment et du matériel par la société constituée entre ses deux enfants; - (11) Attendu qu'aux termes des dispositions, d'ordre public, de l'art. 26, al. 2, de la loi du 13 juill. 1967, en cas de liquidation des biens, le débiteur ne peut être employé pour faciliter la gestion de l'exportation qu'avec l'autorisation du tribunal et dans les conditions prévues par celui-ci; - (12) Attendu qu'en se faisant engager par Beyrac au mépris de ces dispositions légales régissant sa liquidation des biens, Grillerer ne peut invoquer le bénéfice d'un quelconque contrat de travail, à durée déterminée ou à durée indéterminée, son emploi rétribué au sein de l'exploitation ayant une cause illicite puisque n'ayant pas été soumis, ni admis à l'autorisation préalable du tribunal de commerce; - (13) Attendu que son contrat de travail verbal en qualité de directeur commercial conclu avec Beyrac était donc nul et le prive donc du droit à revendiquer le bénéfice des dispositions légales du code du travail; - (14) Attendu que toutefois, en vertu de la jurisprudence de la Cour de cassation adoptant une solution dérogatoire au droit commun des nullités, mais avantageuse pour le travailleur, la cour doit retenir qu'un lien d'entreprise de fait s'est établi entre Grillerer et Beyrac, dont les versements de rémunérations mensuelles avec congés payés jusqu'au 31 déc. 1976 rétribuent, en vertu du principe d'enrichissement sans cause, l'activité effective de Grillerer au sein de l'exploitation, cette activité ayant pris réellement fin à cette date et l'intéressé ne pouvant avoir droit à une rétribution pour une période ultérieure sans emploi au profit de Beyrac; - (15) Attendu que c'est donc à tort que le premier juge a estimé que Grillerer bénéficiait d'un contrat de travail à durée indéterminée, qui, en toute hypothèse, ne pouvait être consenti par Beyrac que dans les termes et conditions de son contrat judiciaire de location-gérance, opposable à Grillerer en sa qualité de débiteur en liquidation des biens, et limitant son droit d'exploitation du fonds à des périodes trimestrielles, "afin de ne pas geler la situation pour une période d'un an", selon les termes du jugement commercial du 3 janv. 1975, homologuant la requête du syndic du 17 déc. 1974; - (16) Attendu que le jugement déféré entrant en voie de réformation, il convient de constater que: 1° pour la rétribution du lien d'entreprise de Grillerer, du mois de décembre 1975

fixée entre parties à 5 o61.93 F, Beyrac a versé deux acomptes s'élevant à un total de 7 128.62 F, du solde duquel Grillerer est redevable; 2° Beyrac ne conteste pas son offre de congés payés pour la période d'activité effective de Grillerer du 1er juin 1975 au 31 déc. 1975, pour laquelle le premier juge a relevé exactement une déduction de 633.76 F de deux jours de congés pris effectivement en juin et d'un trop-perçu;
Par ces motifs, dit et juge que, par application des dispositions de l'art. 26, al. 2, de la loi du 13 juillet 1967 sur la liquidation des biens, Grillerer Robert n'est pas recevable, faute d'autorisation préalable du tribunal de commerce, à invoquer le bénéfice d'un contrat de travail durant son emploi au sein de son exploitation par Beyrac Albert, locataire-gérant judiciaire de son fonds; déboute Grillerer de tous ses chefs de demandes d'indemnité de rupture de contrat de travail; met à néant dans toutes ses dispositions le jugement du tribunal d'instance de Gap, statuant en matière prud'homale, du 21 sept. 1976; déclare satisfactoire, en raison du lien d'entreprise ayant existé entre les parties, l'offre de Beyrac de rétributions mensuelles de 5 o61.93 F, avec congés payés, au bénéfice de Grillerer; constate que pour la rémunération de 5 o61.93 F d'activité de Grillerer durant le mois de décembre 1975, et pour les congés payés du 1er juin 1975 au 31 déc. 1975, dont 633.76 F doivent être déduits, Beyrac a versé un total d'acomptes de 7 128.28 F sur lequel les parties devront établir leurs comptes pour solde définitif à la date du 31 déc. 1975.

Du 31 mai 1978. - C. de Grenoble. - MM. Rouyer, pr. - Juillard et Gerbault (tous deux du barreau des Hautes-Alpes), av.

X Text aus D/S 79, 68 ff

COUR D'APPEL DE DOUAI

8 février 1978

(Bouriez.) Arrêt

LA COUR: (1) Attendu que, le 27 mai 1977, Bouriez a régulièrement relevé appel des dispositions pénales et civiles du jugement rendu, le 17 mai 1977, par le tribunal correctionnel de Lille qui, du chef d'infraction à la loi d'orientation du commerce et de l'artisanat, constituée par la fourniture de prestations de service à titre gratuit sans contrepartie d'achat, l'a condamné à une amende de 3o ooo F ainsi qu'à payer à la Confédération intersyndicale de défense et d'union nationale des travailleurs interdépendants (C.I.D.U.N.A.T.I.) ainsi qu'au syndicat départemental du même organisme C.I.D.U.N.A.T.I., parties civiles, respectivement 1 ooo F et 4o ooo F de dommages-intérêts, enfin, ordonna la publication de sa décision; que la Soc. Cora, qu'il dirige et qui a son siège à Paris, s'est associée à cet appel en sa qualité de civilement responsable; que, régulièrement cité, Bouriez, comparait personnellement et ès qualité, invoque sa bonne foi, la complexité de la législation de référence, son ignorance de la pratique locale du ramassage critiqué de la clientèle et de son transport gratuit de sa résidence vers le supermarché et retour, les pressions exercées tant par la clientèle que par des autorités publiques, la délégation qu'il a, bien avant la parution de la loi, donnée au directeur de l'établissement en cause situé à Wattignies, enfin, procède à l'analyse de la disposition pénale, base de la poursuite, qui écarte sa mise en oeuvre chaque fois que la prestation gratuite d'un service est liée à une vente ou à une prestation de service à titre onéreux sans encourir le risque d'une concurrence déloyale; qu'il conclut, au principal à l'irrecevabilité de la poursuite, subsidiairement à sa relaxe; (2) Attendu que, le 31 mai 1977, les parties civiles, C.I.D.U.N.A.T.I.

national et départemental, qui ont relevé appel de cette décision, font grief au jugement déféré d'avoir sous-évalué leurs préjudices; qu'elles exposent que seules leurs campagnes menées sur le territoire national incitèrent les pouvoirs publics à permettre l'application de la loi; qu'elles portent leurs réclamations indemnitaires respectivement à 1oo ooo F et 5o ooo F; (3) Attendu que le ministre public, qui, le 1er juin 1977, a relevé appel incident, requiert l'application de la loi et observe que la Soc. anon. Cora, civilement responsable de Bouriez, n'a pas été citée devant le tribunal correctionnel de Lille; qu'elle n'a donc pas été condamnée et n'était donc pas recevable à relever appel;

Mais (4) attendu, sur la genèse de l'affaire, que, cédant aux sollicitations multiples et pressantes de la clientèle rurale de cantons situés au sud de l'agglomération de Lille-Roubaix-Tourcoing ainsi qu'aux démarches de leurs représentants et d'élus locaux ou régionaux, qui ont invoqué l'absence de magasins à proximité de leur domicile, l'absence de liaisons ou de moyens de communications, l'impécuniosité d'une partie importante de la population, notamment de personnes âgées tenant leurs ressources d'une retraite, l'insuffisance des approvisionnements des magasins existants, la médiocre qualité des marchandises offertes à la vente, leur mauvais état de conservation ainsi que d'autres motifs estimés pertinents, notamment la cherté des prix, la direction de la succursale des Etabl. Cora à Wattignies organisa, du mois de novembre 1974 au mois de juin 1976, avec l'agrément de l'autorité préfectorale (direction départementale de l'équipement), un système de transports gratuits par autocars à destination de son magasin à la satisfaction de ces population rurales; que les documents, révélateurs de ces démarches, établissent aussi que, dès l'implantation à Wattignies de la succursale des Etabl. Cora, les populations furent intéressée par les prix pratiqués par ce magasin et constituèrent un élément de son achalandage objectif, réel; que le lien économique fut ainsi créé occasionnellement, certes, et, par des moyens de fortune mais devint effectif des années avant la promulgation de la loi du 27 déc. 1973; - (5) Attendu, d'autre part, que les démarches des parties civiles auprès de la direction du service de la concurrence et des prix du département ont conduit ses fonctionnaires à dresser, le 3 juin 1976, le procès-verbal qui sert de base à la poursuite; (6) Attendu que les inspecteurs de ce service ont pris soin d'utiliser les autocars qui assuraient le ramassage dans plusieurs centres ruraux en direction du magasin Cora de Wattignies qu'ils ont observé que ces véhicules étaient complets, parfois empruntés par plus de cent passagers; que les conducteurs n'acceptaient de prendre en charge que les personnes désirant se rendre à ce magasin, refusaient l'accès aux personnes qui ne s'y rendaient pas et ne percevaient aucune redevance; que les inspecteurs ont noté qu'au cours des trajets aller, aucun passager n'a demandé à descendre ou n'est descendu avant de parvenir au magasin Cora; que par contre, les cars s'étant immobilisés sur l'aire de stationnement de cet établissement, l'heure du retour fut fixée par les chauffeurs en fonction des seules possibilités d'approvisionnement dans cet établissement; qu'alors, les occupants des véhicules se sont dirigés vers ce magasin; qu'à titre d'exemple, un inspecteur relate: dès l'arrêt du car, plus de cent personnes en sont descendues qui, presque toutes et immédiatement, seules ou par groupes, ont pris des chariots à provisions et se sont dirigées vers l'entrée du magasin et sa galérie marchande; qu'ainsi ces transports ont concrétisé une vocation économique; (7) Attendu, sur la notion de clientèle que celle-ci est une réalité; qu'elle est constituée par l'ensemble des personnes qui sont en relation d'affaires plus ou moins constante avec le commerçant; que l'achalandage représente quant à lui, la "potentialité du développemont du fonds de commerce par un accroissement de la clientèle" et connaît deux facteurs de développement; l'achalandage objectif ou réel, inhérent aux éléments du fonds, considérés en eux-mêmes, et à leur organisation, et l'achalandage subjectif, qui dérive des qualités personnelles de l'exploitant; que l'achalandage objectif est "source d'une clientèle dépersonnalisée", ce qui conduit à "affirmer la conséquence essentielle que la clientèle est la résultante de l'achalandage, la réalisation d'une potentialité économique"; (8) Attendu qu'en implantant à Wattignies, dans des conditions de régularité et de licéité non discutées, un magasin à grande surface, la Soc. Cora s'est créé une clientè et bénéficia d'un achalandage objectif, source d'une clientèle dépersonnalisée, notamment parmi la population rurale aux ressources limitées, qui a porté sa préférence vers cet établissement bien antérieurement à l'établissement des liaisons critiquées; (9) Attendu que cette clientèle, privés de moyens de locomotion est "consituée de retraités, de mères de familles nombreuses, de personnes de condition modeste, âgées, seules"; qu'elle s'est prononcée par centaines pour la création et le maintien des transports critiqués; qu'elle écrit notamment: "nous sommes en liberté et avons le droit, que diable, de dépenser notre argent où bon nous semble"; qu'en fait, lors de l'organisation du service d'autocars, toutes ces familles ont eu "l'impression de cesser d'être captives" et "tributaires de petits commerces" pour bénéficier, désormais, d'une "marge disponible d'achat"; qu'un maire écrit: "Il serait souhaitable que ces transports soient maintenus et que la population conserve les mêmes avantages que les personnes habitant à proximité du magasin et qui peuvent faire leurs achats où elles veulent"; que ces citations, qui ne sont que des exemples, mettent en évidence: 1° les difficultés rencontrées par ces populations rurales, aux moyens limités et prisonnières tant de leur état que de l'éloignement de leurs résidences, pour subvenir à leurs besoins; 2° leur aspiration véhémente à bénéficier de "prix concurrentiels", ainsi que leur attachement à l'Etabl. Cora dont ils ont occasionnellement apprécié les avantages bien avant l'organisation reprochée des transports gratuits; - (1o) Attendu sur le fond de la prévention, que l'art. 4o de la loi du 27 déc. 1973 réprime la prestation des services gratuits "lorsqu'ils ne sont pas liés à une vente"; qu'il ne condamne pas l'opération économique conclue à titre onéreux dès lors que la prestation de service offerte n'est pas identique à celle qui fait l'objet de la transaction et que l'opération n'abaisse pas le prix moyen du produit vendu au-dessous du prix défini à l'art. 1er de la loi N°63-628 du 2 juill. 1963; (11) Attendu que n'est apportée aucune démonstration de l'application de ces causes de critique; (12) Attendu, par contre, qu'une volumineuse correspondance, régulièrement versée aux débats, établit que les transports gratuits en cause, sollicités par un contingent de personnes aux faibles ressources, tenues de calculer pour les moindres achats, sont en étroite union avec des achats réalisés par elles; que l'existence d'un tel lien est si certain que, sans cela l'organisation de transports gratuits serait un non-sens que, de plus, la clientèle intéressée ne l'aurait pas sollicitée et n'implorerait pas son rétablissement; qu'en outre, les parties civiles trouvent, dans la réalité des transactions, la justification de leur préjudice; qu'en définitive, les transports critiqués n'ont pas d'autre explication ni d'autre raison d'être que celle de permettre un achat; (13) Attendu, d'autre part, que la qualité de client ne se mesure pas au poids des articles achetés ni au montant de ces achats; que le caractère variable ou limité des transactions n'affecte pas la réalité économique de la relation commerciale, habituelle ou recherchée, préférée; que le délit n'est pas constitué; (14) Attendu sur les conditions de mise en oeuvre de la poursuite, que la loi de référence sauvegarde le principe de la liberté du commerce et honore la volonté d'entreprendre dans la perspective "d'une concurrence claire et loyale" (l'art. 1er de la loi); qu'elle a, certes, pour but d'éviter qu'une "croissance désordonnée des formes nouvelles de distribution ne provoque l'écrasement de la petite entreprise et le gaspillage des équipements commerciaux"; qu'elle préconise cette protection à la condition que "le commerce et l'artisanat ... satisfassent les besoins des consommateurs tant au niveau des prix que de la qualité des services et des produits offerts (car) ils doivent contribuer à l'animation de la vie urbaine et rurale et accroître la compétitivité de l'économie nationale" (art. 1er); (15) Attendu que n'est pas rapportée, en l'espèce, la preuve qu'un pareil effort était consenti par les commerçants des localités intéressées ni davantage que l'activité artisanale ait eu, en fait, à souffrir de l'initiative critiquée ni même de l'implantation de la succursale des Etabl. Cora dans la zone rurale qui nous occupe; que, bien au contraire, les populations concernées dénoncent l'importante disparité des prix ainsi que les différences de qualité des marchandises et encore l'atteinte portée à leur pouvoir d'achat; que celle-ci est d'autant plus préjudiciable que leurs ressources sont modestes; (16) Attendu que cette loi fait appel à la loyauté, aux initiatives intelligentes, au dynamisme du petit commerce, qui sait intéresser la clientéle et se l'attacher mais n'a pas pour objet de condamner à "l'écrasement" pour reprendre le terme du législateur, une population aux faibles ressources, de surcroît captive; qu'elle veut empêcher "l'écrasement" du petit commerce et de l'artisanat mais ne permet pas pour autant celui d'une clientèle qui n'a pas les moyens d'échapper à l'assujettissement d'un approvisionnement local onéreux ou même prohibitif et insuffisant; que l'organisation critiquèe de transports tendait à faire cesser un déséquilibre dénoncé par les populations intéressées et condamné par la loi; (17) Attendu, encore, qu'aucun élément du dossier ne permet de dire que la mesure prise par la succursale des Etabl. Cora à Wattignies portait atteinte aux principes de liberté d'entreprendre et à l'exercice d'une concurrence claire et légale, consacré par la loi; (18) Attendu, en effet, qu'une pareille procédure ne pouvait être utilement engagée, d'une part, sans examen approfondi et généralisé des conditions de vie et d'approvisionnement des habitants des zones rurales considérées, d'autre part, sans la constatation que les offres de vente des commerçants locaux répondaient aux exigences du contrôle des prix et procédaient du respect des règles d'une concurrence claire et loyale; qu'elle ne pouvait comporter la suite attendu que dans la mesure où, d'une part, le précédent contrôle se serait avéré concluant, d'autre part, l'opération de transport critiquée aurait été révélatrice d'une concurrence déloyale; qu'enfin, la nature économique de la loi, dont l'application est invoquée, requérait la constatation de données concrètes, pécuniaires, de marché exclusives d'un processus théorique, d'une incrimination matérielle, formelle ou relevant d'une argumentation purement intellectuelle et spéculative; (19) Attendu, sur l'imputation de la responsabilité de la gestion du magasin de Wattignies, succursale de la Soc. anon. Cora, que président-directeur général de la Soc. anon. Cora dont le siège est à Paris, Bouriez justifie avoir, le 3 avr. 197 - bien antérieurement aux faits qui nous occupent -, donné délégation à son directeur local à Wattignies, Hausermann, en ces termes: "En votre qualité de directeur de ce magasin, vous avez notamment à veiller personnellement à l'observation de toutes dispositions légales et réglementaires en rapport avec votre activité. Il s'ensuit que, par délégation, vous assumez la responsabilité, même pénale, qui pourrait éventuellement en découler ..." (2o) Attendu qu'en raison de l'importance de l'organisation de cet établissement, la délégation était justifiée; que le délégataire avait la compétence requise pour assurer la direction de ce magasin; que cette délégation nécessaire est valable; (21) Attendu, d'autre part, que le ramassage de la clientèle a été un fait local dont Hausermann prit l'initiative dans les conditions rapportées et qu'il organisa; que Bouriez, étranger à cette organisation, ne peut être utilement recherché; - (22) Attendu, sur la recevabilité de l'appel du civilement responsable, que la Soc. Cora a spontanément comparu en première instance; qu'elle a déposé des conclusions que le débat était donc lié entre toutes ces parties jointes à l'instance principale; qu'il appartenait aux premiers juges de constater l'intervention de la Soc. Cora; que leur omission n'affecte pas la légitimité et la régularité de sa comparution volontaire ni la recevabilité de son appel du jugement déféré; - (23) Attendu, sur la recevabilité de l'intervention des parties civiles, que celles-ci versent aux débats leurs statuts, qui les appointent à "défendre les intérêts normaux et matériels de leurs adhérents" et, en cours de délibéré, à la demande de la cour, des extraits de délibérations en dates des 14 févr. et lo janv. 1977, prises par les organes national et départemental; que les constitutions de parties civiles sont donc apparemment recevables;

25o Par ces motifs, statuant publiquement et contradictoirement, infirme le jugement déféré et, statuant à nouveau, relaxe Bouriez des fins de la poursuite sans dépens; déclare, en outre, irrecevable l'action engagée contre ce dernier; se déclare incompétente pour statuer sur les demandes des parties civiles.

Du 8 févr. 1978. - C. de Douai, 4e ch.

XI Text entnommen aus "La Gazette du Palais" 1979, 491

COUR D'APPEL DE VERSAILLES (1er CH.)

29 janvier 1979

Présidence de M. de SAINT AFFRIQUE

Société Transcar c. Elias

Arrêt.

La Cour. - La société anonyme Transcar a relevé appel d'un jugement prononcé le 2o décembre 1977 par le Tribunal de grande instance de Nanterre qui a rejeté sa demande en paiement d'une somme de 15.796 F représentant le coût de divers billets d'avion fournis par son agence de Boulogne-Billancourt à M. Elias.

A l'appui de son appel, l'agence de voyages Transcar fait valoir qu'elle rapporte la preuve formelle et non constestée que les titres de transports litigieux ont bien été délivrés par son intermédiaire; elle critique le jugement dont appel en ce qu'il a admis que la remise de ces documents à l'intimé constituait une présomption de paiement qu'il lui appartenait d'écarter en administrant la preuve contraire; elle soutient que les premiers juges ont ainsi méconnu les dispositions de l'art. 1315 C. civ. suivant lesquelles il incombait à M. Elias de justifier du paiement des billets dès lors qu'il se prétendait libéré de sa dette; elle considère que cette preuve n'a pas été rapportée tout en laissant entendre que les difficultés rencontrées procéderaient d'agissements contestables qu'elle impute au responsable de son agence de Boulogne, et qu'elle estime avoir été connue de l'intimé; par voie de conséquence elle conclut à l'infirmation de la décision dont appel et à la condamnation de M. Elias du règlement du coût des billets qui se monte à 15.796 F en principal.

L'intimé oppose que la société Transcar n'a pu démontrer la réalité de sa créance; il affirme avoir réglé au comptant les billets d'avion fournis par l'intermédiaire de l'agence de Boulogne-Billancourt; il soutient que c'est donc à l'appelante de rapporter la preuve contraire, la remise du titre de transport étant selon lui constitutive d'une présomption de paiement; il demande donc la confirmation du jugement entrepris.

Sur ce, La Cour;

Considérant qu'à l'appui de sa demande la société Transcar verse aux débats un relevé de compte arrêté au 9 octobre 1975, certifié sincère et conforme à ses livres, suivant lequel M. Elias serait débiteur à son égard d'une somme de 15.796 F; qu'elle produit également la photocopie des factures mentionnées dans son relevé et établies au nom de l'intimé, sans que celui-ci y ait apposé sa signature;

Considérant qu'aux termes de l'art. 1329 C. civ. ces documents comptables et commerciaux ne pourraient être admis comme moyens de preuve que si la contestation était intervenue entre commerçants, pour faits de commerce;

Mais considérant que ces conditions ne se trouvent pas réunies en l'expèce, la société Transcar ayant expressément admis dans ses conclusions que l'acquisition par M. Elias des titres de transport dont elle réclame le paiement, constituait pour lui un acte de droit civil; qu'en conséquence les documents produits ne suffisent pas à établir l'existence de la créance qu'elle dit avoir à l'égard de l'intimé et dont elle attribue l'origine, sans pour autant le démontrer, aux agissements d'un préposé;

Considérant en revanche que M. Elias a reconnu avoir reçu des titres de transport aérien, tant dans ses conclusions en appel que lors d'une comparution personnelle, qui a eu lieu le 30 mars 1977 en exécution d'un jugement prononcé le 22 février précédant par le Tribunal de grande instance de Nanterre, mais qu'il a toujours affirmé en même temps les avoir payés d'avance et en espèces à la Société appelante; que toutefois les premiers juges en ont inféré à tort, que la remise des billets par la société Transcar, dès lors que sa matérialité n'était pas contestée, constituait une présomption de paiement au profit de l'acquéreur; qu'en effet si le possesseur d'un billet est généralement présumé en situation régulière à l'égard du transporteur, la seule remise de ce document ne saurait créer au bénéfice de celui qui l'a reçu une présomption de libération du prix opposable à l'intermédiaire chargé par l'intéressé de lui procurer le titre de transport, sauf stipulations contractuelles contraires non invoquées en l'espèce;

Considérant cependant que le fait par l'intimé d'avoir reconnu tant par conclusions qu'à l'occasion d'une comparution personnelle, qu'il avait reçu et réglé comptant ses titres de transport, pourrait être constitutif d'un aveu judiciaire emportant les conséquences prévues par l'art. 1356 C. civ.;

Mais considérant que ce moyen n'a pas été invoqué par les parties et qu'il convient de les mettre à même d'en débattre contradictoirement selon les dispositions de l'art. 16 nouv. C. pr. civ.;

Par ces motifs, statuant publiquement, contradictoirement et en dernier ressort; vu l'ordonnance de clôture du 14 décembre 1978, - En la forme, reçoit la société Transcar en son appel; au fond, ordonne la réouverture des débats; renvoie les parties à conclure et plaider à l'audience du lundi 19 mars 1979; réserve le sort des dépens;

Die Urteile des Kassationshofs XII - XVII sind entnommen aus Gr. Arr. 5 f, 8, 28 f, 33 f, 46 f, 933 f.

XII

Cour de Cassation
Arrêt

"La Cour; - Sur le moyen unique; - Vu le paragr. 3 de l'art. 23, liv. 1er c. trav., modifié par la loi du 19 juill 1928; - Attendu, aux termes de ce texte, que toute clause d'un contrat individuel ou d'un règlement d'atelier fixant un délai-congé inférieur à celui qui est établi par les usages, est nulle de plein droit; - Attendu que, si les effets d'un contrat de louage de services à durée indéterminée sont régis, en principe, par la loi en vigueur au moment où il est passé, cette loi ne confère point aux parties un droit définitivement acquis à l'application d'une clause que le législateur, pour des raisons d'intérêt social et de protection du travail, a déclarée illicite; qu'il suit de là qu'en refusant de déclarer caduque la clause d'un contrat individuel de louage des services à durée indéterminée, conclu en 1927, entre la Société Delahaye et Jobelot, ayant pour effet d'abréger la durée du préavis résultant de l'usage local, le jugement attaqué a violé le texte ci-dessus visé; - Par ces motifs, casse ..."

XIII

Arrêt

"La Cour; - Sur le moyen unique: - Attendu qu'A ... ayant le 13 août 1953, lors de son mariage avec demoiselle M ..., reconnu à fin de légitimation la fille naturelle de celle-ci, née le 29 nov. 195o, soit 142 jours seulement après la dissolution, le lo juill. 195o, par la mort de sa première femme, d'un précédent mariage, dont il avait deux filles encore vivantes, il est reproché à l'arrêt attaqué, du 28 juin 1957, d'avoir, par application des art. 331 (dans la rédaction de la loi du 25 avr. 1924) et 335 c. civ., déclaré nulles la reconnaissance et la légitimation, en refusant de tenir compte de la loi du 5 juill. 1956 qui, modifiant l'art. 331, permet désormais la légitimation et à cette fin la reconnaissance des enfants adultérins du mari, même en présence d'enfants légitimes, alors, selon le pourvoi, que les lois nouvelles doivent régir immédiatement les rapports juridiques formés avant leur promulgation; - Mais attendu que si sans doute une loi nouvelle s'applique aussitôt aux effets à venir des situations juridiques non contractuelles en cours au moment où elle entre en vigueur, et cela même quand semblable situation est l'objet d'un litige judiciaire, en revanche elle ne saurait, sans avoir effet rétroactif, régir rétrospectivement les conditions de validité ni les effets passés d'opérations juridiques antérieurement achevées; que c'est donc à bon droit que la cour d'appel a décidé que la validité et l'efficacité de la reconnaissance litigieuse, comme de la légitimation qu'elle avait pour objet de réaliser, ne pouvaient être appréciées qu'au regard de la législation sous l'empire de laquelle l'acte avait été accompli; d'où il suit que l'arrêt attaqué, qui est motivé a légalement justifié sa décision; - Par ces motifs, rejette ..."

XIV (24.5.1951)

Cour de Cassation
Arrêt
(Après délib. en la ch. du cons.)

"LA COUR; - Sur le moyen unique: - Vu les art. 1147 et 1315 c. civ.; - Attendu que si le contrat qui se forme entre le chirurgien et son client comporte, en principe, l'obligation pour le praticien de ne procéder à une telle opération chirurgicale déterminée, par lui jugée utile, qu'après avoir, au préalable, obtenu l'assentiment du malade, il appartient toutefois à celui-ci, lorsqu'il se soumet en pleine lucidité à l'intervention du chirurgien, de rapporter la preuve que ce dernier a manqué à cette obligation contractuelle en ne l'informant pas de la véritable nature de l'opération qui se préparait, et en ne sollicitant pas son consentement à cette opération; - Attendu qu'il résulte des qualités et des motifs de l'arrêt attaqué que B ... jouissait de la plénitude des ses facultés mentales lorsqu'il s'est soumis à l'intervention chirurgicale pratiquée sur lui, le 2 oct. 1934, par le Dr Y ..., au diagnostic duquel il avait eu recours; que ce chirurgien, de même que le médecin traitant habituel, ont jugé indispensable et urgente l'amputation de la jambe de leur client, siège d'une fracture à retardement attribuée par erreur à un ostéosarcome; que, sur l'assignation en dommages-intérêts de B ... (13 avr. 1951), la cour d'appel, comme les premiers juges, a rejeté le chef de responsabilité tiré de l'erreur de diagnostic; mais que, par infirmation du jugement, elle a retenu la responsabilité du Dr. Y ... et a condamné ses héritiers à 600 000 F de dommages-intérêts; qu'il en a été ainsi décidé au motif que le chirurgien est responsable de son intervention; que c'est à lui de s'assurer du consentement du patient; que la preuve que B ... a consenti à l'amputation n'est ni rapportée, ni même offerte; que le Dr Y ... doit donc "réparer le préjudice résultant du défaut de consentement"; - Mais attendu qu'en rattachant ainsi dans les circonstances par lui relevées, la responsabilité du chirurgien à l'inexécution, non établie, d'une obligation à la fois professionelle et contractuelle, l'arrêt attaqué a méconnu les règles de la preuve et a violé les textes ci-dessus visés; - Par ces motifs, casse ..."

XV (14.2.1938)

Cour de Cassation
Arrêt

"La Cour; - Sur le moyen unique; - Vu les art. 1341 et 1347 C. civ.; Attendu que la preuve d'une convention dont l'existence et la violation sont invoquées doit, lorsque la somme excède 5 ooo francs, être faite conformément aux règles du droit civil, et exceptionnellement par témoins ou par présomptions lorsqu'il existe un commencement de preuve par écrit; qu'il est ainsi notamment d'une promesse de cession d'office notarial moyennant un prix déterminé, laquelle renferme une obligation de faire soumise, en ce qui concerne le montant du prix convenu entre les parties, aux règles édictées par les art. 1341 et s. c. civ.; - Attendu que si l'articulat de R... tel qu'il ressort des motifs de la décision attaquée, avait pour objet des actes dolosifs imputables à G... et susceptibles en principe d'être établis par tous modes de preuve, il tendait, en même temps, à établir l'existence d'un engagement pris par ce dernier envers R... de lui céder sa charge à un prix déterminé, engagement dont R... entendait se prévaloir contre lui; qu'une semblable articulation portait donc à la fois sur des faits purs et simples et sur une obligation contractuelle ayant pour objet de consentir un traité de cession dans les formes préscrites par l'art. 6 de la loi du 25 juin 1841, moyennant un prix excédant le chiffre fixé à l'art. 1341 c. civ; - D'où il suit qu'en statuant ainsi qu'il l'a fait, sans qu'il fût justifié d'un commencement de preuve par écrit exigé par l'art. 1347 du même code, l'arrêt a violé les textes ci-dessus visés; - Par ces motifs, et vu la connexité entre les divers chefs admis en preuve, casse.."

XVI (6.1.1971)

Cour de Cassation
Arrêt

"La Cour; - Sur le moyen unique; - Attendu qu'il est fait grief à l'arrêt confirmatif attaqué (Paris, 5 mars 1969) d'avoir condamné la Société Presse-Office à payer des dommages et intérêts à Gunther Sachs, en réparation de l'atteinte portée aux droits de celui-ci, dans le périodique "Lui" qu'elle édite, alors, d'une part, que l'arrêt n'aurait pu sans contradiction, admettre d'un côté que l'article incriminé n'était que la recollection de faits publiés antérieurement, avec l'autorisation expresse ou tacite de Sachs, et de l'autre qu'il portait atteinte à la vie privée de ce dernier, alors, d'autre part, que la publication de deux portraits de Sachs ne saurait constituer une atteinte aux droits de la personne de son image, dès lors que celui-ci était un homme "connu", que ces portraits n'avaient pas été pris au cours de sa vie privée et ne représentaient pas des scènes intimes et la caricature ne pouvant être sanctionnée sur le terrain de la vie privée, et alors, enfin, qu'il y aurait contradiction à reconnaître que les publications antérieures à celle de l'article incriminé qui n'avait fait que les compiler, limitaient l'étendue du préjudice subi par l'intéressé et qu'il y avait atteinte à la vie privée par l'effet de cette compilation, l'atteinte à la vie privée ne pouvant qu'avoir été ou ne pas avoir été; - Mais attendu qu'après avoir relevé que l'article incriminé relatait exclusivement des faits se rapportant à la vie privée de Gunther Sachs, l'arrêt énonce que cet étalage causait un préjudice à celui-ci, que sa tolérance et même sa complaisance passées à l'égard de la presse ne sauraient faire présumer qu'il ait permis définitivement et sans restriction à tout périodique de rassembler et de reproduire des affirmations parues dans d'autres journaux, qu'un tel comportement était seulement de nature à diminuer, le cas échéant, l'étendue du préjudice et à faire diminuer en conséquence le montant des dommages-intérêts, que l'article incriminé, en receuillant et rassemblant des renseignement fragmentaires, vrais ou faux, épars dans diverses publications, et en touchant de nouvelles catégories de lecteurs, a causé un préjudice à l'intimé, alors surtout que le choix des événements ou des "potins" qui y sont relatés, faisait apparaître la personne privée de Gunther Sachs sous un jour déplaisant; que la publication non autorisée de deux portraits de l'intéressé, dont l'un s'apparente à une caricature, constituait une atteinte aux droits de la personne sur son image, que la tolérance traditionelle admise à l'égard de ceux dont la profession ou l'activité permet de présumer de leur part une autorisation tacite n'existait pas en l'espèce; - Attendu qu'en l'état de ces constatations et énonciations, la cour d'appel a pu, sans encourir les critiques du pourvoi, retenir la responsabilité de la Société Presse-Office, tant pour la publication de l'article que pour celle des portraits de l'intéressé; d'où il suit que le moyen n'est pas fondé; - Par ces motifs, rejette ..."

XVII (31.5.1813)

Cour de Cassation

Arrêt

"Vu les lois 36 et 38, D. de contrahenda emptione; la loi 6, d. pro donato, et les lois 3 et 9, C. de contr. empt. - Vu pareillement l'art. 911 c. Nap.; - Et attendu qu'il résulte du texte des lois citées qu'un contrat de vente ne peut être déclaré nul pour fait de simulation qu'autant qu'il aurait eu pour objet de déguiser une libéralité au profit d'une personne incapable, ce qui n'a été ni reconnu par les arrêts attaqués, ni même allégué par les défendeurs; d'où il résulte que, soit l'arrêt interlocutoire, en admettant la preuve testimoniale des faits de simulation articulés par les défendeurs, soit l'arrêt définitif, en déclarant nul le contrat de vente du 3o prair. de l'an XII comme simulé, ont commis en excès de pouvoir, en créant une nullité qui n'est établie par aucune loi; - La Cour, par ces motifs, casse ..."

XVIII Juristische Fachausdrücke

Die französischen Ausdrücke sind zum großen Teil entnommen aus: Mimin [4]1978, § 11, 33 ff; die deutschen Übersetzungen sind vom Verfasser

absolutoire	-	freisprechend
l'acceptilation (f.)	-	Befreiung (Entlastung), die der Gläubiger dem Schuldner gewährt, ohne daß dieser bezahlt hat
l'acte du Palais (m.)	-	Gerichtsprotokoll
l'acte recognitif (m.)	-	nachträgliche Anerkennung
l'acte respectueux (m.)	-	Antrag zur Erteilung der nach dem Gesetz erforderlichen Zustimmung der Eltern zur Eheschließung der Kinder
l'action paulienne (f.)	-	Gläubigeranfechtungsklage
l'action en retranchement (f.)	-	Minderungsklage
adiré	-	verloren
l'adition (f.)	-	Antritt
l'affidavit (m.)	-	eidesstattliche Erklärung
l'affouage (m.)	-	Holzgerechtigkeit, Holzungsrecht, Recht zum Einsammeln von Brennholz
l'agnation (f.)	-	Seitenverwandtschaft im Mannesstamm
l'aimable compositeur	-	Güterichter
l'anatocisme (m.)	-	Zinsenszinsen
annal	-	jährig, auf ein Jahr gültig
antichrèse	-	Antichrese, Nutzungspfandrecht
l'apportionnement (m.)	-	Pflichtteil (auch <u>la légitime</u> genannt)
l'ayant cause (m.)	-	Rechtsnachfolger
l'ayant droit (m.)	-	Berechtigter; (Anspruchs-)
l'avancement d'hoirie (m.)	-	Vorausempfang auf den Erbteil
la bailleresse	-	Vermieterin, Verpächterin
les biens extants (m.)	-	tatsächlich bestehende Güter
le billet de fonds	-	Ratenwechsel

la cancellation	-	Entkräftung
la cassation	-	Kassation, höchstrichterliche Aufhebung einer Gerichtsentscheidung
la caution juratoire	-	eidliche Versicherung
chirographaire	-	handschriftlich
la cohérie	-	Miterbe
le colicitant	-	Mitversteigerer
la collocation	-	Ranganweisung beim Konkurs, Zahlungsrang
le command	-	Auftraggeber
comminatoire	-	androhend, angedroht
(la clause) commissoire	-	Klausel, deren Nichterfüllung die Ungültigkeit eines Vertrages herbeiführt
le commodat	-	Leihe
le commodataire	-	Entleiher
communatif	-	den Tausch betreffend
compromissoire	-	sich vergleichend
le compulsoire	-	Verfahren zur Erlangung einer gerichtlichen Anordnung zur Vorlegung einer Urkunde
conclusions grossoyées (f.)	-	vollstreckbar ausgefertigte Schlußanträge (auf besonderem Papier und weitzeilig)
la condition potestative	-	Potestativbestimmung
le confessoire	-	Klage aus der Dienstbarkeit gegen Eigentümer oder Dritte
le congément	-	Pachtentlassung
les conguêts (m.)	-	Errungenschaft
conservatoire	-	verwahrend
le constitut possessoire	-	constitutum possessorium; Handlung, durch welche der Besitzer zu erkennen gibt, daß er eine Sache fortan nicht mehr für sich, sondern im Namen eines anderen innehat
le contestant	-	die streitende Partei
contractuel	-	vertragsgemäß, vertraglich
la contrainte par corps	-	Personalhaft, Erzwingungshaft
la contumace	-	Abwesenheit

le contumax	-	der in Abwesenheit Verurteilte
correctionaliser	-	Verbrechen durch Gesetz zum Versehen umstufen
la crainte révérentielle	-	auf Respekt begründete Furcht
la curatelle	-	Pflegschaft
le curateur au ventre	-	Kurator des nasciturus
la dation	-	Übertragung
débouter	-	zurückweisen
le (serment) décisoire	-	Entscheidungseid
la déclaration affirmative	-	bestätigende Erklärung
le déclinatoire	-	Ablehnungserklärung; Rechtsmittel, das die Zuständigkeit eines Gerichts bestreitet
le défendeur/la défenderesse	-	Beklagte(r)
le délai préfix	-	präklusive Frist, Notfrist
délictuel	-	deliktuell
la demanderesse	-	Antragstellerin, Klägerin
la déshérence	-	Erbenlosigkeit
l'appel dévolutif (m.)	-	Berufung an ein höheres Gericht
le dol	-	arglistige Täuschung
le domaine congéable	-	mit kurzfristiger Kündigung gepachtetes Grundstück
le douaire	-	Witwenrente
émender	-	ein ergangenes Urteil berichtigen
l'emphythéose (m.)	-	Erbpacht
l'emport (d'effets)	-	Veruntreuung
entériner	-	bestätigen
ester (en justice)	-	vor Gericht stehen
l'éviction (f.)	-	Verlust des Rechts an einer Sache, wenn ein Dritter an dieser Sache ein das ursprüngliche Recht ausschließendes Recht erwirbt
l'exception de compte	-	Einrede gegen die Rechnung
l'exécutoire (subst.,adj.)	-	Kostenfestsetzungsbeschluß
l'exhérédation (f.)	-	Enterbung
extrajudiciaire	-	außergerichtlich
le fidéicommis	-	Fideikommiß, letztwillige Anordnung

le fidéjusseur -	Bürge, Gewährsmann
le fol appel -	leichtfertige Einlegung einer mangelhaft begründeten Berufung; trölerische Appelation
le fol enchérisseur -	Schadenersatzpflichtiger Ersteher, der das Angebot nicht erfüllt
forclos -	(durch Fristablauf) ausgeschlossen
la forclusion -	Ausschluß, Präklusion
forgible -	vertretbar
frustatoire -	in täuschender Absicht
la hoirie -	Erbschaft
huis clos -	unter Auschluß der Öffentlichkeit
homologuer -	anerkennen, bestätigen
les impenses (f.) -	Aufwendungen
l'impignoration (f.) -	Verpfändung
le (témoin) instrumentaire -	Zeuge, der bei der Aufstellung gewisser Urkunden dabeisein muß
instrumenter -	öffentliche Urkunden ausstellen
l'interlocutoire(m.) -	Zwischenurteil
intestat -	ohne Testament
itératif -	wiederholt
le jugement de mainvidange -	Pfändungs- und Überweisungsbeschluß
la licitation -	Versteigerung einer ungeteilten Sache
le litisconsort -	Streitgenosse
la litispendance -	Rechtshängigkeit
la locatairie -	Mietsverhältnis
la mainlevée -	Aufhebung
marital -	zum Ehemann gehörig
le moratoire -	Moratorium
la novation -	Neuerung, Novation
l'obligation de faire (f.)-	Handlungspflicht
olographe -	eigenhändig, holographisch
l'ordonnance de non-lieu -	Einstellungsbeschluß
oyant compte -	derjenige, der die Rechnungslegung entgegennimmt "Rechnungsabhörer"
le pacte sur succession future -	Erbvertrag

le bien paraphernal	-	Paraphernalgut
le pareatis	-	Vollstreckbarkeitserklärung
le part (1) viril	-	Kopfquote (bei Erbschaften)
la portion virile	-	" " "
le part d'un enfant le moins prenant	-	geringstes Erbteil
le part (2)	-	das Ungeborene; das neugeborene Kind
la confusion de part	-	Unsicherheit der Vaterschaft
la supposition de part	-	Kindesunterschiebung
la suppression de part	-	Verheimlichung eines Kindes
le partiaire	-	Pächter
la partie civile	-	Verletzte(r), der (die) gegen den Beschuldigten einen aus der Straftat erwachsenen vermögensrechtlichen Anspruch im Strafverfahren geltend macht
la péremption d'instance	-	Rechtsverlust infolge einer vom Kläger zu vertretenden Verzögerung des Verfahrens
pétitoire	-	petitorisch
le pignoratif	-	Pfandvertrag
la plus-pétition	-	übertriebene Forderung
la pollicitation	-	Auslobung
le possessoire	-	Besitzklage
la postulation	-	Prozeßführung
le pourvoi	-	Rechtsmittel
le préciput	-	Vorausvermächtnis
prédial	-	auf liegende Güter (Prädien) bezüglich
préjudiciel	-	präjudiziell
le procès verbal de carence	-	Protokoll über das Nichterscheinen, über die Nichtleistung
le procès verbal de difficultés	-	Einspruchsprotokoll
le pro-tuteur	-	Vormundschaft für überseeische Güter
provocatoire	-	zum Verbrechen herausfordernd
putatif	-	vermeintlich
le quasi-contrat	-	Quasivertrag

le quasi-délit	- Quasidelikt
la quérable	- Holschuld
le rescisoire	- Verfahren zur Erlangung eines Urteils an Stelle eines vorher aufgehobenen Urteils
résolutoire	- aufhebend, resolutiv
révocatoire	- widerrufend
le récolement	- Verlesung, Verlesungsprotokoll
récoler	- verlesen
reconventionnel	- auf Gegenklage bezüglich
récursoire	- zur Wiederaufnahme eines Verfahrens
réfusion des frais	- Übertragung der Prozeßkosten
rogatoire (viele Derivate)	- ersuchend
la réintegrande	- Klage auf Wiedererlangung des Besitzes
la relaxe	- Freispruch
relaxer	- freisprechen
le réméré	- Wiederkauf
rémunératoire	- belohnend
le rendant compte	- Rechnungsleger
le requérant	- Antragsteller, Kläger
la requête civile	- Restitutionsklage, Wiederaufnahme des Verfahrens
le rescindant	- Prüfung der Zulässigkeit der Rechtsmittel
la saisie-brandon	- Pfändung der Ernte auf dem Halm
la saisie foraine	- Pfandrecht des Gastwirts
la saisie-gagerie	- Beschlagnahme zur Wahrung eines Einbehaltungsrechts
la signification à partie	- Parteizustellung
la société taisible	- stille Gesellschaft
la soulte	- Wertausgleich
le stellionnat	- Verschweigen der wahren Verhältnisse bei einem Grundstücksverkauf
la subrogation	- Eintritt in die Rechte eines Anderen
subroger	- in die Rechte eines Anderen eintreten
subsidiaire	- zweitrangig

la succession anomale	-	besondere Erbfolge
le superficiaire	-	Hausbesitzer, dem nur das Gebäude, nicht aber das Grunstück gehört
supplétoire	-	der Vervollständigung der Beweismittel dienend
la surenchère	-	Übergebot
suspensif	-	aufschiebend
synallagmatique	-	gegenseitig
la tacite reconduction	-	stillschweigende Erneuerung
le testament conjonctif	-	wechselseitiges Testament
le testament nuncupatif	-	mündliches Testament
la tierce opposition	-	Widerspruch Dritter
le tuteur datif	-	eingesetzter Vormund
la vaine pâture	-	Stoppelweide, öder Weidgang
(voie) parée (f.)	-	Vollstreckungsweg
le vol qualifié	-	qualifizierter (schwerer) Diebstahl
la voie de recours	-	Rechtsmittel

Wendungen

au principal	-	in der Hauptsache
au marc le franc	-	quotenmäßig
la besogne mal plantée	-	unbegründete Vorladung
la condition défaillie	-	nicht erfüllte Bedingung
la condition pendante	-	anhängige Bedingung
la dénonciation de nouvel oeuvre	-	Klage auf Unterlassung der Errichtung eines Bauwerks
la destination du père de famille	-	Bestimmung des Eigentümers
la donation à cause de mort	-	Schenkung von Todes wegen
la donation entre vifs	-	Schenkung unter Lebenden
l'empêchement dirimant (m.)	-	unheilbares Ehehindernis
en droit	-	rechtlich
le jugement avant faire droit	-	prozeßleitender Beschluß (Verfügung)
le jugement passé en force de chose jugée	-	rechtskräftiges Urteil

le legataire à titre universel	-	Teilvermächtnisnehmer
les forces et charges de la succession (f.)	-	Rechte und Schulden der Nachfolge
par provision	-	vorschußweise
adjuger le bénéfiçe des conclusions	-	die Vergünstigungen des Antrages zuteilen
offrir à deniers découverts	-	als ungedeckten Betrag anbieten
faire foi jusqu'à inscription de faux	-	bis zur Verfolgung einer Urkundenfälschung gelten

XIX Zu vermeidende Archaismen

Die französischen Ausdrücke gibt Mimin [4]1978, §§ 31 f, 94 f; die deutschen Übersetzungen sind vom Verfasser.

abloquer les dépens	-	sich die Gerichtskosten vorbehalten
(l'obligation) actée	-	zu Protokoll genommene Verpflichtung
acheminer à la preuve de..	-	den Beweis von... befördern
adirer	-	verlieren
à l'emport de ...	-	unter Veruntreuung von ...
à plus prétendre	-	eine größere Forderung stellen
au respect de ...	-	unter Wahrung von ...
l'appelation	-	das zur Berufung anstehende Urteil
(la partie) approchée au procès	-	im Prozeß beteiligte Partei
arrière de lui	-	hinter ihm
n'avoir aucun emport au procès	-	keinen Vorteil aus dem Prozeß davontragen
n'avoir aucun moyen opposant à la demande	-	über kein Rechtsmittel der Einrede gegen die Klage verfügen
au fruit de	-	zugunsten von

blanc signé	blanko unterzeichnet
colluder	im Einverständnis stehen, kollu-dieren
les conclusions respon-sives (f.)	beantwortende Schlußanträge
continuer la cause	den Prozeß weiterführen
contumacer	abwesend sein
il conste de cela	daraus erhellt
d'abondant	überdies
délinquer	sich ein Delikt zu schulden kommen lassen
demandeur sur le barreau	der den Kläger vertretende Anwalt
dément B... de son appel	weist den Berufungsantrag von B... zurück
dit tort à l'action	weist das Rechtsmittel zurück
ensuivant	folglich
être à l'impossible d'éta-blir que	nicht in der Lage sein, unter Be-weis zu stellen, daß
(il) s'évince d'un pro-cès-verbal	es wird aus einem Protokoll ge-strichen
eximer	von einem Gerichtsstand befreien, eximieren
l'exoine (f.)	die Befreiung von einem Gerichts-stand
frais frustrés (m.)	überflüssige Kosten
impétrant	jemand, der eine Verfügung gegen seinen Gegner erwirkt (älteres Recht)
impétrer	einen Rechtsbescheid auf eigene Bitte erlangen
l'implication (f.)	Verwicklung
le juge abstenu	Richter, der aus eigenem Begehren austritt
le juge commissaire en cette partie	von dieser Partei beauftragter Richter
le jugement acquiescé	ein zustimmendes Urteil
le jugement nullement ren-du	ein ungerechtfertigtes Urteil
incidenter	Schwierigkeiten bereiten (durch unbedeutende Einwürfe)
interloquer	ein Zwischenurteil erlassen

monter l'audience	-	den Gerichtstermin festlegen
morosif	-	fahrlässig
morosité	-	Fahrlässigkeit, Unterlassung
l'obreption (f.)	-	Erschleichung
les offres labiales (f.)	-	mündliches Versprechen (ohne Anzahlung)
pléger	-	garantieren
préscrit	-	verjährt
quoi faisant, bien faisant	-	womit (er) richtig handelte
s'en rapporter à prudence de justice	-	mit etwas vor Gericht gehen
répondre une requête	-	ein Gesuch einlegen
(les objets) repostés (m.)	-	zurückgegebene Sache
requérable	-	(durch den Berechtigten) einzuholen
la réservation	-	Vorbehalt
(il) ressort à suffire de	-	daraus folgt hinreichend
rester taisant	-	die Aussage verweigern
soutenir non recevable	-	für verfahrensrechtlich unzulässig erklären
subreptice	-	erschlichen
la succombance	-	in einem Prozeß unterlegen sein
tarde à statuer	-	das Urteil aufschieben
tranche l'appel	-	einen Berufungsantrag zurückweisen
us (et coutumes)	-	Brauch (und Herkommen)
vendiquer	-	ein Recht geltend machen
vertit la contrainte	-	weist die Zwangsvollstreckung ab

XX Zu ersetzende Pleonasmen

Die obsolet gewordenen Pleonasmen sowie die modernen Ausdrücke, durch die sie ersetzt werden sollen gibt Mimin [4]1978, §§ 33 bis, 95 ff.

obsolet	gebräuchlich
aux torts et griefs	aux torts
circonstances et dépendances	dépendances
le tribunal fait inhibition et défense	le tribunal fait défense
requêtes, poursuites et diligences de	à la requête de
lui accorde terme et délai	lui accorde délai
pour sa part et portion	pour sa part
coupable et convaincu	coupable
les tenants et aboutissants	les aboutissants
faire tous dires et observations	faire tous dires
hors de cause et de procès	hors de cause
aux frais et dépens	aux dépens
quoi faisant, quitte et valablement déchargé	quoi faisant, déchargé
même et semblable état	même état
bon et valable	valable
voir et visiter	visiter
bien et fidèlement	fidèlement
pour servir et valoir	pour servir
casser et annuler	casser
sans nuire ni préjudicier à	sans nuire à
sans s'arrêter ni avoir égard à	sans avoir égard à
le déboute de ses demande, fins et conclusions	le déboute de ses conclusions
réformant et statuant par décision nouvelle	réformant
garantir et indemniser	garantir
hanter et fréquenter	hanter

obsolet	gebräuchlich
quitter et délaisser	délaisser
se déclare prêt et offrant de	offre de
se dire et porter héritier	se porter héritier
aux formes et de la manière prescrite	dans les formes prescrites
en due forme et authentique	dans la forme authentique
pour assister et être présent	pour être présent à
ledit procès verbal vu et rapporté	vu ledit procès-verbal
accorder recours et récompense contre	accorder recours contre
par privilège et préférence à	par préférence à
versés et remis	remis
charges, frais et loyaux coûts	charges et frais
tous moyens et voies de droit	toutes voies de droit
droits, dus, actions et intérêts	droits
droits et reprises	droits
recevoir et toucher	recevoir
offrir réelement et à deniers découverts	offrir réelement
qu'il se libère ou dessaisisse	qu'il se dessaisisse

XXI Schematische Übersicht der franz. Gerichtsorganisation (nach: Constantinesco/Hübner 1974, 21)

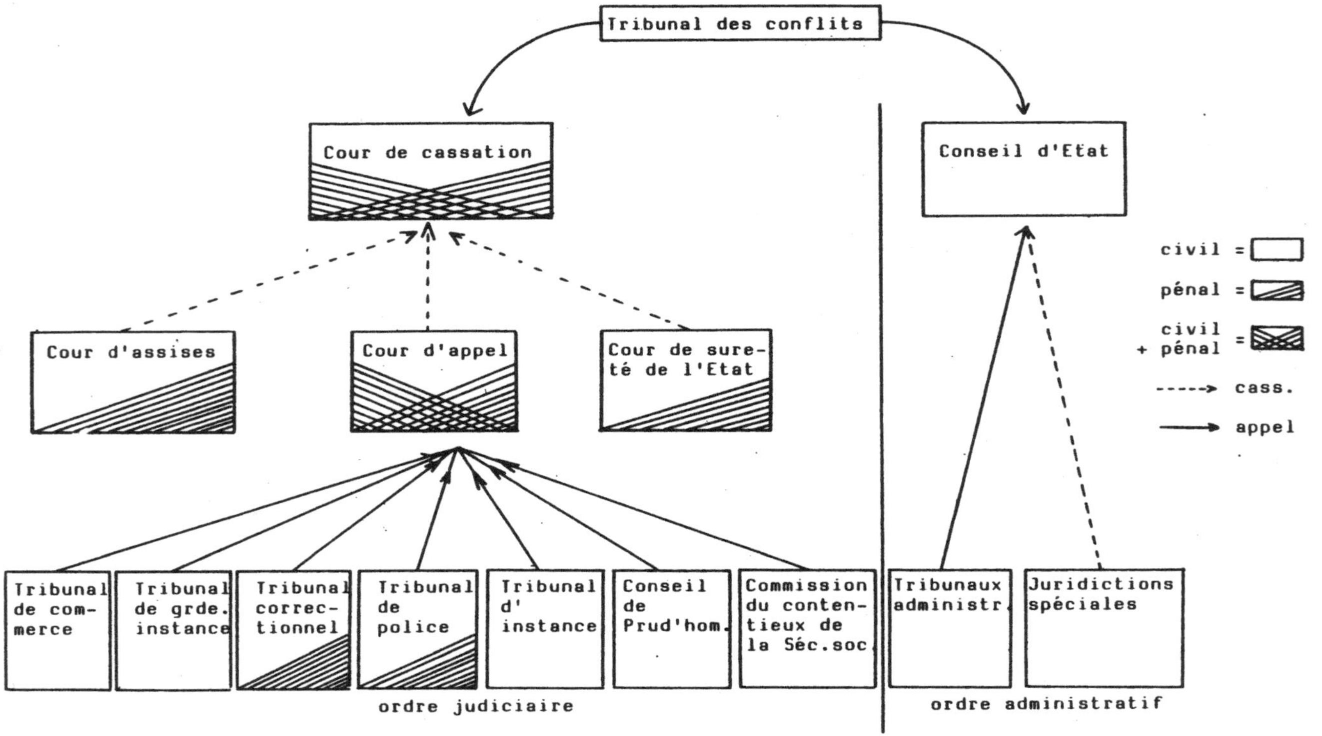

Abkürzungen und Symbole

D/D/M	-	Dauzat/Dubois/Mitterand (^{4}1971)
D/S	-	Recueil Dalloz Sirey de doctrine, de jurisprudence et de législation
Gr. Arr.	-	Capitant/Weill/Terré (^{6}1973)
Greimas	-	Greimas (^{2}1968)

Symbole der Dependenzgrammatik

I	-	Verb
O	-	Substantiv
A	-	Adjektiv
E	-	Adverb
t	-	Translator
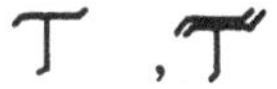	-	Translation 1. und 2. Grades in Stemmadarstellung
> , >>	-	Translation 1. und 2. Grades in linearer Darstellung
⊙	-	nicht markierte Translation

BIBLIOGRAPHIE

Die zitierten Urteile stammen aus den juristischen Fachzeitschriften:

La Gazette du Palais (1979)

Recueil Dalloz Sirey de doctrine, de jurisprudence et de législation (1979, 198o, 1981)

La Semaine juridique (1956, 1979)

Le Juris - classeur (1979)

Die Kassationsurteile stammen aus:

Capitant/Weill/Terré (^{6}1973)

Ammann, H. (^{4}1974, zuerst 1925/28): Die menschliche Rede, II Teile, Darmstadt.

Amselek, P. (1973): "The Phenomenological Description of Law", in: Natanson, M., Phenomenology and the Social Sciences, Evanston, Vol. II, 367 - 45o.

Apel, K.-O. (1963): Die Idee der Sprache in der Tradition des Humanismus von Dante bis Vico (=Archiv für Begriffgeschichte 8), Bonn.

ders. (1973): Transformation der Philosophie, Bd. I: Sprachanalytik, Semiotik, Hermeneutik, Frankfurt.

ders. (1973): Transformation der Philosophie, Bd. II: Das Apriori der Kommunikationsgemeinschaft, Franfkurt.

Aristoteles (1973): Politik. Übers. und hrsg. von O. Gigon, München.

Arndt; A. (1961): "Sprache und Recht", in: Neue Juristische Wochenschrift, 14. Jahrgang, 12oo ff.

ders. (1963): "Gesetzesrecht und Richterrecht", in: Neue Juristische Wochenschrift, 16. Jahrgang, 1273 ff.

Aubert, F. (1894): Histoire du Parlement de Paris de l'origine à François I., Paris.

Bally, Ch. (^{2}1921): Traité de stylistique française, II Bde., Heidelberg.

ders. (^{4}1965): Linguistique française et linguistique générale, Bern.

Barthes, R. (197o, zuerst 1956): Mythologies, Paris.

Beneš, E. (1973): "Thema-Rhema-Gliederung und Textlinguistik", in: Studien zur Texttheorie und zur deutschen Grammatik. Festgabe für H. Glinz (=Schriften des Instituts für deutsche Sprache, 3o), Düsseldorf, 42 - 62.

Benveniste, E. (197o): "Structure de la langue et structure de la sociéte", in: Linguaggi nella società e nella tecnica.

Convegno promosso dalla Ing. C. Olivetti u. C., S.p.A. per il contenario della nascita di C. Olivetti, Mailand, 17 - 28.

ders. (1969): Le vocabulaire des institutions indo-européennes. 2. pouvoir, droit, religion, Paris.

Berschin/Felixberger/Goebl (1978): Französische Sprachgeschichte. Lateinische Basis, interne und externe Geschichte. Mit einer Einführung in die historische Sprachwissenschaft, München.

Betti, E. (1952/53): "Jurisprudenz und Rechtsgeschichte vor dem Problem der Auslegung", in: Archiv für Rechts- und Sozialphilosophie 4o, 354 - 374.

ders. (²1967, zuerst 1955): Allgemeine Auslegungslehre als Methodik der Geisteswissenschaften, Tübingen.

Blumenthal, P. (1983): "Syntax und fachsprachliche Syntax im deutsch-französischen Sprachvergleich", in: Zeitschrift für französische Sprache und Literatur, XCIII, 44 - 69.

Bochenski, I. M. (⁷1975, zuerst 1954): Die zeitgenössischen Denkmethoden, München.

Böhme, G. (1978): "Wissenschaftssprache und die Verwissenschaftlichung der Erfahrung", in: Zimmer, H. (Hrsg.): Sprache und Welterfahrung, München, 89 - 1o9.

Boulanger, J. (1961): "Notions sur le pouvoir créateur de la jurisprudence", in: Revue trimestrielle de droit civil 59, 417 - 441.

Braune, W. (¹⁰1942): Althochdeutsches Lesebuch, zusammengest. und mit einem Wörterbuch versehen von K. Helm, Halle/Saale.

Brinckmann, H. (1975): "Rechtshandlungen und Sprechhandlungen. Umgangssprachliche Äußerungen und fachsprachliche Konventionen bei Rechtsgeschäften", in: Petöfi/Podlech/Savigny (Hrsg.), 197 - 222.

Brinkmann, H. (1962): Die deutsche Sprache. Gestalt und Leistung, Düsseldorf.

Brunot, F. (19o6): "La langue du Palais et la formation du bel usage", in: Mélanges Chabaneau, Erlangen, 677 - 69o.

ders. (³1936): La pensée et le langage, Paris.

ders. (³1947): Histoire de la langue française, I und II. Le seizième siècle, Paris.

Bühler, K. (²1965, zuerst 1934): Sprachtheorie. Die Darstellungsfunktion der Sprache, Stuttgart.

Busse, W. (1975): "Funktionen und Funktion der Sprache", in: Schlieben-Lange, B. (Hrsg.): Sprachtheorie, Hamburg, 2o7 - 24o.

Busse, W./Dubost, J.-P. (1977): Französisches Verblexikon. Die Konstruktion der Verben im Französischen, Stuttgart.

Capitant/Weill/Terré (⁶1973): Les grands arrêts de la jurisprudence civile, Paris.

Chénon, E. (1929): Histoire générale du droit français, Bd. 2.1. Période féodale et coutumière (du Xe au XVIe siècle), publ. par F. Olivier Martin, Paris.

Code Civil (791979/8o), Paris.

Coing, H. (1959): Die juristischen Auslegungsmethoden und die Lehre der allgemeinen Hermeneutik, Köln/Opladen.

ders. (31976): Grundzüge der Rechtsphilosophie, Berlin/New York.

Constantinesco, V./Hübner, W. (1974): Einführung in das französische Recht, München.

Coseriu, E. (1981): Textlinguistik. Eine Einführung, hrsg. und bearb. von J. Albrecht, Tübingen.

Curtius, E. R. (41963): Europäische Literatur und lateinisches Mittelalter, Bern/München.

Daneš, F. u. a. (197o/74): "Functional sentence perspective and the organization of the text", in: Daneš, F. (1974), lo6 - 128.

ders. (Hrsg.) (1974): Papers on functional sentence perspective, Prag.

ders. (1976): "Zur semantischen und thematischen Struktur des Kommunikationsaktes", in: Daneš. F./Viehweger, D. (Hrsg.): Probleme der Textgrammatik (=Studia grammatica XI), Berlin, 29 - 4o.

Darmesteter, A./Hatzfeld, A. (121919): Le seizième siècle en France, Paris.

Dauzat/Dubois/Mitterand (41971): Nouveau dictionnaire étymologique et historique, Paris.

Dawson, J. P. (196o): A History of Lay judges, Cambridge/Mass.

ders. (1968): The oracles of the law, Ann Arbor.

Declareuil, H. (1925): Histoire générale du droit français, Paris.

Décrusy/Isambart/Jourdan (1822 - 1833): Recueil Général des Anciennes Lois Françaises, Paris.

Delachenal, R. (1889): Histoire des Avocats au parlement de Paris, 13oo - 16oo, Paris.

De Mauro, T. (1969): Une introduction à la sémantique, Paris.

Devoto, G. (197o): "Lingua e società nell'antichità indeuropea", in: Linguaggi nella società e nella tecnica, 29 - 38. (S. Benveniste 197o)

Diderot, D. (1875, zuerst 1751): "Lettre sur les sourds et muets à l'usage de ceux qui parlent et qui entendent", in: ders.: Oeuvres compl. éd. J. Assézat/M. Tourneux, tome I, Paris. 343 - 392.

ders. (1973, zuerst 1772?): Jacques le fataliste et son maître, Paris.

Dölle, H. (1949): Vom Stil der Rechtssprache, Tübingen.

Doucet, M. (1966): Dictionnaire juridique et économique - Wörterbuch der deutschen und französischen Rechtssprache, Paris/München.

Dubois, J. (1965): Grammaire structurale du français: nom et pronom, Paris.

Duby, G. (Hrsg.) (197o): Naissance d'une nation, Bd. I, Des origines à 1348, Paris.

Du Cange s. Dufresne

Duden Etymologie (1963): Herkunftswörterbuch der deutschen Sprache, (=Duden Bd. 7), Mannheim/Wien/Zürich.

Dufresne, Ch. sieur du Cange (1883, zuerst 1678): Glossarium ad scriptores mediae et infimae latinitatis, hrsg. von Favre, L., Niort. (zitiert: Du Cange 1883)

Durkheim, E. (1976): Soziologie und Philosophie, Frankfurt.

Eco, U. (197o): "Codici e ideologie", in: Linguaggi nella società et nella tecnica, 129 - 142. (S. Benveniste 197o und Devoto 197o)

ders. (1977): Zeichen. Einführung in einen Begriff und seine Geschichte, Frankfurt.

Ehlich, K./Rehbein, J. (²198o): "Sprache in Institutionen", in: Lexikon der germanistischen Linguistik, hrsg. von Althaus/Henne/Wiegand, Tübingen, Bd. II, 338 - 346.

Ellul, J. (⁴1972): Histoire des Institutions. 1 - 2. L'Antiquité, Paris.

Emge, C. A. (1966): "Über die Unentbehrlichkeit des Situationsbegriffes für die normativen Disziplinen", in: Abhandlungen der Akademie der Wissenschaften und der Literatur in Mainz. Geistes- und sozialwissenschaftliche Klasse Nr. 66 und Nr. 3.

Encyclopédie ou dictionnaire raisonné des sciences, des arts et des métiers (1969, zuerst 1751 - 178o), New York.

Fillmore, Ch. F. (197o): "Verbes de jugement. Essai de description sémantique", in: Langages 17, 56 - 72.

Firbas, J. (1965): "A note on transition proper in functional sentence analysis", in: Philologia Pragensia 8, 17o - 176.

Fishman, J. A. (1971): Sociolinguistique (=Langues et Culture 8), Brüssel/Paris.

Forsthoff, E. (1964): Recht und Sprache. Prolegomena zu einer richterlichen Hermeneutik, Darmstadt.

François, A. (1918): "L'origine et le déclin du 'bel usage' parlementaire", in: Revue d'histoire littéraire de la France 33, 2o1 ff.

Furetière, A. (1978, zuerst 169o): Le dictionnaire universel, contenant généralement tous les mots tant vieux que modernes, & les termes de toutes les sciences et des arts, Paris.

Gabelentz, G. von der (1969, =²19o1): Die Sprachwissenschaft, Tübingen.

Gamillscheg, E. (1934): Romania Germanica. Sprach- und Siedlungsgeschichte der Germanen auf dem Boden des alten Römerreichs. Bd. I: Zu den ältesten Berührungen zwischen Römern und Germanen. Die Franken. Die Westgoten. Berlin/Leipzig.

ders.: (1957): Historische französische Syntax, Tübingen.

Gaudemet, E. (1935): l'Interprétation du Code Civil en France depuis 18o4 (=Basler Studien zur Rechtswissenschaft Bd. 8), Basel.

Gauger, H.-M. (1971): Untersuchungen zur spanischen und französischen Wortbildung, Heidelberg.

ders. (1973): Die Anfänge der Synonymik. Girard (1718) und Roubaud (1785). Ein Beitrag zur Geschichte der lexikalischen Semantik. Mit einer Auswahl aus den Synonymiken beider Autoren, Tübingen.

ders. (1976): Sprachwissenschaft und Sprachbewußtsein, München.

ders. (1977): "In Frage gestellt: Textlinguistik", in: Bender/Berger/Wandruszka (Hrsg.): Imago Linguae. Beiträge zu Sprache, Deutung und Übersetzen. Festschrift zum 6o. Geburtstag von F. Paepcke, München, 159 - 168.

Gauger/Oesterreicher/Windisch (1981): Einführung in die romanische Sprachwissenschaft, Darmstadt.

Gehlen, A. (¹²1978): Der Mensch. Seine Natur und seine Stellung in der Welt, Wiesbaden.

Gény, F. (1919): Méthodes d'interprétation et Sources I, Paris, 73 - 77.

Grammaire de l'Académie française (1932), Paris.

Grammaire Larousse du français contemporain (1964), Paris.

Greimas, A. J. (²1968): Dictionnaire de l'ancien français jusqu'au milieu du XIVᵉ siècle, Paris.

Grevisse, M. (¹⁰1975): Le bon usage. Grammaire française avec des remarques sur la langue française d'aujourd'hui, Gembloux.

Grimm, J. und W. (1873): Deutsches Wörterbuch, Bd. V, bearb. von R. Hildebrand, Leipzig.

Grundgesetz für die Bundesrepublik Deutschland (Stand v. 2o.3.71), hrsg. vom Kultusministerium des Landes Nordrhein-Westfalen.

Gülich, E./Raible, W. (1975): "Textsorten-Probleme", in: Linguistische Probleme der Textanalyse. Jahrbuch 1973 des Instituts für deutsche Sprache (=Schriften des Instituts für deutsche Sprache 35), Düsseldorf, 144 - 197.

Gülich/Heger/Raible (1974): Linguistische Textanalyse. Überlegungen zur Gliederung von Texten, Hamburg.

Gülich, E./Raible, W. (²1975): Textsorten. Differenzierungskriter aus linguistischer Sicht, Wiesbaden.

dies. (1977): Linguistische Textmodelle, München.

Guiraud, P. (1968): Patois et dialectes français (=Que sais-je? 1285), Paris.

Haase, A. (⁶1969): Syntaxe française du XVIIᵉ siècle. Traduite et remaniée par M. Obert, Paris/München.

Habermas, J. (²1973): Erkenntnis und Interesse, Frankfurt.

Hahn, W. v. (²198o): "Fachsprachen", in: Lexikon der germanistischen Linguistik, hrsg. von Althaus/Henne/Wiegand, Tübingen, Bd. II, 39o - 395.

Haensch, G. (1969): "Expressions latines fréquemment utilisées dans le langage juridique et administratif", in: Lebende Sprache VII, 117 f.

Heck, Ph. (1968, zuerst 1914): Gesetzesauslegung und Interessenjurisprudenz, Homburg v. d. H./Berlin/Zürich.

ders. (1968, zuerst 1932): Begriffsbildung und Interessenjurisprudenz, Homburg v. d. H./Berlin/Zürich.

Hegel, G. W. F. (1976): Grundlinien der Philosophie des Rechts oder Naturrecht und Staatswissenschaft im Grundrisse (= Bd. 7 Theorie Werkausgabe G. W. F. Hegel hrsg. von E. Moldenhauer und K. M. Michel), Frankfurt.

Hornby/Gatenby /Wakefield (²1963): The Advanced Learner's Dictionnary of Current English, London.

Huguet, E. (1925): Dictionnaire de la langue française au 16ᵉ siècle, Paris.

Imbert, J. (⁵1979): Histoire du droit privé (= Que sais-je? 4o8), Paris.

Isenberg, H. (1976: "Einige Grundbegriffe für eine linguistische Texttheorie", in: Daneš/Viehweger (Hrsg.), 47 - 146.

Jakobson, R. (1963): Essais de linguistique générale I, Paris.

Kainz, Fr. (1955): "Gerichtliche Sprachpsychologie", in: Sprachform I, 2o ff.

Kalinowski, G. (1974): "Sur les langages respectifs du législateur du juge et de la loi", in: Archives de philosophie du droit 19, 63 - 74.

Kamlah, W./Lorenzen, P. (²1973): Logische Propädeutik. Vorschule des vernünftigen Redens. Bd. I, Mannheim/Wien/Zürich.

Kant, I. (1956, zuerst 1781): Kritik der reinen Vernunft, in: ders.: Werke in 6 Bdn. hrsg. von W. Weischedel, Bd. II, Wiesbaden (=Inselausgabe).

ders. (1957, zuerst 179o): Kritik der Urteilskraft, in: ders.: Werke in 6 Bdn. hrsg. von W. Weischedel, Bd. V, 232 - 62o, Wiesbaden (= Inselausgabe).

ders. ([4]1975, zuerst 1784): Idee zu einer allgemeinen Geschichte in weltbürgerlicher Absicht, in: ders.: Werke in lo Bdn. hrsg. von W. Weischedel, Bd. 9, Darmstadt, 33 - 5o.

ders. ([4]1975a, zuerst 1795): Zum ewigen Frieden. Ein philosophischer Entwurf, in: ders.: Werke in lo Bdn. hrsg. von W. Weischedel, Bd. 9, Darmstadt, 195 - 251.

Kluge, F. (1883): Etymologisches Wörterbuch der deutschen Sprache, Straßburg.

Koch, P. (1981): Verb, Valenz, Verfügung. Zur Satzsemantik und Valenz der französischen Verben am Beispiel der Verfügungsverben, Heidelberg.

Köhler, G. (1971): Lateinisch-althochdeutsches Wörterbuch (=Göttinger Studien zur Rechtsgeschichte Sonderband 12), Göttingen/Zürich/Frankfurt.

ders. (1974): Althochdeutsch-lateinisches Wörterbuch (=Göttinger Studien zur Rechtsgeschichte Sonderband 19), Göttingen/Zürich/Frankfurt.

König, W. ([2]1978): dtv-Atlas zurdeutschen Sprache, München.

Kötz, H. (1973): Über den Stil höchstrichterlicher Entscheidungen, Konstanz.

Korn, K. (1962): Sprache in der verwalteten Welt, München.

Koschaker, P. ([4]1966): Europa und das Römische Recht, München/Berlin.

Lausberg, H. (1963): Elemente der literarischen Rhetorik, München.

Lemarignier, J. F. (197o): La France médiévale: Institutions et société, Paris.

Lerch, E. (193o): "Warum en été (automne, hiver) - aber au printemps?"; in: ders.: Hauptprobleme der französischen Sprache I, Braunschweig, 235 - 262.

ders. (1972, Reprint von 1939): "Die Inversion im modernen Französisch", in: Mélanges offerts à Ch. Bally, Genf, 347 - 366.

Lévy-Bruhl, H. (1964): La preuve juridique, Paris.

Lübbe, H. (1971): Theorie und Entscheidung. Studien zum Primat der praktischen Vernunft, Freiburg.

ders. (1975): Fortschritt als Orientierungsproblem. Aufklärung in der Gegenwart, Freiburg.

Luckmann, Th. (198o): Lebenswelt und Gesellschaft. Grundstrukturen und geschichtliche Wandlungen, Paderborn/München/Wien/Zürich.

Luckmann siehe auch Schütz.

Luhmann, N. (1971): "Moderne Systemtheorien als Form gesamtgesellschaftlicher Analyse", in: Habermas, J./Luhmann, N.: Theorie der Gesellschaft oder Sozialtechnologie - Was leistet die Systemforschung, 7 - 24, Frankfurt.

Maihofer, W. (196o): "Die Bindung des Richters an Gesetz und Recht", in: Annales Universitatis Saraviensis, VIII, 5 ff.

Martin, O. (1913): "Sentences civiles du Châtelet de Paris (1395 - 15o5). Publiés d'après les registres originaux", in: Nouvelle revue historique du droit français et étranger 37, 758 - 8o4.

Merk, W. (1933): Werdegang und Wandlungen der deutschen Rechtssprache, Marburg (Marburger Akademische Reden 54).

Meyer-Lübke, W. (1911): Romanisches etymologisches Wörterbuch, Heidelberg.

ders. (1921): Historische Grammatik der französischen Sprache. Zweiter Teil. Wortbildungslehre, Heidelberg.

Mimin, P. (1946): "Les cassations pour faute de langage", in: Semaine juridique, I, 556.

ders. (1947): "L'archaisme dans la langue judiciaire", in: Semaine juridique I, 662 f.

ders. (1947 a): "Les néologismes abusifs", in: Semaine juridique I, 646.

ders. ([4]1978): Le style des jugements, Paris.

Miquel, P. (1976): Histoire de la France, Paris.

Mittelstraß, J. (1974): "Das normative Fundament der Sprache", in: ders.: Die Möglichkeit von Wissenschaft, Frankfurt, 158 - 2o5.

Molière (1965): Oeuvres complètes, Bd. 4, Paris.

Morris, Ch. W. (1973): Zeichen, Sprache und Verhalten. Mit einer Einführung von K. O. Apel, Düsseldorf.

ders. (1977): Pragmatische Semiotik und Handlungstheorie. Mit einer Einleitung hrsg. von A. Eschbach, Frankfurt.

Moser, H. (1967): Sprache - Freiheit oder Lenkung? Zum Verhältnis von Sprachnorm, Sprachwandel, Sprachpflege, Mannheim.

ders. (1973): "Nochmals: Probleme der sprachlichen Ökonomie", in: Festgabe für Paul Grebe, Düsseldorf (=Schriften des Instituts der deutschen Sprache 24), 158 - 164.

Mounin, G. (1914): "La linguistique comme science auxiliaire dans les disciplines juridiques", in: Archive de la philosophie du droit 19, 8 - 18.

Nouveau Code de Procédure Civile et Code de Procédure Civile ([73]1981), Paris.

Nyrop, Kr. (193o): Grammaire historique de la langue française, Bd. V/VI: Syntaxe, Kopenhagen.

Oesterreicher, W. (1979): Sprachtheorie und Theorie der Sprachwissenschaft, Heidelberg.

Oksaar, E. (1967): "Sprache als Problem und Werkzeug der Juristen", in: Archiv für Rechts- und Sozialphilosophie LIII/1, 91 - 132.

Oomen, W. (1979): "Texts and sentences", in: Petöfi, J. S. (Hrsg.) Text and sentences, 272 ff.

Patzig, G. (197o): "Satz und Tatsache", in: ders.: Sprache und Logik. Göttingen, 39 - 76.

Paul, H. ([3]1957): Deutsche Grammatik, Bd. IV: Syntax (zweite Hälfte), Halle/Saale.

ders. ([9]1975, zuerst 188o): Prinzipien der Sprachgeschichte, Tübingen.

Perelman, Ch. (1963): The Idea of Justice and the Problem of Argument, London.

ders. ([2]1972): Justice et raison, Brüssel.

ders. ([2]1976): "Ce que le philosophe peut apprendre par l'étude du droit", in: ders.: Droit, morale et philosophie, Paris, 191 - 2o2.

Perelman, Ch./Olbrechts-Tyteca, L. (1958): La Nouvelle Rhétorique. Traité de l'argumentation, 2. Bde., Paris.

Petöfi, J. S. (1979): Text versus Sentence, Hamburg.

Petöfi/Podlech/Savigny (Hrsg.) (1979): Fachsprache und Umgangssprache, Kronberg.

Picard/Thilo/Steiner (195o): Dictionnaire juridique français - allemand et allemand - français, Zürich.

Picot, G. (1888): Histoire des États généraux, 4 Bd., Paris.

Pike, K.L. (1954/55/6o): Language in relation to a unified theory of the structure of human behaviour, Teile I - III, Glendale.

Plessner, H. (1928): Die Stufen des Organischen und der Mensch, Berlin/Leipzig.

ders. (1976): Die Frage nach der Conditio humana. Aufsätze zur philosophischen Anthropologie, Frankfurt.

Polenz, P. v. (197o): "Sprachkritik und Sprachwissenschaft", in: Sternberger/Storz/Süskind (197o), 21o - 225.

Proust, M. (1972, zuerst 1913): Du côté de chez Swann (=A la recherche du temps perdu 1), Paris.

Raible, W. (1971): "Thema und Rhema im französischen Satz", in: Zeitschrift für französische Sprache und Literatur 81, 2o8 - 224.

ders. (1979): "Zum Textbegriff und zur Textlinguistik", in: Petöfi, J. S. (Hrsg.): Text versus Sentence, 36 ff.

ders. (1981): "Rechtssprache - Von den Tugenden und Untugenden einer Fachsprache", in: Sprache des Rechts und der Verwaltung, bearb. von I. Radtke (= Deutsche Akademie für Sprache und Dichtung. Der öffentliche Sprachgebrauch, Bd. 2), Stuttgart, 2o - 4

Raible siehe auch Gülich.

Robert, P. (1969): Dictionnaire alphabétique et analogique de la langue française. Les mots et les associations d'idées, Paris.

ders. (1973): Le petit Robert. Dictionnaire alphabétique et analogique de la langue française, Paris.

Rousseau, J. J. (1966, zuerst 1762): Du contrat social. Chronologie et introduction par P. Burgelin, Paris.

Sanchez-Mazas, M. (1974): "L'arithmétisation du langage juridique et le fonctionnement d'un ordinateur", in: Archive de la philosophie du droit 19, 291 - 313.

Sandig, B. (1972): "Zur Differenzierung gebrauchssprachlicher Textsorten im Deutschen", in: Gülich/Raible (1972), 113 - 124.

Saussure, F. de (1979, zuerst 1916): Cours de linguistique générale. Publié par Ch. Bally et A. Sechehaye. Edition critique prép. par T. de Mauro, Paris.

Sauvel, T. (1955): "Histoire du jugement motivé", in: Revue du Droit Public 71, 5 - 54.

ders. (1957): "Les demandes de motifs adressés aux Cours Souveraines", in: Revue historique de droit français et étranger, série 4, 529, 534 - 541.

Schade, O. (²1969): Altdeutsches Wörterbuch. Erster Teil A - O, Hildesheim.

Schill, H. J. (1961): Die Stellung des Richters in Frankreich, Bonn.

Schlieben-Lange, B. (1973): Soziolinguistik, Stuttgart.

dies. (1975): "Metasprache und Metakommunikation", in: dies. (Hrsg. Sprachtheorie, Hamburg, 189 - 2o6.

Schopenhauer, A. (1977): "Zur Rechtslehre und Politik", in: ders.: Zürcher Ausgabe Bd. IX, hrsg. von A. Hübscher, Zürich, 261 - 289 (= Parerga und Paralipomena II/1, § 9).

ders. (1977 a, zuerst 184o): Preisschrift über die Grundlage der Moral, in: ders.: Zürcher Ausgabe Bd. VI, hrsg. von A. Hübscher, Zürich, 147 - 315 (= Die beiden Grundprobleme der Ethik).

Schuchardt, H. (1976 = ²1928): Hugo Schuchardt Brevier. Ein Vademecum der allgemeinen Sprachwissenschaft. Zusammengestellt und eingeleitet von L. Spitzer, Darmstadt.

Schütz, A./Luckmann, Th. (1979): Strukturen der Lebenswelt, Frankfurt.

Schwarz, E. (1967): Kurze deutsche Wortgeschichte, Darmstadt.

Schwarze, Ch. (1977): Sprachschwierigkeiten, Sprachpflege, Sprachbewußtsein - Das Phänomen der "chroniques du langage", Konstanz.

Seligmann, E. (19o1): La justice en France pendant la Révolution, Paris.

Sohm/Mitteis/Wenger ([17]1949): Institutionen, Geschichte und System des römischen Privatrechts, Berlin.

Sourioux, J. L./Lerat, P. (1975): Le langage du droit, Paris.

Staiger, E. ([3]1957): Meisterwerke deutscher Sprache aus dem 19. Jhdt., Zürich.

ders. ([6]1963): Grundbegriffe der Poetik, Zürich.

Stempel, W.-D. (1972): "Gibt es Textsorten?", in: Gülich/Raible (Hrsg.) ([2]1975), 175 - 179.

Sternberger/Storz/Süskind (197o): Aus dem Wörterbuch des Unmenschen. Neue erweiterte Ausgabe mit Zeugnissen des Streites über die Sprachkritik, München.

Strauß, D. F. (19o7): Voltaire, Leipzig.

Streitberg, W. ([2]1943): Urgermanische Grammatik. Einführung in das vergleichende Studium der altgermanischen Dialekte, Heidelberg.

Stroh, F. (1952): Handbuch der germanischen Philologie, Berlin.

Tesnière, L. ([2]1976): Eléments de syntaxe structurale. Préface de Jean Fourquet, Paris.

Todorov, T. (1975): "Une fête manquée: la rhétorique. Essai d'histoire fiction", in: Cahiers roumains d'études littéraires 3, 82 - 99.

Uhlířova, L. (1974): "On the role of statistics in the investigation of FSP", in: Daneš (Hrsg.) (1974), 2o8 - 216.

Vaugelas, C. F. de (1981, zuerst 1647): Remarques sur la Langue Françoise utiles à ceux qui veulent bien parler et bien escrire, Paris.

ders. (169o): Nouvelles Remarques de M. de Vaugelas sur la langue françoise, ouvr. posthume. Avec des observations de M. XXXX Avocat au Parlement, Paris.

Vendryes, J. (1968, zuerst 1923): Le langage. Introduction linguistique à l'histoire, Paris.

Viehweg, Th. (1961, zuerst 1953): Topik und Jurispurdenz, München.

Visser't Hofft, M. Ph. (1974): "La philosophie du langage ordinaire et le droit", in: Archive de la philosophie du droit 19, 19 - 23.

Wandruszka, M. (1971): Interlinguistik: Umrisse einer neuen Sprachwissenschaft, München.

Wartburg, W. v. (1949): Französisches etymologisches Wörterbuch, 2. Bd. CKQ, Tübingen.

Wartburg, W. v./Zumthor, P. ([2]1958): Précis de syntaxe du français contemporain, Bern.

Weinrich, H. (1969): "Die clarté der französischen Sprache und die Klarheit der Franzosen", in: Zeitschrift für Romanische Philologie 77, 528 - 544.

Williams, G. (1945): "Language and the Law", in: The Law Quarterly Revue 61, 71 ff, 179 ff, 293 ff, 384 ff.

Wittgenstein, L. (1977, zuerst 1969): Über Gewißheit, hrsg. von G. E. M. Anscombe und G. H. v. Wright, Frankfurt.

ders. (1978, zuerst 1921): Tractatus logico-philosophicus. Logisch-philosophische Abhandlung, Frankfurt.

Wright, G. H. v. (1971): "Deontische Logik und die Theorie der Bedingungen", in: ders. (1977): Handlung, Norm und Intention. Untersuchungen zur deontischen Logik, hrsg. und eingel. von H. Poser, Berlin/New York, 19 - 4o.

REGISTER

Sachen:

Im Text nicht besprochene, sondern lediglich erwähnte Fachausdrücke sind nicht aufgenommen; vgl. dazu die Stichworte "juristische Termini", "Archaismen", sowie den Anhang XVIII - XX.

Namen:

STUDIA ROMANICA ET LINGUISTICA

Herausgegeben von Peter Wunderli und Hans-Martin Gauger

Band 1 Michael Metzeltin: Die Sprache der ältesten Fassungen des Libre de Amich e Amat. Untersuchungen zur kontrastiven Graphetik, Phonetik und Morphologie des Katalanischen und des Provenzalischen.

Band 2 Paul Miron: Aspekte der lexikalischen Kreativität im Rumänischen.

Band 3 Paul Miron: Der Wortschatz Dimitrie Cantemirs.

Band 4 Peter Wunderli: Valéry saussurien. Zur linguistischen Fragestellung bei Paul Valéry.

Band 5 Ekkehard Zöfgen: Strukturelle Sprachwissenschaft und Semantik. Sprach- und wissenschaftstheoretische Probleme strukturalistisch geprägter Bedeutungsforschung. (Dargestellt am Beispiel des Französischen.)

Band 6 Marianne Wigger: Tempora in Chrétiens »Yvain«. Eine textlinguistische Untersuchung.

Band 7 Christoph Strosetzki: Konversation. Ein Kapitel gesellschaftlicher und literarischer Pragmatik im Frankreich des 17. Jahrhunderts. Vergriffen.

Band 8 Maria Iliescu: Grundwortschatz Rumänisch (Deutsch-Englisch-Französisch).

Band 9 Hartmut Rentsch: Determinatoren für den Modusgebrauch im Neufranzösischen aus generativer Sicht.

Band 10 Alberto Zuluaga: Intoducción al estudio de las expresiones fijas.

Band 11 Edeltraud Werner: Die Verbalperiphrase im Mittelfranzösischen.

Band 12 Wolfgang Rettig: Sprachliche Motivation. Zeichenrelationen von Lautform und Bedeutung am Beispiel französischer Lexikoneinheiten.

Band 13 Petra M.E. Braselmann: Konnotation — Verstehen — Stil. Operationalisierung sprachlicher Wirkungsmechanismen dargestellt an Lehnelementen im Werke Maurice Dekobras.

Band 14 Angela Karasch: Passiv und passivische Diathese im Französischen und Deutschen.

Band 15 Peter Wunderli/Wulf Müller (Hrsg.): Romania historica et Romania hodierna. Festschrift für Olaf Deutschmann zum 70. Geburtstag, 14. März 1982.

Band 16 Veronika Welling: *Kreativität* und *Disponibilität*, untersucht an einigen französischen Suffixen.

Band 17 Thomas Krefeld: Das französische Gerichtsurteil in linguistischer Sicht. Zwischen Fach- und Standesprache.

Band 18 Gudrun Krassin: Das Wortfeld der Fortbewegungsverben im modernen Französisch.

Zöfgen, Ekkehard

STRUKTURELLE SPRACHWISSENSCHAFT UND SEMANTIK

Sprach- und wissenschaftstheoretische Probleme strukturalistisch geprägter Bedeutungsforschung (Dargestellt am Beispiel des Französischen)

Bern, Frankfurt/M., Las Vegas, 1977. X, 370 S.
Studia Romanica et Linguistica. Bd. 5
ISBN 3-261-02360-0 br./lam. sFr. 41.–

Die Arbeit greift unmittelbar in die neuentfachte Theorie-Diskussion ein. Im Anschluss an eine eingehende Erörterung von Prämissen und Postulaten linguistischer Theoriebildungen werden sprachtheoretische Unterscheidungen (langue-parole, Synchronie-Diachronie, Wortsemantik-Textsemantik, etc.) sowie konkurrierende Explikationen strukturalistisch geprägter Bedeutungsbegriffe, einschliesslich ihrer Analysekategorien und Verfahrenstechniken (Merkmal-Begriff, genussspecies-Schema etc.) dargestellt und kritisch beleuchtet. Vor diesem Hintergrund entwirft der Verfasser eine referentiale, an der Intentionalität der Sprachzeichen sich orientierende Bedeutungstheorie und erläutert konkrete Forschungsprobleme am Beispiel des Französischen.

Sturm, Joachim

MORPHO-SYNTAKTISCHE UNTERSUCHUNGEN ZUR «PHRASE NEGATIVE» IM GESPROCHENEN FRANZÖSISCH

Die Negation mit und ohne NE

Frankfurt/M., Bern, 1981. 324 S.
Europäische Hochschulschriften: Reihe 13, Französische Sprache und Literatur. Bd. 71
ISBN 3-8204-6835-8 br. sFr. 71.–

Ziel der Studie ist, die an das Prädikat gebundene, mit Hilfe der Negationselemente NE – PAS, RIEN etc. wiedergegebene negative Modalität in der gesprochenen Sprache zu untersuchen. Es können Konstruktionen ermittelt werden, die die Setzung von NE begünstigen, und andere, die sich NE gegenüber eher resistent verhalten. Der gewählte linguistische Erklärungsansatz führt zu relativ eindeutigen Ergebnissen und erlaubt, bei der deskriptiven Analyse von Negationssätzen über individuelle Varianten hinweg gemeinsame Züge aufzuzeigen. Dabei lässt sich erkennen, dass zumeist eine Kombination mehrerer Kriterien für häufiges oder geringes Auftreten von NE ausschlaggebend ist.
Aus dem Inhalt: Corpora gesprochener Sprache – Corpus d'Orléans – Zahlenmässige Auswertung und linguistische Analyse der Daten – Vergleich der Ergebnisse mit anderen Corpora – Liste der Daten.

Verlag Peter Lang Bern · Frankfurt a.M. · New York
Auslieferung: Verlag Peter Lang AG, Jupiterstr. 15, CH-3000 Bern 15
Telefon (0041/31) 32 11 22, Telex verl ch 32 420

Printed by
CPI books GmbH, Leck

FSC
www.fsc.org
MIX
Papier | Fördert gute Waldnutzung
FSC® C083411

Kolibri 360 GmbH
Ferdinand-Jühlke-Straße 7
99095 Erfurt, Deutschland
produktsicherheit@kolibri360.de